当代世界经济与政治

（第2版）

卫　灵　主编

中国人民大学出版社
·北京·

图书在版编目（CIP）数据

当代世界经济与政治/卫灵主编．—2版．—北京：中国人民大学出版社，2013.6
ISBN 978-7-300-17657-4

Ⅰ.①当… Ⅱ.①卫… Ⅲ.①世界经济-高等学校-教材②国际政治-高等学校-教材 Ⅳ.①F112②D50

中国版本图书馆CIP数据核字（2013）第127451号

当代世界经济与政治（第2版）
卫 灵 主编
Dangdai Shijie Jingji yu Zhengzhi

出版发行	中国人民大学出版社		
社　　址	北京中关村大街31号	**邮政编码**	100080
电　　话	010－62511242（总编室）		010－62511770（质管部）
	010－82501766（邮购部）		010－62514148（门市部）
	010－62515195（发行公司）		010－62515275（盗版举报）
网　　址	http://www.crup.com.cn		
	http://www.ttrnet.com（人大教研网）		
经　　销	新华书店		
印　　刷	北京昌联印刷有限公司	**版　　次**	2008年2月第1版
规　　格	170 mm×228 mm　16开本		2014年4月第2版
印　　张	16.5	**印　　次**	2019年7月第10次印刷
字　　数	274 000	**定　　价**	29.00元

目　　录

第 1 章

当代世界经济及其发展趋势

要论提示

● 第二次世界大战后世界经济出现了前所未有的大发展并呈现诸多新特征。

● 经济全球化与区域经济合作并行发展，并相互促进和推动。经济全球化是一个长期的、曲折的发展过程，充满着诸多不确定性。

● 经济全球化是一把双刃剑，对世界各国意味着机遇与挑战并存，风险与希望同在。经济全球化发展也引起了国际经济关系的深刻变化。

关键词

世界经济　世界经济格局　经济全球化　区域经济一体化

1.1　冷战时期的世界经济

世界经济是生产力发展到一定阶段的产物。世界经济的形成标志是国际分工的完成、世界市场的出现、世界货币的产生。第二次世界大战后，美国经济一枝独秀，成为资本主义世界的经济霸主。随着世界经济的发展演变，美国的霸主地位逐渐丧失，资本主义世界经济呈现三分天下的局面。冷战结束后，经济全球化成为世界经济发展趋势，但经济全球化进程又是一个长期的、曲折的发展过程。与此同时，区域经济合作的发展极大地促进和加速了经济全球化的进程。经济全球化是一把双刃剑，所有国家都面临着机遇与挑战。

1.1.1 世界经济的形成与发展

世界经济是指不同发展水平的国家（或地区）和国家集团所组成的相互联系、相互依赖、共同运动的经济有机整体，反映的是在世界市场和国际分工基础上形成的世界范围内的生产力、生产关系以及与其相适应的国际交换关系。

世界经济是生产力发展到一定阶段的产物，是随着资本主义生产方式的产生和发展而逐渐形成的。18 世纪 60 年代至 19 世纪 60 年代，以蒸汽机的发明与使用为特征的产业革命，使工场手工业过渡到机器大工业，标志着资本主义生产方式的确立，以国际分工为基础的各国商品交换和世界市场随之出现，经济活动逐渐国际化，世界经济体系开始形成。到 19 世纪末 20 世纪初，西方列强瓜分世界的殖民体系形成，资本主义生产方式从欧美少数国家扩展到全世界，世界经济体系最终形成。世界经济的形成标志是国际分工的完成、世界市场的出现、世界货币的产生。

国际分工是社会分工超出国家界限而形成的国与国之间的生产分工。18 世纪后期开始的产业革命，迎来了近代大工业生产。机器大工业逐渐脱离本国的基地，社会分工迅速向国际领域扩展，把经济发展水平不同的国家或多或少地纳入到国际分工之中。由于广泛采用机器技术，世界被划分为农业生产和工业生产两大区域，劳动生产率迅速提高。西欧国家通过“自由贸易”，用商品甚至以武力开拓市场，由此形成了工业欧美—农业亚非拉的“垂直分工体系”，即原来一国范围内的城市和农村、工业部门和农业部门之间的分工，演变为世界城市和世界农村的分工，以及以先进技术为基础的工业国同以自然条件为基础的农业国之间的分工。国际分工是世界经济发展的基础，在经济上将世界各国纳入无法分割的世界体系之中。

世界市场是世界范围内商品交换的场所或领域。国际分工是产生世界市场的基础。有国际分工，就产生了交换的需要，需要通过世界范围内的交换来实现各个国家的需求。西方工业国迫切需要到海外去寻找原料、粮食供应地和商品销售市场。为了追逐利润，它们往来奔走于全球各地，冲破一道又一道的民族闭关自守的屏障，把越来越多的国家卷入到世界市场中来。19 世纪出现的世界市场，主要是商品市场，以英国为中心，这是英国的“世界工厂”地位所决定的。随后，法、德、美等国的经济实力急剧增强，世界市场进入追求平均利润或超额利润时期。到垄断资本主义时期，世界市场既包括商品市场，也包括资本市场、金融市场，遍及全球。垄断资本最大限度地追求超额利润。这一时期，少数大垄断资本集团积累了大量的“过剩资本”，向海外殖民地、半殖民地和附属国输出，进行国际剥削，从而出现了资本市场、金融市场。随着帝国主义殖民体系的建立，世界上几乎所有国家都被纳入到世界市场之中。

世界货币是超出国家界限在世界市场上充当一般等价物和交换媒介的货币。世界市场使货币发展为世界货币，形成世界货币体系。各国之间的经济联系，使它们在商品流通、资金流动、劳务交换等活动中形成复杂的债权和债务关系，这就要求各国货币以一定的比价进行兑换、结算和储备。世界货币体系常常为一个或几个经济强国所支配，这些国家在国内以黄金和白银为储备，发行流通的纸币，并以此作为世界货币的实体形式，逐渐在世界范围内流通，不同程度地发挥着和金银相同的储备作用。世界货币的出现，促进了世界经济联系的扩大与发展，帝国主义列强迫使其他国家，特别是殖民地和半殖民地的货币依附于帝国主义列强的货币，实现货币制度的统一，因而世界货币也成为这一时期资本输出和帝国主义瓜分殖民地的工具。国际分工的完成、世界市场的出现、世界货币的产生，形成了世界范围内的资本主义生产关系，以及与之相适应的交换关系体系。

第二次世界大战后，世界经济发展进入一个新阶段。现代科学技术的发展突飞猛进，推动着生产力持续、快速发展，世界经济取得前所未有的增长，各国之间的经济联系日益密切，经济矛盾和利益冲突随之出现。随着社会主义从一国发展到多国，形成社会主义世界经济体系，世界经济遂呈现资本主义和社会主义两大经济体系并存和竞争的局面。此时，发达资本主义国家经济有了相当程度的发展。20 世纪 50 年代中期到 70 年代中期，西方发达资本主义国家国民生产总值年均增长 5.5%。到 20 世纪 90 年代末，全世界国民生产总值达 30 万亿美元，其中发达国家所占比例高达 75%，而美国就独占 26.6%，人均年国民生产总值 3 万多美元。与此同时，社会主义国家经济也以较快的速度向前发展。1951—1981 年，苏联工业产值增长 12 倍，年均增长 8.5%，国民收入增长了 8 倍多，苏联的国民生产总值由相当于美国的 31%增长到美国的 67%，工业产值由相当于美国的 30%达到美国的 80%，农业产值由相当于美国的 70%增长到美国的 85%。但是，以苏联为首的社会主义阵营高度集中的经济政治管理体制所存在的弊端，使其在国内外政治经济等多种因素的共同作用下，于 20 世纪 80 年代末至 90 年代初发生剧变，苏联走向解体。在世界大战可以避免、社会主义将与资本主义长期共存的情况下，以中国为代表的社会主义国家开始了以经济建设为中心、适合国情的改革。

随着二战后帝国主义殖民体系的解体，获得民族独立的广大发展中国家逐渐成为世界经济舞台上不可忽视的力量。1950—1980 年间，发展中国家在世界国民生产总值中的比重从 9.1%提高的 16.5%。被誉为“亚洲四小龙”的新加坡、韩国、中国香港、中国台湾，以及拉美的巴西、墨西哥、阿根廷等国家和地区，抓住发达国家经济结构调整的机遇，积极引进资金、技术和管理经验，大力发展外向型经济，逐渐跻身于新兴工业化国家和地区行列。然而，也有部分发展中国家经济发展长期停滞，贫困现象进一步恶化，仍然处于最不发达国家行列。①

二战后世界经济出现了前所未有的大发展，呈现出许多新的特征：

第一，跨国公司成为世界经济发展的主体之一。二战后，由于科技革命的推动，跨国公司进入迅速发展期，并在世界经济中发挥着越来越重要的作用。跨国公司拥有雄厚的资本和很强的科技开发能力，通过直接投资，建立海外子公司，实现企业内的国际分工和专业协作，开展全球性经营，聚集各类生产要素，形成了开发、生产、销售的国际网络，以各国和各地区的比较优势组织生产，使其国际化水平达到前所未有的程度。跨国公司依仗其雄厚财力在全世界生产、贸易、对外投资中占有优势，把世界经济的各个不同环节有机联结起来。国际竞争越来越多地表现在跨国公司之间的竞争上，一个国家的经济实力和国际竞争力也更多地体现在拥有高水平的跨国公司上。跨国公司的发展促进了世界经济的发展。

第二，国际贸易为世界经济提供了新的动力。战后国际贸易额增长迅速，其速度不仅大大高于战前，而且高于战后同期世界生产总量的增长速度。国际贸易额在世界国民生产总值中所占的比重，到 1992 年已达到 33%，即世界产值的 1/3 是在国际交换中实现的。出口贸易额和贸易量的多少已成为各国能否占领世界市场和经济力量强弱的标志之一。国际贸易的快速发展，进一步深化了国际分工，促进了世界经济的深入发展。

第三，各国普遍开展经济体制改革的探索。随着科学技术的广泛应用和生产力的极大发展，许多国家都不同程度地开始了经济体制的调整和完善。发达资本主义国家在生产关系的某些环节和经济社会的

① 关于“最不发达国家”的认定详见第 7 章的有关资料。

运行、管理机制方面进行调整和改良，包括借鉴社会主义的一些做法，如建立宏观经济调节机制、实现企业管理体制的社会化和民主化、通过提高资本的社会化程度来调整所有制形式，以及以社会福利的形式对国民收入进行再分配等，暂时缓解了生产资料私人占有对生产力发展的制约。苏联也在探索社会主义国家的经济改革之路，在经济管理体制、国有经济的地位等方面开始进行改良，在国家、集体、个人三者利益关系方面进行理论上的探索，一定程度地增添了经济发展的活力。

第四，国际经济组织发挥稳定的协调作用。二战后，国际经济组织，主要是政府间国际经济组织进行的协调活动，对世界经济发展起到了直接的、重要的作用。战后初期建立的机构——国际货币基金组织、世界银行、关税及贸易总协定，扮演着世界经济秩序的维护者和协调者的角色。重要的世界性政府间国际经济组织主要有联合国系统的经济组织及其专门机构，还有其他全球性和地区性国际协调机构。国际经济组织在其各自的职能范围内，对协调各国经济活动发挥了不可忽视的作用。虽然国际经济组织常常受到大国意志的支配和国际经济规则的制约，但是其在世界经济和地区经济的协调发展中发挥了重要作用。

国际货币基金组织（International Monetary Fund）是重要的政府间国际金融组织。关于这一组织的协议条款是与国际复兴开发银行的协议条款一起在 1944 年的布雷顿森林会议上拟定的。1945 年 12 月，协议生效，该组织诞生。国际货币基金组织的宗旨是提供协调机构，促进国际货币与金融合作，扩大世界贸易和平衡其发展，稳定国际汇率，防止竞争性外汇贬值，消除世界贸易中的外汇障碍，以及通过短期贷款帮助成员国调整国际收支的不平衡等。该组织的资金主要来源于各成员国认缴的份额，认缴份额最多的是美、英、法、德、日 5 国，成员国有权按所缴份额的一定比例借用外汇。该组织的最高权力机构是理事会，由各成员国代表组成，处理日常业务的是执行董事会。中国是这一组织的创始国之一，1980 年中国代表权得以恢复。

世界银行（World Bank）又称国际复兴开发银行，是根据 1944 年 7 月召开的联合国家货币金融会议通过的《最后决议书》及其附件《国际复兴开发银行协定》于 1945 年 12 月成立的。它成立初期的宗旨是致力于战后的欧洲经济复兴，之后才转向全球性的发展援助，即为成员国生产性投资提供长期贷款和技术援助。它目前主要是向发展中国家提供以政府名义担保的项目贷款，资助兴建周期长、利润偏低，但又是该国经济和社会发展所必需的建设项目。中国是世界银行创始成员国，1980 年恢复了在世界银行中的合法席位。

关税及贸易总协定（General Agreement on Tariffs and Trade）是战后近半个世纪推动和规范国际贸易并具有约束力的全球性多边贸易协定。1947 年 10 月 30 日，美、英、中、法等 23 国在协定上签字（1948 年 1 月 1 日生效）。我国是关税及贸易总协定签字的 23 国之一，属于关贸总协定的缔约国。关贸总协定在调节世界贸易方面发挥着重要作用。世界贸易组织（World Trade Organization）于 1995 年 1 月 1 日取代关贸总协定开始运行。世贸组织与关贸总协定相比，有如下特点：世贸组织是一个国际组织，而关贸总协定是一个多边贸易协定；世贸组织在管辖的功能方面，涵盖了服务贸易和知识产权贸易及相关投资措施等新领域，而关贸总协定只涉及商品和货物贸易；世贸组织设有仲裁机构，而关贸总协定通过谈判解决贸易争端。中国于 2001 年成为世界贸易组织的正式成员国。

1.1.2　冷战时期的世界经济格局

世界经济格局是指活跃于世界经济领域的国际经济行为体在一定历史时期内相互作用形成的一种结构或态势。决定世界经济格局的基础是各主要经济体的社会生产力发展状况和发展水平。世界经济格局具有相对稳定性。在世界经济不平衡发展规律的作用下，各种经济力量的消长和变化发展到一定程度时，世界经济格局也会随之发生变化。冷战时期世界经济格局的演变主要经历了两个阶段。

第一阶段，战后初期到 20 世纪 70 年代初，美国居于世界经济霸主地位，社会主义经济体系与资本主义经济体系并存对抗。

第二次世界大战促使世界主要经济力量发生重大变化。德、日、意沦为战败国，国土被盟军占领，其海外的殖民地、市场、投资丧失殆尽。英、法等国经济实力受到严重削弱，元气大伤。社会主义苏联也遭到了严重损失。只有美国的经济实力在战争中急剧膨胀，在战后初期的世界经济中占据绝对优势。1948 年，美国工业生产总值占全世界工业总产值的 54.6%，对外贸易占全世界出口总额的 32.5%，黄金、外汇占有额为 74.6%。美国正是凭借着其雄厚的经济实力，称霸战后世界经济领域的。第一，建立以美元为中心的国际货币体系，取得世界经济霸主地位。1944 年 7 月，在美国的新罕布什尔州的布雷顿森林召开了有美、英、法、苏、中等 44 国参加的国际货币金融会议，通过了《联合国货币金融会议的最后议定书》以及《国际货币基金协定》和《国际复兴开发银行协定》两个附件，建立了以美元为中心的资本主义国际货币体系，即“布雷顿森林体系”。美国凭借其政治经济优势控制了国际货币基金组织和国际复兴开发银行的人事权和投票权，从而控制了这两个世界性的金融机构，并将美元和黄金挂钩，使美元成为世界货币和操纵国际货币金融的工具。1948 年生效的《关税和贸易总协定》是对布雷顿森林体系的补充，为美国确保经济领域的霸权起到了重要作用，客观上也对国际贸易和世界经济的发展起了一定的作用。第二，实施“马歇尔计划”、“道奇路线”和“第四点计划”。战后美国出于国内经济发展的需要以及遏制苏联等社会主义国家的战略需要，1947 年 6 月，美国国务卿马歇尔提出“欧洲复兴方案”，即“马歇尔计划”。1948—1951 年，美国向西欧提供了 131.5 亿美元的经济援助。1949 年，美国占领当局又为日本制定了“道奇路线”，向日本提供了大量贷款和援助，加快了日本的经济恢复，为美国控制日本奠定了基础。1949 年 1 月，美国提出“技术援助落后地区计划”，即“第四点计划”，通过对亚非拉不发达国家的投资和援助，实现对所谓共产主义影响的遏制。第三，对社会主义国家实现经济和技术封锁。1948 年 3 月，美国总统杜鲁门宣布严厉管制对苏联的物资输出。1949 年 11 月，在美国的提议下成立了旨在对社会主义国家进行封锁的“巴黎统筹委员会”，禁运的物资分为尖端技术产品、军用武器装备、稀有物资三大类共几百种。1951 年美国国会又通过了《巴特尔法案》(统称《禁运法案》)，规定凡“巴黎统筹委员会”成员国向共产主义国家出口战略物资者，均被剥夺接受美国军事、经济和财政援助的权利。战后初期美国依靠迅速发展的经济和科技力量，通过一系列战后安排及其对外政策，把战前四分五裂的资本主义国家重新统一到以美国为首的资本主义世界经济体系内，美国一跃成为资本主义世界经济霸主。

这一时期，一系列的欧亚国家相继走上了社会主义道路，它们相互支持与合作，在国际经济关系中出现了一种新型的、前所未有的社会主义经济体系。这些国家依靠自己的力量，迅速恢复了国民经济，保持了经济的较快增长，人民生活水平有了较大改善，经济实力明显增强。到 20 世纪 70 年代，苏联的钢铁、石油、水泥、化肥等 20 多种主要工业产量超过美国位居世界首位，成为仅次于美国的世界第二经济大国，在社会主义经济体系中发挥着至关重要的作用。由于社会主义国家原来大多数都是相对落后的国家，因而走上社会主义道路以后，生产力尚不发达，加之受到西方国家经济封锁，对苏联依赖严重。1949 年 1 月，它们在莫斯科成立了“经济互助委员会”，整合社会主义国家经济力量，抗衡美国的经济封锁和禁运。这一时期，社会主义经济在世界经济总体中的实力和影响不断扩大。但是，社会主义经济虽然高速发展，资本主义经济仍然在世界经济中处于领先和主导地位。

进入 20 世纪 60 年代后，国际经济关系中又注入了新的因素。随着殖民体系的解体，发展中民族主义国家经济兴起。这些国家工业基础薄弱，经济发展比较落后，但是在 20 世纪六七十年代其经济增长速度一直高于发达国家。它们运用经济手段，以联合的方式，为打破国际经济旧秩序进行了不懈的努力。

世界经济格局在社会主义经济体系和资本主义经济体系并存与对抗之中，呈现出发达资本主义国家、社会主义国家、发展中民族主义国家三种类型国民经济相互联系和斗争的态势。

第二阶段，20世纪70年代初至80年代末世界经济向多极化方向发展，资本主义世界呈美欧日三足鼎立之势。

20世纪70年代，世界经济的发展出现重大转折。20世纪70年代初的美元危机、石油危机，促进了世界性的经济结构调整，世界经济由高速增长进入低速增长时期。美国的经济实力下降，随着欧共体和日本经济实力的上升，资本主义世界经济逐渐形成三足鼎立的局面。

美元危机

自20世纪70年代，美国的国际收支状况开始恶化。1971年，美国的黄金储备减至102亿美元，而美国的国际收支逆差为220亿美元，对外短期负债则达520亿美元，多次引起抛售美元、抢购黄金的浪潮，逐渐酿成美元危机。1971年8月15日，美国宣布实行“新经济政策”，其主要内容为：(1) 对内冻结工资和物价；(2) 对外停止履行美元兑换黄金的义务，美元同黄金脱钩；(3) 对进口商品征收10%的进口附加税。美国的这一做法引起各国普遍不满，纷纷要求美元正式贬值，取消美元的特殊地位，转向对美元实行浮动汇率。1971年12月和1973年3月，美国政府两次宣布美元贬值，导致各西方国家货币对美元由固定汇率转为浮动汇率，布雷顿森林体系最终崩溃。

石油危机

1973年10月，正值第四次中东战争，阿拉伯石油输出国组织以石油为武器，打击以色列和支持以色列的国家。它们减少石油生产，对有关国家实施石油禁运，大幅提高油价。石油价格从原来每桶3.01美元上涨到11.65美元，沉重打击了资本主义国家的经济。

这一时期，美国在世界经济中的绝对优势地位下滑。美国经济由高速增长转为低速增长，出现了经济停滞、高失业率与通货膨胀并存的“滞胀”问题。美国的钢产量由1948年占世界钢产量的61.6%降到1976年的25.8%，石油产量由1950年占世界的55%下降到1976年的18.6%，汽车由1948年的83.8%下降到1976年的31.9%。1971年，美国首次出现战后贸易逆差。此后除个别年份外，贸易逆差一直居高不下。20世纪70年代初，美元两次贬值，布雷顿森林体系瓦解。1980年美国的通货膨胀率达到13.5%，1985年外国拥有的美国资产超过了美国拥有的外国资产，美国从世界最大的债权国变成了最大的债务国。

与此同时，欧共体和日本成为两个新的世界经济中心。在美国“马歇尔计划”的援助下，西欧和日本都在 20 世纪 50 年代初期恢复了经济。西欧国家于 20 世纪 50 年代开始了一体化的道路，以联合求发展，增强了与美国竞争的实力。1979 年欧共体国民生产总值达 23 800 亿美元，首次超过了美国；出口贸易额为 5 711 亿美元，是美国出口额 1 786 亿美元的 3 倍多。1979 年欧洲货币体系正式建立，欧共体经济实力进一步增长。日本自 1955 年经济恢复以后，开始了长达 20 年的经济高速发展时期，1968 年其国民生产总值已超过了联邦德国。日本的经济力量虽然与美国相比还有很大差距，但它的发展速度最快，20 世纪 70 年代一跃成为资本主义世界第二经济大国。于是战后美国独霸世界经济的局面为美欧日三大经济力量鼎足而立的格局所取代。

苏联东欧社会主义国家经济实力也在增长。这一时期，苏联东欧社会主义国家基本实现了工业化，经济社会发展接近或达到中等发达国家水平。1965—1980 年，苏联的工业总产值年均增长 6.8%，农业总产值年均增长 2.4%，总体发展速度高于发达资本主义国家和发展中国家。到 20 世纪 70 年代末，苏联经济总量居世界第二位。但经济体制僵化等问题也逐渐显露，虽然苏联东欧社会主义国家进行了不同程度的经济改革，可是未能从根本上触动传统计划经济体制的深层次问题。由于经济结构的不合理、高度集中的经济管理体制、粗放型的经济发展模式，加之与美国的军备竞赛，严重制约了苏联国民经济的发展，最终导致苏联解体。东欧国家也在苏联模式下先后发生剧变。

发展中国家经济呈上升趋势。1965—1980 年发展中国家的经济增长率为 6%，增长速度仍高于发达国家。发展中国家的出口贸易额由 1970 年的 565 亿美元增加到 1980 年的 5 671 亿美元，在世界出口贸易中的比重由 1970 年的 17.9%上升到 1980 年的 28.1%。广大发展中国家面对维护独立和发展经济的双重任务，走上了联合自强的道路，建立了诸如石油输出国组织、东南亚国家联盟、海湾合作委员会和七十七国集团等多个区域性和全球性的经济组织。20 世纪 70 年代至 80 年代，亚洲的新加坡、韩国、中国台湾和香港地区以及拉美的一些国家，抓住发达国家经济结构调整的机遇，实现了经济腾飞，跨入新兴工业化国家和地区行列。20 世纪 70 年代末 80 年代初，中国则开始了经济体制改革和对外开放，经济发展与世界接轨，很快成为世界经济舞台上的新兴力量。

1.2 冷战后世界经济及其发展趋势

1.2.1 经济全球化的发展进程及特征

经济全球化是指随着科学技术和社会生产力的迅速发展，国际分工不断扩大和深化，世界各国和地区在经济上紧密地联系在一起，逐渐结合为一个统一的整体的过程。经济全球化是世界经济和人类文明发展的新趋势和新阶段，以生产、交换、分配及消费的国际化为特征，突出表现为生产要素在全球范围内加速流动和配置，各国经济相互影响加深，联动性增强，世界范围的经济高速融合。

随着两极格局的瓦解，在相当长时期内世界大战尤其是核战争爆发的可能性已不复存在。几乎所有国家都把发展经济、提高综合国力作为在未来世界格局中定位的基础，这又为经济全球化提供了有利的政治、安全环境，加速了经济全球化进程的迅猛发展。以电子计算机、原子能和空间技术的发明和应用为标志的第三次科技革命，为经济全球化提供了技术平台，成为经济全球化的直接推动力。在第三次科技革命的推动下，社会生产力水平迅速提高，国际分工进一步向深度和广度发展，客观上要求各国在资金、技术、劳务和知识产权等方面进行国际间的联合，共同开发市场。信息技术特别是国际互联网把各个国家联系在一起，节约了时间和成本，使得企业组织跨国生产成为可能，同时大大提高了经济效益和社会效益。马克思说："只有在交往具有世界性质，并以大工业为基础的时候，只有在一切民族都卷入竞争的时候，保存住已创造出来的生产力才有了保障。"① "各个单独的个人才能摆脱各种不同的民族局限和地域局限，而同整个世界的生产（也包括精神生产）发生实际联系，并且可能有力量来利用全球的这种全面生产（人们所创造的一切）。"②

第三次科技革命

人类已经经历了三次科技革命。第一次科技革命始于 18 世纪中叶前后，由纺织机的出现拉开序幕，蒸汽机的发明将其推向高潮。其科学技术基础是牛顿力学机械技术，主要标志是蒸汽机得到广泛应用，使人类进入了蒸汽动力技术时代。第二次科技革命始于 19 世纪 70 年代，其科学技术的基础主要是电磁学理论及电力

① 《马克思恩格斯全集》，中文 1 版，第 3 卷，42 页，北京，人民出版社，1960。

② 同上书，61～62 页。

技术，主要标志是电力和内燃机得到广泛应用，使人类进入电气化时代。第三次科技革命始于 20 世纪 40 年代，其科学技术基础主要是现代物理学及各种新技术，主要标志是原子能、电子计算机及空间技术的发展和应用。

第三次科技革命对经济、社会影响最大的是信息技术、生物技术、新材料技术、新能源技术、航天技术和海洋开发技术等。技术转化为产品和形成产业的周期大为缩短。这次新技术革命不仅影响物质生产过程，而且影响到精神产品的生产领域，影响到各国的经济、政治、军事战略。同时，第三次科技革命极大地促进了世界经济发展，为各国的经济密切联系提供了技术平台，是经济全球化的最大推动力。

从现阶段看，经济全球化是一场以发达国家为主导，跨国公司为主要动力的世界范围内的产业结构调整。其基本特征是商品、技术、信息特别是资本在全球范围内自由流动和配置。“跨国公司的迅速扩张，引起了投资方式和国际分工的变化，加速了生产、投资、贸易、金融的全球化”①。因而，经济全球化具体表现为生产的全球化、投资的全球化、贸易的全球化和金融的全球化。

第一，国际分工的变化引起了生产的全球化。经济全球化首先表现为生产的全球化。国际分工使各国成为世界生产的一部分，成为商品价值链中的一个环节，形成了世界性的生产网络。生产的全球化有利于世界各国充分发挥优势，节约社会劳动，使生产要素达到合理配置，提高经济效益，促进世界经济的发展。经济全球化下的国际分工不同于前两次的产业层次上的垂直分工和部门行业分工，而是企业内部的分工，因而跨国公司充当了这种世界性生产网络的核心和纽带。跨国公司实行的全球经营战略，是加快经济全球化进程的重要基础和巨大推动力。据联合国贸发会议统计，1997 年世界上的跨国公司有 53 000 家；1999 年就达到 63 000 家，设立分支机构 70 万个；21 世纪初，跨国公司已增加到 65 000 家，国外子公司 85 万个。跨国公司为了扩大其在世界各地的生产规模和生产能力，还大力推进研究开发国际化，在国外设立研究开发基地，聘用国外科技人才，与国外科研机构合作，把其产品的生产过程分解到不同国家，充分利用各国的比较优势，以实现其成本最低化、效益最大化。

第二，跨国公司的全球化经营导致投资的全球化。跨国公司既是全球性生产网络的核心和纽带，也是国际直接投资的主体。跨国公司

① 江泽民：《在中央经济工作会议上的讲话》，见《江泽民论有中国特色社会主义（专题摘编）》，516 页，北京，中央文献出版社，2002。

的信条是，哪里有利润，就在哪里投资。自 20 世纪 90 年代中期起，全球的外国直接投资（FDI）流入规模陡然剧增，跨国公司进入了全球化经营时代。经济全球化时代，企业的国际化经营是企业安身立命、立于不败之地的法宝，而国际化经营就是要充分利用国际国内两种资源和两个市场。因而跨国投资和生产就成为经济全球化时代的重要特征。国际直接投资的流动带动了高新技术的流动，促进了资源和要素在全球范围内的合理配置，直接导致了生产的全球化和贸易的全球化，各国经济相互渗透，形成了“你中有我，我中有你”的经济全球化时代特有的新态势。1987—1992 年，全球国际直接投资年平均流入额为 1 735 亿美元，冷战结束后的 20 世纪 90 年代持续增加；1993—1999 年，全球国际直接投资年平均流入额达到 4 450 亿美元；至 2011 年，全球国际直接投资已达到 1.5 万亿美元。国际直接投资高速增长成为经济全球化的主要推动力之一。国际直接投资的持续增长，将直接引起全球性产业结构的调整，推动经济全球化向更高的层次和更广的范围扩展。

第三，生产的全球化直接引起贸易的全球化。生产的全球化的直接结果就是消费的全球化，即贸易的全球化。随着科学技术的发展和经济全球化趋势的推进，各国之间、各地区之间专业化分工越来越细，各个国家、各个地区以及公司企业都把发展对外贸易作为其生存和发展的基本条件，通过国际贸易争得在世界经济格局中的有利地位。根据联合国贸发组织的统计，全球贸易在 1990 年以来保持了年均 7%的增长率，2000 年的增长率高达 12%，2004 年的增长率达 9%。2010 年，全球贸易额达到约 15 万亿美元。与此同时，跨国公司在世界贸易中的比重越来越大，对世界经济的发展和东道国经济产生重大影响。随着经济全球化进程的加快，原来规范世界贸易的关税及贸易总协定已经难以适应世界贸易的发展趋势。世界贸易不再局限于商品和货物贸易范畴，已经扩展到服务及高科技生产要素等方面，世界贸易组织便应运而生。世界贸易组织的成立，推动世界贸易自由化的发展，有利于构筑世界贸易各领域的多边贸易体制大框架，进一步推动贸易全球化的发展。

第四，投资的全球化必将推动金融的全球化。金融是现代经济的核心，是国际经济活动的神经中枢。投资的全球化必将导致金融的全球化，金融全球化将进一步推动经济全球化向更深层次发展。金融全球化促进了经济多元化和更有效率的国际资本流动，各国的相互依存性进一步增强。20 世纪 90 年代以来，金融国际化的进程明显加快。

1973 年，每天的外汇市场的交易额只有 150 亿美元，1998 年就上升到约 15 000 亿美元，2010 年更高达 40 000 亿美元，相当于世界每日 GDP 的近 30 倍。信息革命引发的计算机网络的普及，将全球金融市场连成一体，为国际金融活动提供了便利，也为巨额国际游资寻找到了增值的途径。金融的全球化促进国际直接投资的流动，对世界经济的发展有着积极的作用，但金融全球化也会导致国际资本的流动越来越脱离实体经济运行，蕴藏着引发金融危机的风险。

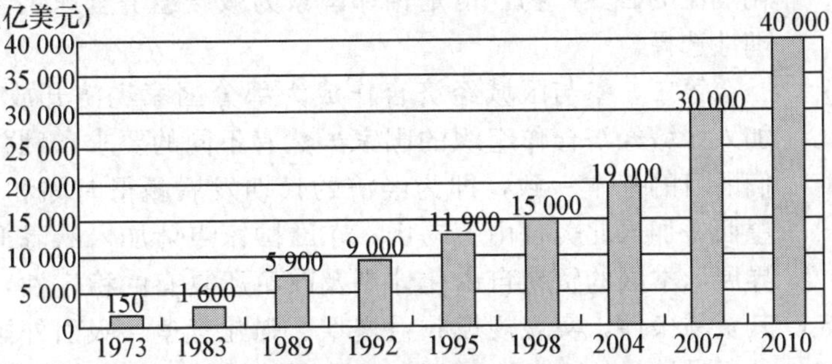

国际外汇市场日交易额增长示意图

（根据国际货币基金组织、国际清算银行报告整理）

经济全球化在促进世界经济发展的同时，也带来前所未有的挑战。由于各国自身经济利益不同，社会历史、政治、文化形态各异，对经济全球化的认识亦不尽相同，各国参与经济全球化的意愿、动力和程度相差极大，因而经济全球化将是一个长期的、复杂的、反复较量竞争的曲折过程。

1.2.2　区域经济合作呈强劲发展势头

区域经济合作作为以地缘关系为基础开展的各种政府间的经济合作活动，成为有关国家应对经济全球化的必然选择。面对经济全球化趋势的迅猛发展，趋利避害，趋福避祸，几乎成为所有国家面对现实问题的选择。区域性经济合作组织发展如此迅猛，存在着深层次的社会经济根源。

第一，全球性的多边合作机制无法满足所有国家发展对外经济贸易的需求。从现阶段发展看，经济全球化通常是以全球性多边合作机制（诸如世界贸易组织、国际货币基金组织等）为基础，统一的世界市场和国际经济规则为标志，促进全球生产要素和商品服务的自由流动。而区域经济合作则以双边或地区性多边合作为基础，以区域范围的市场及其运行规则为标志，促进区域内生产要素和商品服务的自由流动。区域经济合作和区域经济一体化的发展比全球性的自由贸易发展趋势更强劲，双边或区域贸易谈判达成协议的可能性大大增加，从而能使相关国家共同受益。特别是近年来国际贸易保护主义频频抬头，也促使一些国家不得不寻求建立区域经济合作来规避形形色色的贸易壁垒，促进其对外贸易的发展。区域经济合作既是各国顺应经济全球化潮流的必然产物，也是相邻国家为减缓经济全球化无序冲击所做的理性选择。

第二，参与区域经济合作成为部分国家经济开放的要求和标志。加入区域经济合作组织的国家虽然有不同的要求和利益差别，但是它们的目的基本一致，即为经济的长期发展赢得时间和空间上的优势。墨西哥加入北美自由贸易区、东欧国家申请加入欧盟都试图向外部世界展示本国的贸易自由化体制及改革所具有的稳定性，从而达到改善其贸易条件，实现规模收益递增、强化竞争、吸引外国投资、扩大对外贸易等目的。东欧国家加入欧盟的目的之一就是借助欧盟平台迅速摆脱经济上的落后局面，追上欧洲西部发展的步伐，但有的国家则将构建区域经济合作当作一种手段，向贸易伙伴施加压力。多年来，美国试图通过签署双边或者地区性贸易协定，采取分化手段，拉拢一些发展中国家，允许这些国家的商品进入美国市场，同时为其他发展中国家的商品进入美国市场设置障碍。

第三，区域经济合作有利于本国和本地区经济贸易的发展，有利于成员国应对经济风险。各种数据表明，全球贸易的增长大部分源于各种业已形成或正在建立当中的经济合作组织内部贸易的增长。2000年仅发生在欧盟、北美自由贸易区、东盟自由贸易区、南方共同市场、中欧自由贸易区和安第斯共同体六大区域贸易集团内部的贸易量，就占到世界贸易总量的36%。全球贸易中半数以上是在各个区域经济合作组织的成员国之间进行的。区域内自由贸易可以产生“贸易创造”与“贸易转移”作用，即由于取消内部关税和其他限制，致使区内交易成本降低，价格下降，从而使区内贸易增长。欧盟对外投资的1/3是在成员国之间进行的；就北美而言，美国和加拿大都互为最大的投资对象国。区域经济合作组织由于其在贸易优惠方面的排他作用，特别是区域内外的差别待遇，也会给其他地区特别是没有开展区域贸易合作的国家和地区带来不小的压力。

第四，区域性经济组织的合力作用使其成为能够左右地区经济乃至影响世界经济的重要力量。随着经济全球化程度加深，国际经济游戏规则的约束力也越来越强。参与制定新的国际经济规则和修改旧的国际经济规则，成为各国实现利益最大化的重中之重。区域经济合作组织正是由于其有较大的市场规模，对国际经济规则制定和完善的影响力越来越大。如果不借助区域经济组织这种团队的力量，单个的国家就难以对世界经济事务发挥与其实力相匹配的影响。由于欧盟在市场规模上已经构成了对美国的挑战，即使美国这个超级经济强国在制定国际经济规则方面，也不得不尊重作为一个整体的欧盟的利益。20世纪后期“欧洲统一大市场”形成之际，美国已经感到其面临的压力，成立北美自由贸易区，即为应对其面临的挑战。目前欧盟的“东扩”计划与北美自由贸易区的“南扩”发展计划，将引发新一轮的竞争。区域经济合作特别是超大经济体的一体化进程的加快，对世界经济和经济全球化趋势产生了深远的影响。

根据经济一体化的发展程度，区域经济合作可以分为六种形式。其一，优惠贸易安排，是通过协定或其他形式，对全部商品或部分商品给予特别的关税优惠，是经济一体化中最低等级和最松散的一种形式。其二，自由贸易区，由签订自由贸易协定的国家组成一个贸易区，成员国之间免征关税和取消其他贸易限制，但对贸易区以外国家仍持较高关税。其三，关税同盟，成员国之间完全取消关税或其他壁垒，建立共同的对外关税，同盟内部商品自由流通和自由竞争，带有超国家的性质。其四，共同市场，成员国在关税同盟的基础上进一步消除对生产要素流动的限制，同盟内实现技术、资本、劳动力、商品的自由流动。其五，经济联盟，成员国之间建立超国家的管理机构，制定和执行某些共同经济政策和社会政策，逐步废除政策方面的差异，形成一个庞大的经济实体。其六，完全经济一体化，成员国在经济、金融、财政等政策方面均完全统一，在国家经济决策中采取同一立场，区域内商品、资本、人员等自由流动，使用共同货币，是经济一体化的最高阶段。

区域经济合作和经济全球化追求的目标是一致的，即实现规模经济、提高经济效率和增强产品竞争力。区域性经济组织内部实行生产要素的自由流动，必将加速资本的相互渗透，深化成员国之间的相互依存和国际分工，从而进一步推动经济全球化进程。然而，区域经济合作与经济全球化的发展也有矛盾的一面。从经济运行规则看，区域性经济合作具有排他性，其内外有别的政策常带有浓厚的贸易保护主义色彩。从某种意义上说，区域经济合作无疑对全球多边贸易体系有消极影响，也会加剧区域经济合作组织之间的矛盾。但是，区域性经济合作具有开放性的一面。区域性经济合作并非只着眼于地区性的自给自足，而是要从国际贸易中获得更多的好处，增强产品在国际市场上的竞争力。在经贸活动中，各区域经济合作组织之间相互联系，具有相互开放性。从长远来看，区域经济合作不但不会阻碍经济全球化的发展，而且还将推进经济全球化的发展。

最早的区域合作组织是苏联东欧国家于1949年成立的经济互助委员会。之后，欧共体的建立标志着欧洲国家开始走上区域经济合作的道路。20世纪70年代，各种形式的区域经济合作迅速发展，发展中国家也建立了区域性经济合作组织。20世纪90年代，北美自由贸易区建立，欧洲联盟成立，特别是欧元出台，把区域经济合作推向更高阶段。2002年7月，非洲联盟的成立则标志着非洲大陆区域经济合作进入新阶段。在经济全球化浪潮推动下，区域经济合作、跨区域经济合作、次区域经济合作蓬勃发展，遍布世界各地区，形成了一个个以区域为活动范围和联系主体的经济网络。

欧洲联盟是经济一体化程度最高的区域经济合作组织。欧洲联盟是从欧洲共同体发展而来。自西欧6国1951年4月18日签订《欧洲煤钢联营条约》之后，欧洲开始经济一体化进程。1993年，欧洲联盟建立，1999年欧元出台，2002年欧元取代欧元区各国货币，成为欧元区唯一货币。欧盟的超国家力量，在经济上表现出欧盟统一市场的透明性、竞争性与流动性，在文化心理上体现了欧洲的统一形象。2009年，欧盟还选举赫尔曼·范龙佩为首位欧洲理事会常任主席，凯瑟琳·阿什顿为欧盟外交和安全政策高级代表，这两个职务被形象地称为“欧盟总统”和“欧盟外长”。欧盟继续朝着全方位一体化方向推进。2010年欧债危机发生且不断蔓延，欧洲一体化进入曲折发展时期。

美国和加拿大于1988年通过签署美加自由贸易协定建立了北美自由贸易区，1994年1月墨西哥加入，美加墨自由贸易区启动。根据《北美自由贸易协定》，美国、加拿大、墨西哥三国将逐步取消货物与服务进出口关税及投资障碍。北美自由贸易区是由不同经济发展水平的国家组成的区域性经济合作组织。1994年12月迈阿密美洲国家首脑会议确定了建立美洲自由贸易区的最后时间表。美国试图以北美自由贸易区为基础，逐步向南扩展，组建一个囊括整个美洲的自由贸易区。美洲自由贸易区一旦建成，将成为世界上最大的自由贸易区，它北起阿拉斯加、南到阿根廷，包括除古巴之外的34个美洲国家。该贸易区人口近 8 亿，贸易额占全球的 1/5 以上。有关美洲自由贸易区的谈判进展缓慢，在农业补贴、降低关税、市场准入等关键问题上尚未达成实质性的协议，一些主要成员的利益难以协调，谈判一直停留在议程和框架层面上。2013 年 6 月，美欧正式宣布启动“跨大西洋贸易与投资伙伴关系协定”（Transatlantic Trade and Investment Partnership，简称 TTIP）的谈判。如果 TTIP 建成，以北美自由贸易区为躯干，外加 TPP 和 TTIP 的两侧联动，“一体两翼”的两洋战略将强力驱动美国全球政治布局。

美国提出 2013 年贸易议程（本图来自百度百科）

亚太经济合作组织（APEC）成立于 1989 年。1993 年 11 月，在美国西雅图首次举行的 APEC 领导人非正式会议，成为 APEC 发展进程中的里程碑，形成了高官会议、部长级会议、领导人非正式会议等三个层次的决策机制。其宗旨和目标是，“相互依存，共同受益，坚持开放性多边贸易体制和减少区域内贸易壁垒”。亚太经济合作组织由成立之初的 12 个国家和地区发展到 1999 年的 21 个国家和地区。据 2001 年 APEC 秘书处统计，亚太经济合作组织 21 个国家和地区总人口约占世界人口的 42%，国内生产总值约占世界国内生产总值的 60%，贸易额约占世界贸易总额的 50%。由于亚太地区经济发展极不平衡，因而亚太经济合作组织不搞立法式的规定，不推行一种模式，任何方案和动议都必须经过成员国一致同意。1994 年 11 月，印尼茂物会议决定在成员中分两步实现贸易、投资自由化，即发达国家和地区、发展中国家和地区分别于 2010 年和 2020 年实现贸易、投资自由化目标。2011 年 APEC 峰会上，美国、澳大利亚、新西兰、越南、马来西亚、新加坡、文莱、智利和秘鲁 9 个国家就参与所谓跨太平洋战略经济伙伴关系

（TPP）谈判达成一致。TPP 原为 2005 年新加坡、新西兰、智利、文莱在亚太经济合作组织框架内签订的多边自由贸易协定。美国参与并决定将其建成经济总量达 22.3 万亿美元（占世界 35.5%）的最大自由贸易区，这是美国介入东亚太平洋区域一体化进程的重要步骤。

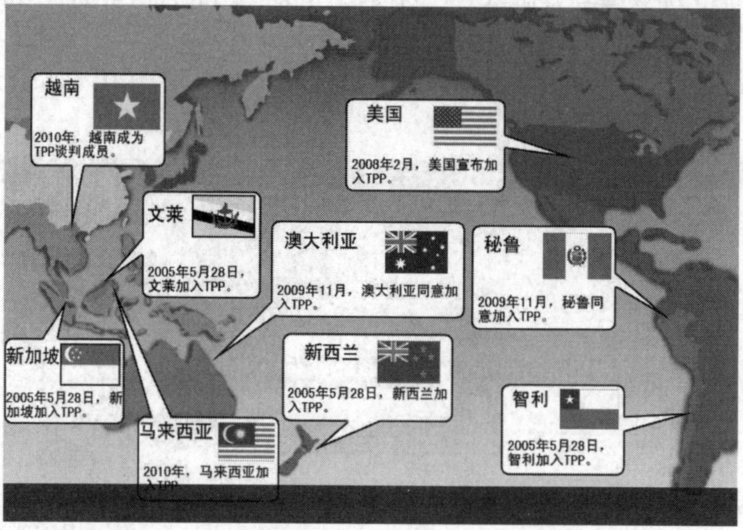

TPP 成员国示意图（本图来自互动百科/作者刘恒）

2002 年 7 月由 53 个非洲国家成立了非洲联盟。非洲联盟以“非洲发展新伙伴”计划作为发展战略，这是个庞大的一揽子计划，涉及非洲政治、经济等各个方面，发展目标明确而具体，是对非洲发展道路的新探索，为非洲追赶世界发展潮流勾画了宏伟蓝图。“非洲发展新伙伴”计划是要整合非洲大陆的资源、人力、资金和技术，加强非洲在国际市场上的竞争力。2011 年 8 月 15 日，非洲联盟正式接纳南苏丹共和国成为其第 54 个成员国。非洲联盟拟以非洲现有的数十个区域性、次区域性经济合作组织为基础，逐步缩小各区域间的发展差距，加强区域间的协调与合作，推动非洲的一体化进程。非洲联盟未来计划使用统一货币、建立联合防御力量、成立跨国家机构。非洲联盟的方案对于非洲未来发展是一次重要尝试，是非洲国家在经济全球化浪潮下为防止被“边缘化”而采取的新对策。

2010 年，中国—东盟自由贸易区（China-ASEAN Free Trade Area）正式运行。该自由贸易区是一个拥有 19 亿人口、国民生产总值达 6 万亿美元、贸易额达 4.5 万亿美元的自由贸易区。中国与东盟国家共同推进自由贸易区建设进程，推动东亚乃至整个亚洲地区的经济协调与合作，为本地区的发展与繁荣创造有益环境。2011 年，中国继续保持东盟第一大贸易伙伴，东盟首次成为中国第三大贸易伙伴，首次成为中国企业在国外投资的第一大市场。如今，中国—东盟自由贸易区候选国东帝汶、观察员国巴布亚新几内亚正在申请加入。中国—东盟自由贸易区是中国参加的第一个自由贸易区，是继欧盟、北美自由贸易区之后的世界第三大自由贸易区，对我国和亚洲的发展具有深远影响。

1.3　经济全球化对世界经济的影响

1.3.1　经济全球化背景下的发达国家

经济全球化对所有参与的国家和地区都提出了挑战，虽然发达国家在一定意义上主导着经济全球化的发展进程，但是发达国家间的竞争同样激烈且有胜负之分，加之经济全球化引起的全球范围内产业结构的调整和技术转移，都不可避免地引起国际经济关系的新调整。

经济全球化的起步和加速发展是在现有国际政治经济秩序的背景下开始的，因而发达国家捷足先登，占据了天时、地利等先机。从目前的发展状况看，发达国家主导甚至一定程度地支配着经济全球化的发展进程。它们依靠强大的经济实力，占据着资本、技术、信息及科技人才的优势，主导着主要国际经济组织。现行的以发达国家经济社会条件为依据而制定的国际经济规则，是当今世界各国进行经济贸易往来的基本依据。因此，西方发达国家是现阶段经济全球化发展的最大受益者。发达国家对外极力倡导贸易自由化，试图打破所有对其不利的贸易壁垒，开拓符合其自身利益的国际贸易市场，向世界推销它们的“自由市场经济模式”，使其自身利益最大化。发达国家越来越将贸易自由化的重点放在资本密集型和技术密集型产业上，这是发达国家最有竞争力的强项，而在劳动密集型产业上它们却不遗余力地采取保护政策。美国于 2002 年 12 月 2 日在世界贸易组织召开的市场准入谈判小组会议上，提交了在 2015 年以前取消所有工业品和消费品关税的提案，以期从它所倡导的自由贸易中获得最大收益。而美国自身不仅在 2002 年增加农业补贴，保护其农产品市场，还提高了部分工业产品的进口关税。

西方发达国家为适应经济全球化的发展，继续成立新的国际经济组织，签订新的国际经济协定，建立国际信息网络，巩固和加强其在经济全球化进程中的优势地位。它们试图将自己的政治制度、价值观念、意识形态推向全球，以谋求政治、经济、文化领域的全面霸权，按照它们的意志建立国际经济秩序和国际政治秩序。从表面看，发达国家和发展中国家在同一游戏规则下竞争，在形式上似乎是完全平等的，而形式上的平等却掩盖了事实上的不平等。西方发达国家试图用平等竞争的旗号掩盖其经济、金融、技术的霸权主义，实行有利于发达资本主义国家的对外经济贸易战略，妨碍发展中国家的经济发展。由于经济科技水平相对落后，发展中国家在全球化进程中面临着发达国家经济和技术优势上的巨大压力，经济安全受到威胁。一些国家无力阻挡国际垄断资本对民族经济的冲击，民族产业不断被跨国公司挤垮和吞并。

经济全球化是世界经济发展的客观趋势，其发展进程绝不可能以少数发达国家的意志为转移。长远来看，面临经济全球化挑战的不仅仅是发展中国家，从更广和更深层次上分析，发达国家也面临着经济全球化带来的严峻挑战。发达国家面临的挑战主要有以下几个方面：

其一，全球性的产业结构调整势必对包括发达国家在内的许多国家造成冲击。经济全球化下的全球性产业结构调整是以发达国家向发展中国家转移劳动密集型产业为基本标志的。发达国家的产业转移使其出现了“产业空心化”问题，直接后果就是自20世纪90年代以来的经济低速增长，进而在2008年爆发了金融危机。同时，正是由于劳动密集型产业向发展中国家转移的现实，致使发展中国家大量廉价商品输入发达国家。发达国家的资本输出实际上等于把本国劳动密集型产业的就业机会输出到发展中国家，其直接后果是减少了发达国家内蓝领工人的就业机会，失业率居高不下。发达国家的非熟练工人已经成为反全球化的重要力量。

其二，生产和投资的全球化，特别是贸易的全球化已经加剧了发达资本主义国家之间的矛盾。世界上的资源是有限的，市场空间的扩张也是有限的，这不仅直接导致了跨国公司竞争的白热化，而且加剧了发达资本主义国家之间的矛盾。无论是对外投资还是对外贸易，发达国家之间经济互补性差，所存在的同质化问题难以解决，激烈竞争在所难免。美国曾多次指责日本和欧盟树立贸易壁垒，要求它们开放市场，并试图启动所谓“301条款”对日本进行调查。20世纪 90 年代以来，美、日、欧主要资本主义国家的贸易纠纷不断，汽车战、香蕉战、钢铁战频繁爆发。全球市场、资金、资源的争夺矛盾更加尖锐，世界范围内贸易竞争和国与国之间经济实力的较量越来越激烈。

其三，经济全球化促使发达国家虚拟经济膨胀，而国家经济过度虚拟化难以应对金融危机。虚拟经济虽然相对独立于实体经济，但本质上是对实体经济的一定形式的反映。为推动经济增长，美国决策者鼓励过度消费，造成寅吃卯粮，加之金融业监管不力，诱导普通百姓通过借贷超前消费、入市投机，为金融危机的发生埋下祸根。据美国人口调查局公布的数据显示，从 20 世纪中后期开始，伴随虚拟经济的逐年膨胀，美国的制造业逐年萎缩。从 1980 年到 2009 年，美国制造业增加值占 GDP 比重从 21.1%降到 12.6%，制造业就业人数占就业总人数比重从 21.6%降到 9.1%。[①] 而以美国华尔街为代表的国际金融资本为不断追求超额利润，以金融创新为幌子，试图将金融资本无限放大，在缺乏金融监管的背景下，终于爆发了次贷危机。次贷危机引发了连锁反应，演变成国际金融危机。金融危机发生后，各国政府纷纷推出刺激经济增长的宽松政策，而一些高福利、低盈余的欧洲国家无法通过公共财政盈余来支撑过度的举债消费。希腊、葡萄牙、爱尔兰、意大利、西班牙等国都爆发了欧洲主权债务危机，并引发国家政权更迭，国际金融危机进一步加深，给世界经济增添了更多的不确定因素。

其四，经济全球化不仅不能解决资本主义的基本矛盾，而且在一定条件下可能使其激化。从某种意义上说，经济全球化将导致资本主义基本矛盾的全球化。发达国家中出现的就业问题和收入差距拉大的问题并不完全是经济全球化发展的必然结果，而是资本主义基本矛盾在全球范围内的放大以及在经济全球化趋势下的新表现。经济全球化趋势背景下，发达国家的产业调整是不可避免的，这使发达国家的资本家获得更多的超额利润，同时又造成了发达国家的非熟练工人失业或工资待遇下降，这才是发达国家两极分化的直接原因。“国际资本主义把资本的吸血管伸到全球，是为了缓解资本主义基本矛盾，使得自己免于死亡。吸血虽然见效，但从长远的观点来看，毕竟是扬汤止沸的短期行为。它在创造了资本主义世界经济体系的同时，也把资本主

① 参见《立身之本不能丢（经济热点·实体经济是根基（2））》，载《人民日报》，2012-02-13。

义的病灶即资本主义基本矛盾扩展到了全球。”① 随着经济全球化进程的推进，资本主义将在世界范围内面临生产的盲目性等更多的矛盾和危机。

1.3.2 经济全球化背景下的发展中国家

发展中国家在经济全球化进程中无疑并不占据主导地位，其弱势地位在较长时期内难以发生根本性扭转，因此发展中国家在经济全球化进程中面临着比发达国家更严峻的挑战，难以同发达国家一样享受经济全球化所带来的好处。多数发展中国家由于发展资金匮乏、债务负担沉重、贸易条件恶化、金融风险增加以及技术水平的落后，总体上处于更为不利的地位。随着经济全球化的不断发展，南北经济差距将会越拉越大。发达国家通过不平等交换，把广大发展中国家变成它们的廉价资源供应地、获取高额利润的投资场所、推销剩余产品的市场。资本流遍世界，利润流向西方。跨国公司不仅能够控制发展中国家的重要产业，包括矿藏、能源及高新产业，而且还可以控制发展中国家的对外贸易，致使一些国家的民族企业难以抵挡跨国公司的冲击。

目前的经济全球化已经加剧了全球范围内的两极分化，使发展中国家处于不平等和事实上受剥削的地位。发达国家拥有全球生产总值的 86%和出口市场份额的 82%，而占世界人口绝大多数的发展中国家仅分别拥有 14%和 18%。最富有的国家人们的消费额是最穷困国家消费额的 400 倍。瑞士居民一天的消费比莫桑比克居民一年的消费还要多，然而这还是平均值。富国大企业的经理们一天的收入高于穷国百姓一生的收入。一位南非矿产主的年收入为 20 亿美元，它相当于 500 万乍得居民全年总收入的 3 倍。世界银行报告指出，在一个不能打破贫困周期且越来越不平等的世界里，集中于工业化国家占世界人口 1/6 的人垄断了全球近 80%的收入。联合国开发计划署发表的 2002 年度《人力发展报告》指出，最富有国家与最贫困国家收入之间的差距在 1920 年是 35∶1，1975 年是 45∶1，1992 年是 75∶1，2001 年是 100∶1。发达国家的经济优势使其在经济全球化发展中处于中心地位，发展中国家的弱势地位则使其面临经济全

① 《求是》课题组：《当代资本主义的基本矛盾——论资本主义发展的历史进程》，载《求是》，2001 (3)。

球化的巨大挑战。

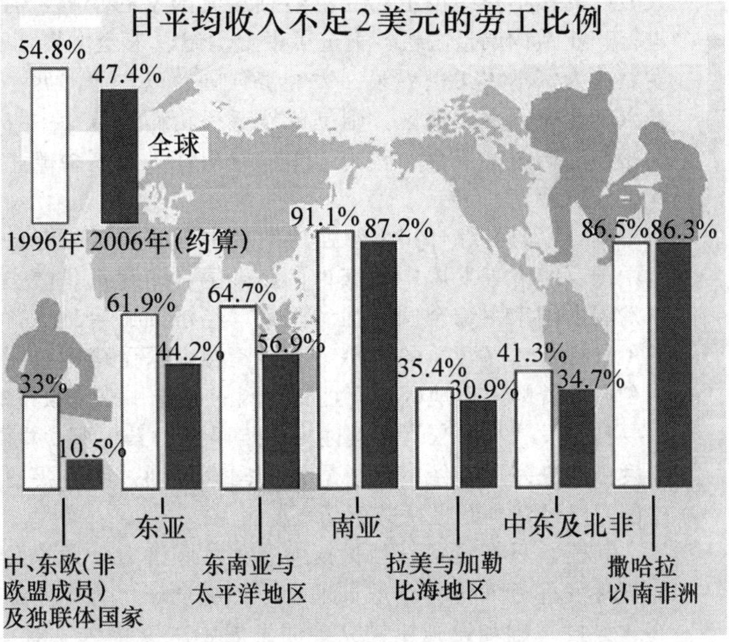

历经十年世界贫困问题依然严峻（本图来自新华网）

虽然发展中国家面临着比发达国家更大的挑战，但是从长远看，经济全球化对某些发展中国家来说也是一次难得的历史机遇。如果我们客观分析经济全球化的基本发展趋势和发展中国家的经济社会发展的现实，就可能得出这样的结论：发展中国家中有经济、技术和发展战略不同的两类国家，一类是经济发展较快的国家，如"金砖国家"及东盟等国家和地区。这些国家和地区由于在综合国力和基础科学研究等方面具有一定实力，拥有一定数量科学技术人才，在某些领域内已经取得相对优势，因此在可预见的将来有可能赶上或超过某些发达国家。另一类国家是相当数量的发展中国家，由于经济发展起点较低，或者是发展战略失当等原因，难以适应经济全球化的发展潮流，长期处于世界经济发展水平的末端。综合而言：

其一，每一次产业革命都将推动世界经济进入新一轮融合，使部分国家脱颖而出、后来居上。工业革命的发源地英国由世界古典文明的边缘奇迹般地变成了世界近代文明的中心。而以电力技术的发明和应运为代表的第二次科技革命为美国的崛起提供了机遇。第二次世界大战后的日本在经济上已经沦落到三流国家的水平，但是借欧美国家进行产业结构调整之机，引进了半个世纪以来全世界几乎全部的技术，发展成为资本主义世界第二大经济强国。以“亚洲四小龙”为代表的新兴工业化国家和地区，则是依靠新一轮科技革命中发达国家转移劳动密集型产业的机会，实施“出口导向性”发展战略，实现了自身的跨越式发展。

其二，只有综合实力较强的发展中国家具备崛起的比较优势。仅以中国、印度等发展中国家为例，中国、印度都是幅员辽阔大国，属于发展中国家中综合国力强的国家，经济回旋余地大，适应性强。它们不仅拥有较高素质的廉价劳动力资源，深受跨国公司青睐，成为跨国公司投资的重点地区，而且有广阔的市场和一定数量的高科技人才，只要自身发展战略得当，其他力量难以撼动其根基。世纪之交，中国、印度已经进入世界经济增长最快的国家行列，更重要的是中印等发展中国家已经建立起良好的市场环境。

其三，只有具备较强科技力量和发展潜力巨大的发展中国家，才能真正发挥后发优势。从长远看，经济全球化为一些经济发展水平较高、科技基础和设施比较完善的发展中国家提供了难得的赶超机遇。原因主要有：首先，研究开发成果全球共享以及科学技术的溢出和扩散已经成为世界经济的一种重要现象。跨国公司生产的国际化推动了研究开发的国际化，一些发展中国家的“以市场换技术”已经取得了良好的效果。其次，全球性产业结构调整导致向发展中国家的技术流动。产业转移意味着技术转移，发展中国家可以在技术转移中受益。再次，发展中国家可以通过积极参加对外技术交流与合作，充分发挥后发优势。中国的航空航天和生物工程、印度的软件产业、巴西的航天技术等都是具有比较优势的高科技产业。然而大多数发展中国家并不具备发展高新技术产业的优势和潜力，难以在经济全球化进程中崛起。

阅读书目

1. 谈世中. 经济全球化与发展中国家. 北京：社会科学出版社，2002

2. 谈毅. 国际区域经济合作. 西安：西安交通大学出版社，2008

3. 张幼文等. 金融危机冲击下的世界经济格局. 上海：上海社会科学院出版社，2010

4. 杨逢珉，张永安. 经济全球化背景下的南北关系. 上海：上海人民出版社，2011

分析与思考

1. 为什么说经济全球化是一把双刃剑？
2. 试分析区域经济合作与经济全球化趋势的相互关系和作用。
3. 根据以下材料，分析经济全球化给世界带来的影响。

材料 1—1

大部分新兴世界国家，都不会因为欧美的经济困境以及日本的停滞而感到些许安慰。在 2008—2009 年的经济衰退期间，发展中国家已遭受重创，如果发达国家再来一次经济萎缩，它们将再遭重创。

新兴市场集团的影响体现在全球最大公司的排名上。在英国《金融时报》按市值排名的 2011 年全球 500 强企业中，中国有 27 家企业上榜，位居第四位，排在美国、英国和日本之后。如果算上上榜的 18 家香港企业，中国将排名第二。而在危机之前的 2007 年，中国排在第八位，只有 8 家企业进入 500 强（香港也有 8 家企业上榜）。

其他新兴市场大型企业在排行榜的位置也在上升，印度有 14 家企业进入 2011 年全球 500 强（高于 2007 年的 8 家），巴西 12 家（2007 年为 7 家），俄罗斯则为 11 家（2007 年为 9 家）。

——[英] 斯蒂芬·瓦格斯蒂尔：《全球化是把双刃剑》，载《金融时报》，2011-09-23

材料 1—2

美国 1%的富人享受着巨额分红、税收减免，而其余 99%的人承受失业、丧失房产等巨大压力，灰暗的未来令他们站出来抗议。美国最富有的 1% 的家庭的收入约占总收入的 20%多，是 80 多年来的最高点，这个数字在 20 世纪 70 年代末是 10%。美国经济学家约瑟夫·斯蒂格利茨掌握的算法则是，美国最富有的 1%的人每年拿走总收入的近 25%，其财富则占到总财富的 40%，25 年前这两个数字分别是 12%和 33%。有数据显示，进入美国最富有的 1%阶层的门槛是年收入超过 38 万美元。当前美国企业主管的薪水比 1980 年高 5 倍，而普通美国工人的平均薪水则与 1980 年相当；美国公司首席执行官的平均年收入是 1 100 万美元，而普通职员平均只有 4 万美元。

在澳大利亚，墨尔本的抗议者也喊出："我们受够少数企图支配一切的特权阶层了。"在英国，"占领伦敦证券交易所"组织也说："我们受够了。银行家没有受到处罚，而这个国家的人民却因为他们引起的一场危机而受到惩罚。”他们还计划从 10 月 15 日下午 4 时到 12 月 12 日占领伦敦金融区的帕特诺斯特广场。《独立报》10 日说，英国贫富差距不断拉大的问题从 2008 年金融危机以来，不但没有缩小，相反却越来越严重了。英国国家统计局在 2010 年的调查发现，英国最富有的 10％的家庭占据了全国私人财富的 44％。

——《美国 1％最富者到底是谁》，载《环球时报》，2011-10-14

第2章

当代世界政治及其发展趋势

要论提示

● 第二次世界大战改变了世界主要力量的对比，形成了战后世界两极政治格局。

● 世界多极化是不以人的意志为转移的客观发展趋势。

●“一超多强”的世界力量对比决定了单极与多极的较量不可避免。世界多极化将是一个复杂而曲折的过程。

关键词

世界政治　世界政治格局　世界多极化　一超多强

世界政治是人类历史发展到一定阶段的产物，它的形成与发展同世界经济的形成与发展密切相关。在奴隶社会和封建社会不存在全球意义上的世界政治。进入资本主义社会后，国际分工日益发展，贸易市场向世界范围推进，殖民扩张呈现全球化，世界各国和各地区的交往越来越频繁，具有现代意义的世界政治开始形成。随着世界性交往的进一步发展，世界政治的内容也在不断丰富与拓展。

第二次世界大战结束后，形成了以美国和苏联两个超级大国为主导的相互对立的两大集团，确立了两极格局。两极格局解体后，世界多极化加速发展。多极化趋势有利于国际关系民主化，有利于世界和平与共同发展。但是，在“一超多强”的力量对比态势下，单极与多极的较量不可避免，强权政治和霸权主义时有表现，世界多极化趋势将是一个长期而曲折的发展过程。

2.1 冷战时期的世界政治

冷战时期的世界政治出现了不同于战前的鲜明特点，美国和苏联成为两个超级大国，以它们为首的两大政治军事集团相互冷战，世界政治呈现两极格局。20 世纪 80 年代末 90 年代初两极格局解体，冷战结束，世界政治进入了冷战后发展时期。

2.1.1 战后世界政治的发展及特点

世界政治是指国际社会中国家行为体之间、国家行为体和非国家行为体之间以及各类非国家行为体之间相互关系与矛盾运动的总和，其主要表现形式是各行为体所制定和实施的政策及其在国际社会里产生的作用和影响。

世界经济是世界政治的基础，近代工业革命不仅促进了世界经济的发展，而且促进了世界政治的形成。随着资本主义生产方式的确立，资本主义生产向社会化、国际化方向发展，各国间的政治、经济、科技、文化等联系日益密切，相互往来增强，矛盾和斗争加剧。19 世纪末 20 世纪初，自由资本主义进入垄断资本主义，即帝国主义阶段，西方列强瓜分世界的殖民体系形成，随之构建了统一的资本主义世界经济体系，具有现代意义的世界政治逐渐形成。

世界政治行为体的相互关系决定着世界政治的走向。世界政治行为体是指能够独立地参与国际事务并发挥影响和作用的一系列实体。世界政治行为体可以划分为国家行为体和非国家行为体。国家行为体是世界政治中最主要的行为体。截至 2011 年，联合国已经发展到 193 个会员国，其中绝大多数国家是第二次世界大战后独立的。国家行为体一般须具备四个要素，即定居的居民、固定的领土、健全的政府和完整的主权。非国家行为体是指那些主权国家之外的、能够独立参与国际事务的政治、经济实体。它们的种类繁多，包括国际组织、国际政治运动、种族集团、宗教组织、政党及其他政治组织等。它们的活动领域极为广泛，对世界政治产生了重大影响。当然，相对于国家行为体来讲，非国家行为体在世界政治中的作用具有一定的局限性。

二战后世界政治的发展变化呈现出以下几个方面的特点：

第一，世界政治行为体以前所未有的速度急剧增多。第二次世界大战后，国家行为体不断增多的原因主要有两个：一是殖民体系瓦解，大批殖民地与半殖民地获得民族独立，进入主权国家的行列，壮大了国家行为体的队伍；二是国家分裂造成主权国家数量上增多，如巴基斯坦在 1974 年的战争中被一分为二，孟加拉国成立，苏联在冷战结束时由一国分解为 15 国。从非国家行为体来看，以国际组织为例，第二次世界大战前的 1939 年，政府间国际组织只有 80 个，到 20 世纪 90 年代已增加至 500 多个。第二次世界大战时，非政府间国际组织有 170 个左右，到 20 世纪 90 年代已增至 36 000 多个。[①] 导致非国家行为体数量猛增的原因较为复杂，最根本的原因是，科技进步促进了经济的发展，强化了国家间的交往和依赖程度，使得国际关系内容更加多样和复杂，从而为非国家行为体提供了广阔的发展空间。

第二，欧洲丧失传统的世界政治中心地位，美苏关系主导世界政治的走向。美国优势的确立和苏联力量的勃发是第二次世界大战的重大结果，这一结果完成了 19 世纪开始的世界政治构造的一次根本性转变。传统的世界政治中心衰落，美苏两个超级大国崛起，世界政治格局的序列易位、要素重组。

欧洲作为民族国家的摇篮和资本主义生产方式的发源地，曾长期左右着世界政治格局的发展变化。第一次世界大战后，美、日崭露头角，苏联出现，欧洲享有的中心地位受到削弱，但欧洲大国作为世界性政治力量仍然在国际事务中发挥着主导作用。二战后的欧洲大陆，满目疮痍，百废待兴，昔日曾是欧洲乃至世界强国的英法德等国，与战前相比，实力大为下降。欧洲大国在近现代史上控制世界政治的中心地位已不复存在。

相比之下，“美国在第二次世界大战结束时拥有绝不亚于 130 年前英国所有那种巨大的世界优势。在这种优势的激励下，美国政府内外洋溢着全球霸权情绪”[②]。而苏联由于其在战争中的作用，大大提高了国际威望和影响力。战后，社会主义国家由一国发展为多国，形成了社会主义阵营，这也大大加强了苏联的国际地位。美、苏在战后拥有了远远超过其他国家的政治、经济和军事实力，势力范围遍及全球，这使它们成为战后世界的超级大国，为战后世界政治的两极格局的形成奠定了基础。作为具有世界性影响力的两个超级大国，美苏之间的关系已远远超出了双边关系的范畴，这一关系的风云变幻直接影响甚

---

① 参见俞正梁等：《全球化时代的国际关系》，141 页，上海，复旦大学出版社，2000。

② 时殷弘：《新趋势　新格局　新视野》，163 页，北京，法律出版社，2000。

至决定了世界政治的走向。1962年的古巴导弹危机，是冷战时期美苏之间最严重的一次直接对抗。两个超级大国在危机中走到了战争的边缘，整个世界面临着一场热核战争的危险。20世纪70年代，美苏关系出现缓和，美苏两国首脑多次会晤，两国签订了两个限制战略武器协定和限制反弹道导弹条约，从而带来当时国际局势的和缓，二战后遗留的柏林地位问题得以解决，长期酝酿的欧洲安全与合作会议得以召开。美苏关系的紧张与缓和在很大程度上决定着世界政治形势的发展，这成为战后世界政治的重要特点之一，直到两极格局崩溃这种状况才有了改变。

第三，两种社会制度、两种意识形态的对抗在世界政治中占据突出位置。社会主义与资本主义是截然不同的社会形态和社会制度。二战后，社会主义由一国发展到多国，形成了以苏联为首的社会主义阵营，打破了资本主义一统天下的格局。而西方国家则在美国的率领下组成了资本主义阵营。两大集团的成员国在政治、经济、社会组织方式和思想、文化等各个方面大相径庭，相互对立严重。不论是社会主义阵营，还是资本主义阵营，不论美国还是苏联，都持有改造国际社会的远大目标，都试图依照自己的理想重新安排国际秩序，这就使得美苏乃至以它们为首的两大阵营之间的较量和竞争带有强烈的意识形态色彩。这是二战后的两极对抗与传统的大国和大国集团间利益对抗和竞争上的最大的不同之处。美苏及其领导下的两大集团在外交上均以意识形态划线，双方对立的社会制度和意识形态既是竞争和较量的旗号，也是双方对抗的主要根源之一。具有浓厚意识形态色彩的美苏率领下的两大集团在世界政治中的争斗，成为冷战时期世界政治的重要内容之一。

第四，军备竞赛激烈，形成对抗均势。美苏军备竞赛贯穿于整个冷战时期。“冷战”实际上是除军事进攻以外的一切敌对活动，是以军事实力为后盾的。冷战时期之所以没有发生世界大战，正是因为美苏及其两大集团的军备竞赛特别是核军备竞赛形成了一种均势。1953年，美国在军事上制定了“大规模报复战略”，即削减常规兵力，大力发展核武器和战略空军，以核威慑支持其霸权地位。为了应对美国的核威胁，苏联提出了“火箭核战略”，重视发展核武器，准备打核战争。在冷战时期，美苏展开了一轮又一轮的军备竞赛，拥有了世界上数一数二的核武器和常规武器库。到20世纪80年代末，美苏两国共拥有5万多颗核弹头，总当量达260亿吨。两个超级大国拥有的核武器可以将地球毁灭数十次。这场竞赛恶性循环，加剧了双方的冷战对抗，同时也形成了“恐怖平衡”局面。这种状况促使美苏建立了一种核武器控制机制，使它们长期对抗但始终不敢兵戎相见，致使冷战时期战争阴云密布却最终没有从“冷战”走向“热战”。

2.1.2　冷战时期的世界政治格局

世界政治格局指的是在一定历史时期，世界范围的若干主要政治力量相互联系、相互作用而形成的相对稳定的结构与态势。迄今为止，世界政治的发展大约经历了五次变革，即欧洲三十年战争后的威斯特伐利亚格局时期；拿破仑战争后的维也纳格局时期；第一次世界大战后的凡尔赛—华盛顿格局时期；第二次世界大战后的两极格局时期；苏联解体后的世界多极化进程加速时期。其中，就冷战时期的两极格局来说，主要经历了以下几个阶段：

第一阶段，二战结束至 50 年代末，世界政治格局的主要内容为美苏冷战，两大阵营形成，两极格局确立。

> 雅尔塔体制。雅尔塔体制是在德黑兰会议、雅尔塔会议和波茨坦会议等一系列重要会议协议的基础上形成的。这些协议概括起来可分为三类：第一类是关于协调盟国战胜法西斯的战略步骤和军事计划；第二类是关于对战败国处置的原则及势力范围的划分；第三类是确定维护战后世界和平与安全的机制，主要是建立联合国的问题。雅尔塔体制集中反映了美苏英等大国按照军事政治实力对比，对势力范围的重新安排和划分。欧洲，特别是德国一分为二，西欧和联邦德国属于美国势力范围，东欧和民主德国属于苏联势力范围。在亚洲，美国满足了苏联对蒙古和中国东北地区的特权要求，苏联默认了美国对日本的占领以及其在中国的利益。朝鲜以北纬 38 度线分为北南两部分。关于殖民地问题，除英国保留原有殖民地外，其他原德、意、日的殖民地被纳入“联合国托管”和大国保护的轨道。雅尔塔体制是美苏英根据实力相互妥协的结果，为战后美苏两极对峙的世界格局奠定了基础。

二战结束后，世界进入雅尔塔体制时期。德日意败亡，美苏在战争中结成同盟的共同敌人消失，同盟的基础不复存在，美苏由合作走向冲突。美苏双方凭借旗鼓相当的军事政治力量，在世界范围内展开对抗，进行冷战。美苏及其为首的两大阵营的对峙和冷战，长期主导着战后世界政治的发展方向，使得战后世界政治在一段时间里出现了两极格局的整体架构，开始了战后漫长的冷战时代。

1947 年杜鲁门主义出台，标志着美苏战时同盟正式破裂，冷战全面展开。1948 年马歇尔计划开始实施，美国逐步将西欧纳入对苏冷战的轨道。接着，美国主导建立欧洲防务体系，1949 年北大西洋公约组织成立。马歇尔计划的实施和北约组织的建立，表明美国实现了对西欧在政治、经济和军事上的全面控制，西方国家针对苏联及其他社会主义国家的战略同盟形成，以美国为首的资本主义阵营由此诞生。

> 北大西洋公约组织。1949年4月4日，美国、英国、法国、荷兰、比利时、卢森堡、挪威、葡萄牙、意大利、丹麦、冰岛和加拿大12国在华盛顿签订了军事联盟条约，即北大西洋公约，简称“北约”。根据这一条约建立的军事联盟组织被称为“北大西洋公约组织”。北约组织总部设在比利时首都布鲁塞尔，是冷战时以美国为首的西方国家对抗以苏联为首的东方阵营的军事组织。冷战后北约继续扩大，1999年北约有19个成员国，2009年北约成员已增至28个。

社会主义阵营则是在反对以美国为首的资本主义阵营的战争和侵略政策的斗争过程中，以苏联为主导逐步形成和发展起来的。二战后的一段时间里，在苏联的帮助和影响下，欧亚大陆相继出现了南斯拉夫、阿尔巴尼亚、波兰、保加利亚、捷克斯洛伐克、匈牙利、罗马尼亚、民主德国、中国等国家。这些国家与苏联关系密切，且都宣布要走社会主义道路，从而为社会主义阵营的形成奠定了基础。1947年9月欧洲共产党工人党情报局建立，1949年1月经济互助委员会成立，特别是中苏两国于1950年初签订了《中苏友好同盟互助条约》，世界上两个最大的社会主义国家建立了同盟关系，这一切标志着社会主义阵营的形成。1955年5月苏联与东欧7个国家在华沙签订了《友好互助合作条约》，一个与北约组织相对立的军事政治组织——华沙条约组织由此诞生，这表明社会主义阵营得到了进一步巩固，也表明欧洲已分属两大军事集团，以美苏为首的东西方两大阵营形成。

以美苏为首的两大阵营既是政治集团，又是军事和经济集团。它们在政治上相互对立，军事上相互对抗，经济上相互隔绝，意识形态上进行激烈的和平演变与反和平演变的斗争。它们之间的关系变化构成了战后一段时间里世界政治发展变化的主要内容，从而确立了战后世界政治的两极格局。这一格局的建立，反映了二战后新形成的世界政治力量对比状况，有其历史的必然性。

两极格局与二战前列强并存共同主宰世界事务的局面迥然不同。作为一种大国均势体制，它有利于战后欧洲的相对稳定乃至世界和平。它所划定的战后美苏双方势力范围的框架，特别是东西欧的划分，欧洲边界、领土等问题的确定，对欧洲各国均有约束力，避免了这些国家因历史遗留问题而再起争端，使欧洲维持了长达几十年的安定。两极格局所确立的国际秩序，尽管不能消除产生国际冲突的根源，却有助于使大国遵守一定的行为界限，防止对抗失去控制。在战后的冷战气氛中，东西方阵营之间曾多次爆发危机，严重的如柏林危机、古巴导弹危机，但最后却都通过磋商和妥协得到解决，避免了两个有能力进行世界大战的超级大国迎头相撞，这充分表明了两极格局所具有的抑制战争的作用。但同时，我们也必须看到由于两极格局是以美苏两国力量为核心的，不免带有浓厚的大国主宰世界的强权政治色彩，具有极大的消极性。美苏两国在战后世界政治经济中居于特殊的主导地位，其他一大批国家处于受控制状态，不得不跟着美苏的指挥棒转，弱国和小国的权益受到严重侵害。大国背着其他国家，以牺牲别国利益进行交易，甚至粗暴干涉别国内政，这种霸权主义行径给战后世界政治发展带来极其恶劣的影响。两极格局在客观上还推动了军事的两极化和两大军事集团的对立，导致战后多次出现国际紧张局势。从本质上来说，两极格局的基本特征就在于分裂、冷战和对抗，这种格局破坏了国际社会在多样性基础上的整体发展，不符合世界政治经济发展大方向，因此并不具有长期的稳定性。

第二阶段，20 世纪 50 年代末至 70 年代初，两大阵营出现分化、动荡现象，第三世界崛起，两极格局受到冲击。

由于世界各种现实和潜在的政治经济力量不断发展变化，20 世纪 50 年代中期以后，战后初期形成的美苏两极格局逐渐出现松动的征兆，美苏两个超级大国在各自阵营中的领袖地位开始受到逐步壮大起来的其他政治力量的挑战。世界政治格局开始了从两极向多极转化的历史进程。

第一，民族解放运动高涨，第三世界崛起。第二次世界大战后，民族解放运动在世界范围内蓬勃兴起，欧洲列强苦心维持的殖民体系遭到致命打击，一大批殖民地半殖民地国家摆脱了欧洲国家的殖民统治，获得了民族独立。至 20 世纪 60 年代，出现了众多独立于美苏两大阵营之外的新兴民族主义国家。它们自称为“第三世界”，奉行和平、中立和不结盟政策，希望维护得来不易的民族独立，发展民族经济，要求以平等的身份参与国际事务。共同的历史遭遇，相似的斗争经历以及面临同样的繁重任务，使得这些国家走到了一起，它们团结合作，逐步形成为世界政治舞台上一支不可忽视的重要力量。1955 年 4 月，在印度尼西亚的万隆，召开了没有西方殖民国家参加的第一次亚非会议，亦称万隆会议。万隆会议是亚非国家和人民解放斗争史上具有重大意义的事件，会议提出的“万隆会议十项原则”对传统的国际关系准则和世界政治旧秩序形成了巨大的冲击。1961 年 9 月，在南斯拉夫的贝尔格莱德召开了有25个国家参加的第一次不结盟国家和政府首脑会议，宣告了不结盟运动的诞生。不结盟运动是许多刚刚获得解放和独立的中小国家参加的国际性政治运动，反映了这些国家在两大阵营对立的国际环境中，求生存、求和平、求发展的共同愿望。而1964年成立的七十七国集团，则突出体现了第三世界国家和人民为争取改变不平等、不合理的国际经济关系，建立国际经济新秩序做出的重大努力。万隆会议的召开、不结盟运动的兴起、七十七国集团的成立标志着第三世界的崛起，第三世界的崛起改变了战后世界政治格局的力量构成。

第二，社会主义阵营内部矛盾激化，导致严重的分裂。二战后，社会主义国家从一国发展到多国，形成了横跨欧亚的社会主义阵营，这是战后世界政治的重要内容之一。这一阵营的形成和发展变化，对战后世界政治格局的演变有着深远的影响。就社会主义国家来说，面对以美国为首的资本主义阵营的封锁和巨大压力，国家利益要求它们相互支援，共同对敌，加上它们之间社会制度和意识形态相似，理应可以在和平共处原则基础上密切合作，将社会主义阵营建设成一个巩固的社会主义联盟。在战后初期，社会主义国家确实做到了这一点，但随着时间的推移，苏联作为社会主义阵营的核心力量，其大党主义和大国主义意识恶性膨胀，在处理与其他社会主义国家关系、与兄弟党关系方面，采取了错误政策，甚至推行唯我独尊的霸权主义政策，导致社会主义阵营里发生了一系列矛盾和冲突。苏联对东欧社会主义国家以“解放者”自居，力图将自己的方针政策强加给别国，要求别国也按照苏联模式来进行社会主义建设，多次粗暴干涉其他社会主义国家和兄弟党的内政。第一次公开冲突是苏联操纵欧洲九国共产党和工人党情报局把南斯拉夫开除出去，同时还迫使其他国家跟苏联保持一致，与南斯拉夫断绝一切关系。1956年爆发的波兰事件和匈牙利事件，1968年苏联纠集华沙条约组织的其他国家武装入侵捷克斯洛伐克，都表明了苏东矛盾日趋激化。而中苏两党的分歧乃至两国关系的恶化，是社会主义阵营出现严重分裂的最明显的标志性事件。中苏两党、两国从意见分歧发展到公开对抗，导致社会主义阵营发生了严重分裂。

第三，资本主义阵营内部发展不平衡，出现分化倾向。战后初期，美国的综合国力曾遥遥领先于其他资本主义国家。但是，侵朝、侵越战争以及在世界其他地区的干涉和侵略活动，导致美国军事、经济负担沉重，发展速度趋缓，实力相对下降。与此同时，西欧和日本则进入了战后经济发展的黄金时期。1951年起，西欧走上联合的道路，经

> “戴高乐主义”指的是戴高乐任法国总统时期谋求法国大国地位的独立自主外交政策。为抗衡美国在西方联盟中的霸权地位，维护法国的民族尊严与独立性，发挥法国的大国作用，组织美苏之外的第三支力量，戴高乐领导下的法国采取了一系列措施，主要有：退出北约军事一体化组织；建立法国自己的独立核力量；联合联邦德国，推进西欧一体化进程；根据“缓和、谅解和合作”的方针，与苏联进行直接对话；实行非殖民化政策，扩大法国在第三世界的影响；特别是不顾美国的反对，于 1964 年与中国建立了正式外交关系。戴高乐主义的实施大大提高了法国在欧洲和国际上的地位，并鼓励了西方阵营中的独立和离心倾向。

济开始起飞。1958—1972 年，欧共体 6 国的经济增长速度超过了美国。[①] 从日本来看，1955 年至 1973 年期间，其国民经济高速发展，经济实力不断增强。1961 年至 1970 年日本经济年均增长率达 9.7%，是美国的 3 倍。日本发展成为世界经济大国。随着经济实力的增长，西欧和日本在政治上表现出更多的自信心和独立性，它们不满战后美苏主宰世界的两极格局，不甘心长期充当美国的小伙伴，开始要求政治上的平等地位和发言权，离心倾向加强，在重大问题上出现了与美国立场和政策的不一致。1958 年戴高乐重返法国政坛，开始积极推行“戴高乐主义”，强调“欧洲是欧洲人的欧洲”，主张西欧联合，摆脱美国的控制。联邦德国则步法国后尘，从勃兰特总理时期，开始全面实施“新东方政策”，它以西方合作为基础，承认战后边界现状和两个德国的现实，积极发展同苏联、东欧国家的关系。日本则在 20 世纪 60 年代开始推行“自主外交”，改变以往的向美国一边倒的外交政策。事实表明，资本主义阵营内部的控制与反控制的斗争已经导致分化的现象，凝聚力下降，离心力上升。

第三阶段，20 世纪 70 年代初至 20 世纪 80 年代中期，世界政治中的各种力量不断发展，世界政治格局开始向多极化方向演进。

进入 20 世纪 70 年代后，美国与苏联两国依然保持着超级大国的地位，但攻防战略态势有所变化，双方关系时紧时松，对抗与对话相辅相成。美国在尼克松上台后，大幅调整外交政策，以集中有限的力量来维持美苏战略均势和欧洲大西洋防务。苏联的经济实力不如美国，但军事实力方面同美国的差距不断缩小。苏联利用美国收缩海外力量的时机，大肆进行扩张活动。20 世纪 70 年代末，苏联支持越南入侵柬埔寨并亲自出兵阿富汗，表明苏联在世界范围的扩张活动达到顶峰，美苏较量呈现苏攻美守的战略态势。1981 年里根上台，提出“扩军抗

---

① 参见潘琪昌主编：《欧洲国际关系》，193 页，北京，经济科学出版社，2001。

苏，重振国威”的口号，制定了以“实力求和平”的外交方针，强化对苏的遏制政策，扭转了美国在美苏竞争中的不利地位。而苏联由于同美国长期进行军备竞赛非国力所能承受，到20世纪80年代初经济不堪重负，陷入危机。苏联领导层严重老化，变换频繁，国内问题成堆，综合国力日趋下降，在同美国的较量中越来越力不从心。

这一时期，日本、西欧、第三世界、中国等政治力量继续发展，美苏两国对各自盟国的控制力进一步减弱。西欧经济一体化和政治合作持续深入，欧共体成员不断增多，成为世界上最大的经济贸易集团，其活动领域从经济发展到政治、社会和安全各个方面。日本则公开亮出“争取政治大国”的旗帜，极力改变自己经济巨人、政治侏儒的形象，要求成为西方联盟乃至世界政治中的平等一员。发展中国家努力克服自身困难，积极推动国际政治经济新秩序的建立。中国在同苏联的关系完全破裂后，调整了自己的外交政策，坚决贯彻执行独立自主的和平外交政策，加强与第三世界国家的团结合作，在国际事务中发挥着越来越大的作用，成为世界政治中一支不可忽视的力量。

世界各种政治力量的发展，力量对比状况的变化，进一步削弱了两极格局的基础，事实上到了20世纪80年代中期，两极格局已远不如战后初期那样鲜明严整，多极化的趋势日益明显。

第四阶段，20世纪80年代中期至20世纪90年代初，东欧剧变，苏联解体，两极格局崩溃，冷战结束。

20世纪80年代中期以后，国际局势发生剧烈变化。1985年3月，戈尔巴乔夫上台，提出对内加速经济发展新战略和对外政策的新思维，开始就苏联模式进行根本性变革。苏联放弃了与美国在世界范围的对抗，实行全面的战略收缩。至1989年，苏联实现了从阿富汗撤军的行动，并不再支持越南入侵柬埔寨和古巴入侵安哥拉，促使越、古从柬埔寨和安哥拉撤出；在基本消除中苏关系三大障碍的前提下，戈尔巴乔夫应邀访问中国，中苏关系恢复正常。苏联政策的一系列调整打破了美苏之间的战略平衡，动摇了两极格局的根基。美国也做出了相应的反应。1989年乔治·布什上台后，提出了“超越遏制战略”，在坚持从实力地位出发的同时，更多地采取政治经济手段来推动美苏关系的发展，利用苏联存在的现实困难，以压诱变，以压促变，努力推动两极格局的一极——苏联的解体。

苏联政策的变化直接影响到东欧各国的政局稳定。1989年以波兰团结工会上台执政为开端，东欧国家政权相继发生更迭。这些国家放弃了社会主义道路，政治、经济体制和对外关系都发生了朝西方国家靠拢的大转向。东欧剧变是苏联衰落和政策变化的产物，反过来又进一步削弱了苏联的国际地位，使苏联失去了战后经营 40 多年的势力范围，两极格局的一个重要内容——东西欧对峙也因此消失。在东欧剧变中，联邦德国的科尔政府抓住机会，凭借其强大的经济实力，全力推动德国的统一进程。1990 年两德签署了《关于建立两德货币、经济和社会联盟的国家条约》及《关于恢复国家统一的条约》，解决了德国统一的内部问题。同年，《莫斯科条约》的签署使得两德统一的外部问题——苏、美、英、法四国占领问题得到解决。1990 年 10 月 3 日，民主德国与联邦德国合并，实现了德国的统一。德国统一打破了两极格局的中心环节，使以东、西方对立为基础的两极格局处于风雨飘摇之中。

随着东欧剧变和两德统一，原来支撑苏联和东欧国家同盟关系的华约组织、经互会成为空壳，失去了存在的意义。1991 年 3 月 31 日，华约组织成员国声明取消华约组织的军事机构；同年 7 月 1 日，华约组织成员国签署了解散华约的声明，存在了 40 多年的经互会也于这一年宣布解散。以苏联为首的东方军事、经济集团自行解体，东方阵营消失，两极格局的核心内涵——东西方两大阵营的对峙不复存在，两极格局基本瓦解。

此时的苏联经过多年的改革，不仅未能扭转局势的持续恶化，反而越改越乱，政治和经济危机深重，社会动荡，民族矛盾尖锐，终于在 1991 年 12 月导致国家的解体。世界上第一个社会主义国家不复存在，原苏联地区出现了 15 个大小不一、强弱不等、利益各异、各行其是的主权国家。两极格局中的一极——超级大国苏联的垮台，给摇摇欲坠的两极格局以最后的决定性打击，战后延续数十年的两极格局终因苏联这一极的坍塌而彻底崩溃，长期主导世界政治局面的冷战格局终于结束。

东欧剧变，德国统一，华约组织和经互会解散，苏联解体，是两极格局终结、世界政治格局向新格局发展的重要标志。从历史上来看，以往的世界政治格局的形成和转换都是通过战争实现的。17 世纪的三十年战争，促使威斯特伐利亚格局形成。18 世纪至 19 世纪初的拿破仑战争，导致维也纳格局的出现。第一次世界大战后形成了凡尔赛—华盛顿格局。第二次世界大战则打造了两极格局成长的温床。战争摧毁了旧的格局，并迅速建立起新的格局。新格局基于对战胜国和战败国关系及利益的确认，充分反映了战争的作用和结果。而 20 世纪 90 年代初的格局转换却是通过非战争的方式实现的。通过和平方式实现世界政治格局的转换在历史上尚属首次，其原因在于这次格局转换不是列强争霸引发大规模战争的结果，而是由于作为两极格局支柱之一的苏联自行解体了。在战后持续40多年的两极格局中，苏联曾同美国并列为世界仅有的两个超级大国，其力量和影响仅次于美国而远远高于其他国家。但与美国相比，苏联超级大国的地位主要依靠军事力量来支撑。为了与美国争夺世界霸权，苏联长期将国家资源用于研制、开发高精尖军事技术，给其原本不如美国的经济发展带来沉重负担。进入20世纪80年代，苏联的经济、社会问题严重，被迫进行改革。但最终改革失败，苏联解体。两极格局结束后，世界政治中的各种力量继续发展，世界政治格局的构建向多极化方向发展。

2.2 冷战后世界政治及其发展趋势

世界多极化是不可阻挡的历史潮流，但其发展进程绝不是一帆风顺的。“多极化趋势的发展只能是一个漫长、复杂、曲折的过程，在某些方面还可能出现反复”[①]。强权政治和霸权主义并没有随着冷战的结束而消失，单极与多极的较量不可避免，世界多极化趋势将是一个长期的、曲折的发展过程。

2.2.1 世界政治的多极化趋势

苏联解体后，世界政治进入格局转换的过渡时期。目前世界政治格局转换的过渡期尚未结束，但多极化趋势不可逆转，其主要推动因素是：

第一，经济全球化的迅猛发展极大地推动了世界多极化进程。世界经济是世界政治的基础，世界经济的发展决定世界政治的发展方向，也决定着世界政治格局内部结构的调整与变动。恩格斯指出：“历史是这样创造的：最终的结果总是从许多单个的意志的相互冲突中产生出来的……无数相互交错的力量……产生出一个合力，即历史结果。”“其中经济的前提和条件归根到底是决定性的”[②]。经济全球化把各国更紧密地联系在一起，带来了“一荣俱荣，一损俱损”的结果，对超级

① 《邓小平外交思想学习纲要》，45页，北京，世界知识出版社，2000。
② 《马克思恩格斯选集》，2版，第4卷，696、697页，北京，人民出版社，1995。

大国以实力和强权推进单极化无疑起到了强有力的牵制作用。经济全球化的发展必然产生一系列要求所有国家和国际组织都必须遵守的国际行为规则。这些规则具有普遍约束力，即使最强大的国家也不可能完全忽视国际规则而一意孤行。经济全球化还加快了世界经济多极化的发展，而世界经济多极化必然推动世界政治的多极化。

世界经济多极化出现于冷战时期，曾对两极政治格局形成强有力的冲击。冷战后这种经济多极化的趋势不仅没有改变，而且通过区域性经济合作进一步向前发展。作为多极经济格局中一极的欧洲联盟，不仅在世界经济格局中发挥着举足轻重的作用，而且在世界政治舞台上也是不可替代的重要力量。东南亚国家联盟、非洲联盟、石油输出国组织等国际组织在世界经济领域产生重要影响的同时，也在世界政治舞台上发挥其相应的作用。经济全球化的发展还需要建立行之有效的国际合作机制，要求各国参与处理国际事务并更多地采取合作与协商的方式，这种在国际事务中加强合作与协商的做法客观上有利于更多国家在国际事务中发挥作用和展现实力，将有利于推进世界多极化进程。

第二，大国关系的深刻调整对单极化倾向产生制衡作用。大国关系是影响世界政治发展的重要因素，大国关系的变动必将引起世界政治格局的变动。冷战结束后，世界各种政治力量开始了分化组合，经历着重大而深刻的调整。20 世纪 90 年代中后期，大国关系的调整朝着伙伴化方向发展。美国与俄罗斯建立了“和平伙伴关系”，中国与俄罗斯建立了“战略协作伙伴关系”，中国与美国决定共同致力于建立“面向 21 世纪的建设性战略伙伴关系”，中国与法国建立了“全面伙伴关系”，中国与日本共同构筑“面向 21 世纪的中日睦邻友好合作关系”，日本与俄罗斯建立了“和平的战略伙伴关系”，欧盟与俄罗斯建立了“伙伴关系”。到 1998 年，中、美、俄、日、欧等多边之间全面达成建立“伙伴关系”的共识，从而确立了大国关系的非对抗性战略定位与基本框架。

大国关系重大而深刻的调整，本身就是世界多极化趋势发展的产物，反过来又促进多极化的发展。大国关系的伙伴化使得大国之间彼此牵制，相互借重，保持着相对均衡态势。从深层次分析，中、俄、欧建立伙伴关系，是因为它们有着建立多极世界的共同主张和决心，日本同美国建立伙伴关系，是想借助与美国的平等伙伴地位，实现其政治大国的战略目标。这种新型的大国伙伴关系对单极世界具有制衡作用，有利于国际力量对比的均衡化，有利于世界多极化的加速发展。

另外，各种主要政治力量对比的此消彼长，在当今科技发展与经济实力特别是综合国力的竞争中，任何一个国家都难以取得全方位的优势。美国虽是当今世界综合国力最强大的国家，科技水平和经济实力首屈一指，但英、法、德等欧盟国家及日本在经济和科技发展方面仍占有一席之地，同时，中国、印度等新兴国家都有巨大的发展潜力。这种经济发展的不平衡必然导致各国政治地位与国际政治影响发生变化，在未来多极化进程中有所表现（见表 2—1）。

表 2—1　　2006—2010 年世界主要国家和地区经济增长率比较

国家和地区＼年份	2006 年	2007 年	2008 年	2009 年	2010 年	2006—2010 年平均增长率
世界总计	5.2%	5.3%	2.8%	−0.6%	5.0%	3.5%
美国	2.7%	2.0%	0.0%	−2.6%	2.8%	0.9%
欧元区	3.0%	2.9%	0.5%	−4.1%	1.8%	0.8%
日本	2.0%	2.4%	−1.2%	−5.2%	4.3%	0.4%
中国	12.7%	14.2%	9.6%	9.2%	10.3%	11.2%
中国香港	7.0%	6.4%	2.2%	−2.8%	6.0%	3.7%
韩国	5.2%	5.1%	2.3%	0.2%	6.1%	3.7%
新加坡	8.6%	8.5%	1.8%	−1.3%	15.0%	6.4%
南非	5.6%	5.5%	3.7%	−1.8%	2.8%	3.1%
印度	9.7%	9.9%	6.4%	5.7%	9.7%	8.2%
俄罗斯联邦	8.2%	8.5%	5.2%	−7.9%	3.7%	3.4%
巴西	4.0%	6.1%	5.1%	−0.2%	7.5%	4.5%

资料来源：国际货币基金组织 WEO 数据库。中国数据来自《中国统计年鉴》和《2010 年统计公报》。其他国家 2010 年数据为 IMF 估计值。

第三，文明的多样性是推动世界多极化的社会基础。文明的多样性，主要是指各国和各地区的历史文化、社会制度和发展模式的多样性。世界上不可能只有一种社会制度、一种发展道路和一种价值观念，其发展走向更不是单一模式下的单极世界。当今世界本身就是一个多样性的世界。在政治制度上，存在着社会主义国家和资本主义国家；从经济和社会发展程度上看，有发达国家和发展中国家；从宗教信仰方面划分，有佛教、伊斯兰教、基督教等世界三大宗教信仰，还有其他许多民族宗教信仰；从民族国家方面看，既有单一民族国家，也有多民族国家。文明的多样性是人类社会的基本特征，多样性文明是世界发展的动力和源泉。各种文明和各种发展道路和谐共存，在竞争比较中取长补短，在求同存异中共同进步，已经成为历史的必然趋势。文明的多样性造就了多样性的世界，多样性的世界要求适合多样性文明发展的世界经济政治运行规则和管理机制，从而使各民族国家的利益得到尊重和体现。“不承认、不尊重世界的多样性，企图建立清一色的一统天下，是必定要碰壁的。”① 建立单极世界的企图，将导致文明之间的矛盾，引起文明之间的冲突，成为世界动荡的根源。美国《基督教科学箴言报》文章指出：“美国期望世界上所有其他国家都会跟着美国走。这种期望除了不现实之外还是以各国都具有共同价值观这一谬论为基础的。”

世界多极化是文明多样性在国际政治中的集中反映。世界各国、各民族在自身的发展进程中创造了丰富多彩的世界文明，这成为世界多极化的社会基础。建立单极世界是对世界多样性的否定，而世界多极化与文明多样性的世界的发展相适应，能够体现不同社会制度、不同发展水平、不同文化和信仰的国家共处共存，顺应和平与发展的时代潮流，有利于人类社会的稳定和发展。

第四，全球性问题的解决要求发挥多极力量的作用。经济全球化为各国经济发展提供了良好的机遇，与此同时，世界范围内事关人类生存与发展的诸多问题也上升到全球层次。贫富两极分化、南北差距扩大、恶性竞争加剧、严重的环境污染、恐怖主义猖獗、大规模杀伤性武器扩散、疾病蔓延、毒品泛滥等问题，直接影响世界和平及各国的经济发展。这些纷繁复杂问题的解决，由一个超级大国或少数几个强国来完成，显然是不可能的。全球性问题不是任何一个国家能够单独处理和解决的。全球性问题需要各国共同解决，全球性的挑战需要各国合作应对，发挥世界多极力量的作用。多极化世界有利于推动全球性问题的解决。多种力量在平等互利条件下相互协作，相互支持，协调行动，是解决全球性问题的最为有效的办法。国际反恐行动充分说明了这一点，建立国际反恐联盟打击国际恐怖主义是最佳选择。这种多边安全合作不仅有利于遏制恐怖主义的蔓延，也促使大国间的相互关系发生积极变化，进而对世界政治格局的调整产生影响。

联合国在协调组织各国解决全球性问题方面具有不可替代的作用。联合国作用的加强有利于世界多极化趋势的发展。联合国不仅在环境问题、难民问题等人类生存问题上发挥了重要作用，而且在解决地区冲突与维护世界和平，以及核军控和裁军方面作出了积极贡献。更重要的是，联合国的现有运行机制牵制了霸权主义行径。美国 1999 年绕过联合国悍然轰炸主权国家南斯拉夫，2003 年又未经联合国授权攻打伊拉克，但是它最后又不得不回到联合国框架内，共同解决善后问题。

① 中华人民共和国外交部政策研究室编：《中国外交》，707 页，北京，世界知识出版社，1996。

2011年10月和2012年2月，中俄两国先后两次在联合国安理会否决关于叙利亚问题决议草案，这一过程和结果显示了联合国这一舞台有利于世界多极化的发展。

2.2.2 世界多极化在曲折中发展

世界多极化是不可阻挡的历史潮流，但它的发展进程绝不是一帆风顺的。多极化趋势的发展只能是一个漫长、复杂、曲折的过程，在某些方面还可能出现反复。

第一，此次新旧格局的转换需要一个较长的过程。

以往世界政治格局的形成和转换大多是通过战争的形式实现的。战争直接摧毁了旧的世界政治格局，新格局是基于对战胜国和战败国利益关系的确认而迅速建立起来的。而20世纪90年代初以来世界格局的转换却是通过非战争的方式进行的，这是世界总体和平环境下各种政治力量矛盾运动的结果。如今的世界虽已形成多种力量中心，但各种力量中心影响国际事务的能力还很不均匀，相互间的关系仍在不断调整之中。两极格局解体后，世界主要力量关系的整合与调整还在继续，各种政治力量对比相对稳定局面的形成尚需时日，新格局的建立要比通过战争方式完成格局的转换需要更长的时间。

“一超多强”的态势决定了单极与多极的较量。冷战结束后，美国成为世界上唯一的超级大国，其经济、科技、军事实力处于超强地位。它依仗强大实力，谋求建立美国领导世界的单极格局。而世界上大多数国家和国家集团都反对建立单极世界，并积极推动世界多极化进程。“一超多强”的力量对比态势使单极与多极的斗争难以避免，全球将经历一场各种力量的大调整和大较量，在此过程中逐步构筑、规范国际关系的行为准则。世界各种力量都参与到这场单极与多极、称霸与反霸的较量之中，它们在碰撞与磨合、对抗与合作中实现力量重组。这场较量将是长期的，中国、俄罗斯、欧盟以及许多中小国家和国家集团都坚决主张世界多极化，但它们短期内又难以对一超独霸的美国形成完全有效的制约。世界多极化进程仍然存在着诸多不确定因素，世界多极格局的建立将是一个充满复杂斗争的长期过程。

第二，霸权主义、强权政治又有新的表现。

美国凭借其强大的经济力量和无人匹敌的军事优势，极力阻遏任何可能对其地位构成挑战的世界大国和国家集团的发展进程，这是多极化进程的最大障碍。美国正是利用在力量对比上的有利地位，实践其建立单极世界的战略。冷战后，美国在解决国际问题时频繁诉诸战争。1990 年海湾战争期间，美国政府就打出建立“国际新秩序”的旗号，试图确立一套各国共同遵守的、由美国掌握并根据美国利益进行评判的国际安全行为规则。1999 年美国联合北约一些国家绕开联合国安理会，对主权国家南联盟进行了 78 天的狂轰滥炸。2001 年，“9·11”事件之后美国立即废除了《反弹道导弹条约》，试图打破条约对其发展军备的限制，以便名正言顺地发展国家导弹防御系统。2003 年 3 月，美国又一次绕过联合国安理会发动了对伊拉克的战争。

《反弹道导弹条约》：1972 年 5 月 26 日，苏联领导人勃列日涅夫同来访的美国总统尼克松在莫斯科签署《限制反弹道导弹系统条约》，条约规定：反弹道导弹系统是指“用以拦截在飞行轨道上的战略性弹道导弹或其组成部分的系统”，包括反弹道导弹截击导弹、反弹道导弹发射器和反弹道导弹雷达；只允许双方按规定在各自的首都周围和一个洲际弹道导弹地下发射井周围建立有限度的反弹道导弹系统。条约自 1972 年 10 月 3 日起生效。1974 年 7 月，尼克松和勃列日涅夫又在莫斯科签订《苏美关于限制反弹道导弹防御系统条约议定书》，规定双方只能在本国首都周围或者在一个洲际导弹发射基地周围，建立一个反导弹系统。美国总统小布什于 2001 年 12 月 13 日宣布退出《反弹道导弹条约》，以加速研究、发展和准备部署国家导弹防御系统，谋求进一步占据地面和空间的绝对战略优势。

遭受 2008 年国际金融危机的沉重打击后，美国综合国力呈下降趋势，但它开始采取“巧实力”战略来处理国际关系。近年来美国高调“重返东亚”，强化美日同盟、美韩同盟，为那些与中国有领海争议的国家撑腰，试图构筑对中国的军事包围圈，遏制中国快速崛起。与此同时，美国积极支持“阿拉伯之春”，鼓动“颜色革命”。2011 年，美国联合其欧洲盟国通过建立“禁飞区”和支持反对派，推翻了利比亚卡扎菲政权。2012 年，美国又将矛头对准叙利亚和伊朗，其目的是通过中东国家内部冲突、或发动战争推翻现政权以建立亲美政权，进而实现地区霸权。美国这种违背时代潮流的强权政治行径，虽然不可能改变世界多极化的客观趋势，却严重干扰着世界多极化发展进程。

巧实力

“巧实力”最早是由美国学者苏珊尼·诺瑟 2004 年在《外交》杂志上提出的，强调综合运用硬实力和软实力来实现美国外交目标。2007 年美国前副国务卿阿米蒂奇和著名学者约瑟夫·奈发表题为《巧实力战略》的研究报告，明确提出运用“巧实力”进行对外战略转型，帮助美国摆脱当前困境，重振全球领导地位。2009

年，希拉里提出，美国将采取“巧实力”战略来处理国际关系。

希拉里提出的“巧实力”，就是要通过灵巧运用可由美国支配的所有政策工具，包括外交、经济、军事、政治、法律和文化等各种手段，恢复美国的全球领导力。美国既要团结朋友，也要接触对手；既要巩固原有联盟，也要展开新的合作。简言之，“巧”就是要变过分依赖硬实力为软硬兼施。

第三，国际旧秩序是阻碍世界多极化的重要因素。

国际旧秩序是殖民体系的产物，但它并没有随着殖民体系的崩溃而消亡，也没有随着冷战结束而退出历史舞台。“冷战思维”、“西方联盟”、黩武主义还在继续。现存国际秩序是第二次世界大战结束以来国际秩序的延续，其实质是维护超级大国的霸权地位，其特点是西方主导和不公正。这种不公正、不合理的国际旧秩序不利于多极化发展进程。在政治上，少数大国特别是超级大国推行强权政治，垄断国际事务，以大欺小，恃强凌弱，干涉他国内政，甚至推翻中小国家政权。在经济上，发达国家主导国际经济和金融机构，通过把持国际经济运行规则的制定来维护旧有的国际分工体系、国际贸易体系和国际金融体系，转嫁经济危机，剥削发展中国家。在军事上，以美国为首的北约军事集团不仅没有随着冷战结束而解散，还不断扩大其组织规模，甚至根据霸权国的需要对弱小国家的内政进行粗暴的军事干预。在文化上，西方国家强行推销其价值观念和意识形态，高喊人权高于主权，对他国进行渗透和扩张。

世界多极化虽然已经成为当今世界政治的客观趋势，但还不是定势。一方面，目前世界多极化趋势中的“极”还有很大的不确定性。“一超多强”态势中的“强”难以对“一超”形成强有力的牵制，在国际事务中对“一超”的态度往往是忍让多于合作。面对强权政治和霸权主义的压力，发展中国家的整体利益已经出现分化态势，在国际舞台上的合力作用受到限制。另一方面，建立多极化格局的保障机制尚未形成，世界多极化将是一个长期的曲折过程。

2.3 多极化趋势对国际关系的影响

世界多极化有利于国际关系民主化。实现国际关系民主化，又是推动世界政治多极化的基本保证。积极推进世界多极化，还有利于维护世界和平与促进共同发展，体现各国人民的共同愿望与利益。

2.3.1 多极化趋势有利于国际关系的民主化

国际关系民主化，就是各国的事应由本国政府和人民决定，国际上的事由各国政府和人民平等协商。在事关世界和地区和平的重大问题上，应该按照联合国宪章的宗旨和原则以及公认的国际关系基本准则，坚持通过协商谈判和平解决争端。[①] 实现国际关系民主化是各国人民的共同愿望，是时代发展的大趋势。

第一，世界政治多极化是实现国际关系民主化的重要条件。世界多极化是对两极和单极世界的否定。两极或单极世界是霸权主义、强权政治的表现，超级大国凭借其强大的经济力量和军事优势决定世界事务，争夺世界霸权，其背后是控制与被控制、操纵与被操作的不平等关系，不能体现民主原则。世界政治多极化表现为世界上存在多个对全球性事务或地区性事务有影响的力量中心，多个力量中心之间的关系是相互依存和相互制约的关系，国际问题的处理也多采用共同参与、协商解决的方式，不是由一个国家说了算，也不能由极少数的超级大国或国家集团主宰。各个力量中心为了能在相互的竞争中取得优势，发挥更大的国际影响力，必须倾听国际社会的意见，更要注意争取中小国家的支持，照顾中小国家的利益。世界多极化还将促使中小国家的外交回旋余地增大，中小国家将通过参与地区性国际组织或全球性国际组织发挥作用。随着多极化趋势的发展，参与国际事务的国家越来越多，能力越来越强，少数大国说了算的局面难以维持。世界多极化有利于推动各主要政治力量在国际事务中贯彻民主原则，体现各国的共同利益，促使国际关系逐渐趋向平等、民主。世界多极化趋势已经成为实现国际关系民主化的基本条件，它将持续推动国际关系民主化的发展进程。

第二，国际关系民主化是推动世界多极化的基本保证。国际关系民主化是由强权政治的国际关系走向平等协商与合作的国际关系的发展进程。国际关系民主化的基础是国际关系民主原则，即世界上所有的国家，无论大小、贫富、强弱，都是国际社会中平等的一员，都有参与和处理国际事务的权利。国际关系民主化将促使越来越多的国家以平等身份参与处理国际事务，对单极世界的建立形成强有力的抑制，有利于多极化世界的构建。国际关系民主化否定霸权主义和强权政治，

---

① 参见《胡锦涛在法国国际关系研究所发表演讲》，载《人民日报》，2001-11-06。

在国际事务中贯彻民主原则，有利于体现各国人民的共同意愿和利益，有利于促进世界的平衡发展。实现国际关系民主化是推动世界政治多极化的基本保证。

2.3.2 多极化有利于世界和平与发展

“世界要和平，人民要合作，国家要发展，社会要进步，是时代的潮流”[①]。未来世界格局是多极制还是单极制，不取决于某些国家的一厢情愿，而是取决于它是否符合历史潮流的发展方向，取决于全世界的民心所向。

第一，世界多极化有利于世界和平与稳定。就世界格局作为一种均势结构而言，国际关系研究领域有“多极稳定论”、“两极稳定论”和“单极稳定论”三种论点。“两极稳定论”显然已不适用于当今世界，“单极稳定论”实际上是为单极格局进行辩护的“霸权稳定论”的翻版。它们认为，霸权国家负有维持世界和平、促进稳定和防止战争的责任，其他国家只需服从霸权国家的领导，便无须为自身的安全担忧。而国际关系的现实表明，一方面，当今世界上没有任何一个国家拥有单独承担维护全世界和平的实力，另一方面，这也不符合现代民主制衡的原则。如美国国内实行“三权分立”，讲求分权与制衡，被认为是资本主义民主的典范，而对外则试图建立单极世界，不受任何制约，这是与国际关系民主化趋势背道而驰的。“多极稳定论”认为，在战争与和平、国际关系稳定性等问题上，由于多极格局具有权力的分散性和民主性、结构上的开放性和平衡性，以及它可以造就平衡者的角色等优点，特别是在促进和维持国际关系均衡方面具有独到之处，所以多极格局的作用是积极的，多极格局对防止战争和维护和平具有现实意义。

“推动国际格局走向多极化，是时代进步的要求，符合各国人民的利益，有利于世界和平与安全”[②]。世界多极化代表着时代发展的方向，体现了国家不分大小、贫富和强弱都是国际大家庭中平等的一员的国际关系基本准则。如果国际事务由一个或少数几个国家来主宰，强权政治将不可避免，这对世界和平与发展事业是有害的。相较于单极体

① 江泽民：《在庆祝中国共产党成立八十周年大会上的讲话》单行本，46 页，北京，人民出版社，2001。

② 《十五大以来重要文献选编》，中册，1353 页，北京，人民出版社，2001。

制，世界多极化有利于世界和平与共同发展。

第二，世界多极化有利于制约霸权主义和强权政治。冷战结束后，美国仍以冷战时期对抗的思维模式处理对外事务。美国把世界上的国家划分成几种类型：一是在相当程度上追随美国政策的盟国，如日本；二是与美国存在盟友关系，但又与美国有明显的战略分歧，外交上自主性较强的国家，如法国、德国、印度、埃及等国家；三是被美国视为非敌非友的国家，如中国、俄罗斯等国家；四是被美国列为敌人的国家，如朝鲜、伊朗、古巴、叙利亚等国家。美国从寻找敌人的冷战思维出发，将被视为敌人的国家称作“邪恶轴心”，并试图对这些国家实施所谓“先发制人”的打击。美国在海湾战争、科索沃战争、阿富汗战争、伊拉克战争中屡屡得手，强化了美国的单极意识，直接干扰了世界多极化发展进程。特别是美国发动的“先发制人”的伊拉克战争，不仅直接表现为西方同盟体系的分裂，而且由于美国绕过联合国安理会对一个主权国家使用武力，破坏了现存的国际体制。美国发动伊拉克战争的行为，激起了全球 60 多个国家、600 多个城市的 1 000 万人的反战大示威，其中不乏世界主要经济、政治力量的作用和影响。由于世界上存在着反对霸权主义的多种制约力量，致使“美国不得不重新寻求联合国的道义援助和安理会新的决议支持，不得不向大大小小的各种盟友提出多种援助要求，不得不放下超级大国的架子来与法、德、俄等大国改善前一段相当紧张的关系，不得不有所收敛一度极其嚣张的单边主义霸道政治”①。在其他方面，虽然美国不顾大多数国家的反对，以强权的姿态废除《反弹道导弹条约》，撕毁《京都议定书》，拒绝批准《全面禁止核试验条约》，但是这些举动同样受到了来自不同国家的反对和谴责。由于美国的独断专行受到多极力量不同程度的制约，从而使其构建单极世界的图谋难以阻遏世界多极化发展的大趋势。

第三，世界多极化趋势下的共同发展是世界和平的基础。发展问题是当今世界的核心问题。世界各国的共同发展，是制约战争的有利因素。1988 年 12 月，邓小平会见印度总理拉吉夫·甘地时说：“和平是有希望的，发展问题还没有得到解决。”② 冷战结束后，世界大战的可能性几乎不复存在，但是由于发展问题没有解决，特别是发展的不平衡，致使地区冲突此起彼伏，造成世界的不安宁。多极化发展趋势

---

① 李慎明、王逸舟主编：《2004 年：全球政治与安全报告》，3 页，北京，社会科学文献出版社，2004。

② 《邓小平文选》，1 版，第 3 卷，281 页，北京，人民出版社，1993。

不仅有利于世界和平，而且让人们更加关注各种力量的发展问题，关注南方与北方国家的差距，有利于世界的共同发展。时代要求发达国家和发展中国家共同承担责任，解决现已存在的债务问题、环境污染问题、资源合理开发和利用问题。解决这些问题不仅需要南北对话，还必须加强南南合作。2003年6月1日，胡锦涛同志在出席南北领导人非正式对话会议上的讲话指出：“发展是人类文明进步的基础，是解决全球面临的各种矛盾和问题的关键所在。只有实现全球协调、平衡、普遍发展，才能实现世界的持久和平与稳定。……发展中国家应该承担起发展本国经济的主要责任。但发展中国家条件差、底子薄，往往难以充分利用经济全球化带来的机遇。国际社会应该关注他们的困难，提供必要的支持，增强他们自我发展的能力，帮助他们从经济全球化中受益。发达国家要承担应有的义务和责任，进一步开放市场，取消贸易壁垒，切实履行在增加资金和技术援助、减免债务等方面的承诺。”① 发展是世界和平的基础，世界全面和平的唯一出路，就是在多极化背景下加强全面合作，促进共同发展。

阅读书目

1. 梁守德主编. 新世纪的国际政治. 北京：学习出版社，2001

2. 俞正梁等. 全球化时代的国际关系. 上海：复旦大学出版社，2000

3. [美] 塞缪尔·亨廷顿. 文明的冲突与世界秩序的重建. 3版. 北京：新华出版社，2002

4. 阎学通. 国际政治与中国. 北京：北京大学出版社，2005

分析与思考

1. 为什么说世界多极化是不以人的意志为转移的发展趋势?

2. 分析中国积极推进世界多极化进程的主要原因。

3. 结合以下材料，分析世界多极化进程的曲折性和复杂性。

材料2—1

美国已（向中国）发起挑战，而且至少从表面看来，这似乎是一场不公平的竞争。美国用地球5%的人口控制着世界1/3的财富、1/4的经济，其军费相当

① 胡锦涛:《推动全面合作，促进共同发展》，载《人民日报》，2003-06-02。

于世界其他各国之和。相比之下，中国就像一条小鱼，经济规模约为美国的1/3，人均水平充其量为美国的1/10，世界19%的人口只拥有世界5%的财富，国防预算仅为美国的1/6。

然而，竞争并非仅限于现状。巨额债务使美国占全球经济的比重有望下滑，其国防预算也正遭削减。但中国则与之形成鲜明对照，过去10年在全球经济中的比重翻了一番以上。中国已成为全球最大能源消费国之一和许多大宗商品的最大买家。对大多数地区邻国而言，中国是引领该地区增长的动力。

然而，美国的外交政策转变似乎并非好事，对中国如此，可能也不见得有利于美国。从气候变化、金融监管、朝鲜和伊朗等亟须解决的全球和地区性事务来看，中美之间的竞争论调无疑使局势更加复杂。

——格雷姆·马克斯顿：《毫无意义的对抗》，
载香港《南华早报》，2012-01-30

材料 2—2

奥巴马之所以提出削减核武器数量，与2013年财政预算计划中削减军费有直接关系。在新财年预算计划中，美国国防经费总额约为6 139亿美元，比2012财年有所减少。其中，基础国防预算约为5 254亿美元，比2011与2012财年的水平都有所下降。虽然军费在削减，但美国仍在加大研发海军陆战队版本的F-35B型联合攻击战斗机。按美联社的说法，F-35堪称美国国防部最贵的武器项目，10年来估计投入3 850亿美元，整个项目50年内可能耗费超过1万亿美元。由此可见，削减军费和核武器计划只是具有象征意义，并不影响美国在全球的战略部署。

——《美或最多削减八成战略核武》，
载《国际金融报》，2012-02-16

第 3 章

保持超级大国地位的美国

要论提示

● 自第二次世界大战结束以来，美国始终保持着世界第一经济大国的地位，但也暴露出了美国经济存在的严重问题。

● 美国有着较为成熟的宪政制度、三权分立制度和政党竞争的制度。美国的国内政治充满了矛盾和斗争，但是总体相对稳定。

● 无论是冷战时期还是冷战结束后，谋求世界的主导地位一直是美国对外战略的主要目标。

关键词

国家干预　分权制衡　主导世界

美国是个后起的资本主义大国，也是当今世界最发达的资本主义国家。美国建立的资本主义政治经济制度，在第二次世界大战后获得了深入的发展，但也充分暴露了其固有的缺陷和矛盾。在对外关系方面，美国一直力图主导世界，冷战时期是美苏两个超级大国争霸世界，苏联解体，冷战结束后，美国成为世界唯一的超级大国。

3.1 美国经济的发展和演变

第二次世界大战结束以来，美国经济的发展经历了一个比较明显的变化过程：美国占世界经济的总量，从二战结束初期到 20 世纪 80

年代，大约由 1/2 减少到 1/4；20 世纪 90 年代经过 10 年的繁荣上升到多于 30%；新世纪以来，又降至 1/4。尽管在这一过程中美国经济发展潮起潮落，但由于在二战后建立了其在世界经济中的主导地位，以及围绕着国家干预主义和自由主义市场经济不断地对经济进行调整，美国一直保持世界第一经济大国的地位。同时在这一发展过程中，也暴露出了美国经济存在的严重问题以及它仍然不能避免资本主义经济周期波动和衰退的规律。

3.1.1　美国经济由高峰走向相对衰落

二战结束初期至 20 世纪 60 年代是美国经济发展的高峰。在资产阶级革命、科技革命、地大物博等诸多因素的促成下，美国经济在 19 世纪 60 年代就已经排在世界第四位；第一次世界大战后，美国经济一跃成为世界第一。20 世纪五六十年代是美国经济发展的高峰。1950 年美国经济规模是苏联的 3 倍、英国的 5 倍、日本的 10 倍。美国的黄金储备占世界 2/3，而对外贸易额则占了世界贸易总额的 1/3。① 1961—1969 年间，美国经济出现了持续 106 个月的高速增长。这是二战后美国经济的第一个较长增长期。

美国经济之所以能够达到高峰，主要原因有：一是美国在二战中大发战争财。二是得益于 20 世纪 30 年代初的改革。美国为挽救 1929 年发生的资本主义经济史上最深重的危机，推出“罗斯福新政”，开始对自由放任的自由主义经济进行改革，实行国家干预主义，在市场机制之外加上了国家调控的机制。凯恩斯为“罗斯福新政”提供了理论上的支持。罗斯福的改革使美国带领其他发达资本主义国家从经济危机中走了出来。二战结束后的五六十年代被认为是“凯恩斯时代”取代了“自由放任时代”，这有力地促进了美国社会的稳定和经济的发展。三是美国凭借二战结束初期经济发展的绝对优势，领导建立了以经济实力为依据来分配权力的国际货币体系和国际经济组织，建立了美元的霸权地位，并在各主要国际经济组织中占有压倒性的投票权。这使美国成为世界经济的霸主，美国以此获取了更大的经济利益。

20 世纪 70 年代美国经济相对衰落。20 世纪 70 年代美国陷入“滞胀”的困境。在资本主义世界，美国经济由一家独大变为美国、西欧、

① Paul Kennedy, *The Rise and Fall of the Great Powers: Economic Change and Military Conflict from 1500 to 2000*, New York: Random House, 1987, pp. 355, 359, 363, 368, 378.

日本三足鼎立，美国经济经历了一个相对衰落的过程。20世纪70年代美国爆发的“滞胀”危机，形成了西方经济史上前所未有的经济增长停滞和通货膨胀并发的现象，通货膨胀与萧条共存。根据凯恩斯经济学理论，通货膨胀本应该是刺激经济增长、治愈萧条和衰退的“良方”，然而到了20世纪70年代这一“良方”失灵了。美国占世界国民生产总值的份额从1950年的33%降为20世纪80年代的23%；占世界出口份额由1950年的17%降为1988年的10%；占国际储备资产比重的降幅更为剧烈，从50%降为9%。①

造成美国经济相对衰落的主要原因，一是20世纪70年代的石油危机，将美国卷入经济衰退的旋涡。二是为了同苏联争霸，美国在世界上过度扩张，致使美国“入不敷出”，动摇了美元的霸主地位。三是20世纪70年代是科学技术的转折期，在战后五六十年代出现的新技术，如原子能、半导体、塑料和合成纤维等，已趋于成熟和停滞，而孕育的新技术，如信息技术、生物技术和新材料技术等，还未成熟。四是西欧国家和日本在二战后的五六十年代逐渐完成了战后经济的复苏，缩小了与美国经济发展的差距。

20世纪80年代初美国进行经济调整实现经济增长。里根1981年初入主白宫，为了摆脱“滞胀”的困境，开始对美国经济进行调整，宣称放弃凯恩斯主义，实行新自由主义。新自由主义经济学派认为，通过市场供求作用的自动调节能够达到充分就业，使资源得到充分利用；信赖市场的自由放任可以促使经济的均衡发展，反对凯恩斯主义的国家干预；在政策层面，主张用减税来刺激经济的增长，通过调节货币供应量来抑制通货膨胀。在新自由主义理论的指导下，里根压缩联邦政府开支，大幅降低个人和企业的税率，减少政府对企业经营所设置的各种规章条例，制定稳定货币的政策等。里根政府的调整使美国经济开始回升，但却出现了庞大的政府财政赤字，其根本原因是里根政府实行减税的同时，一方面同苏联进行军备竞赛，搞星球大战计划，增加军费开支；另一方面削减政府开支的一大项目——社会福利开支，因遭到公众强烈反对而不敢贸然行事。政府赤字的增加迫使政府和私人企业借贷，致使货币供不应求，利率上扬。高利率诱使国外大量资金流入美国，这尽管使美国由债权国变为债务国，却使美国在财政赤字大增的情况下仍能抑制通货膨胀，维持和促进了经济增长。1982年至1990年间，美国经济持续增长了92个月。这是二战后美国

① 参见刘铁娃：《试论国家在联合国组织中的影响力》，北京，北京大学博士学位毕业论文，2007。

经济的第二个较长增长期。

但是，美元的高利率同时导致了美国贸易逆差的扩大。在这种情况下，里根政府不得不借助于凯恩斯主义，对经济进行干预。干预美元汇率，达成“广场协议”迫使日元升值，美元贬值；干预对外贸易，推行所谓“贸易公平”计划。里根标榜反凯恩斯主义，但实际上执行的是新自由主义和凯恩斯主义的混合体。里根的调整控制住了通货膨胀，但却付出了政府财政赤字和贸易逆差大增的代价；美国产业结构得到优化，信息产业的增长超过其他产业。1990 年，美国在这一领域的投资首次超过对其他产业的投资，标志着美国率先由工业社会进入信息社会。

3.1.2　冷战后新经济发展推动美国经济繁荣

冷战结束后，美国经济发生了显著变化。

首先，经济扩张周期之长，创造了美国经济史上的最新纪录。自 1991 年 3 月美国经济走出低谷，至 2001 年 3 月美国开始经济衰退为止，经济扩张达 10 年之久，成为美国自 1854 年发生经济波动以来最长的扩张期。这也是二战后美国经济三个较长增长期中最长的一个。2000 年，美国 GDP 达到 99 657 亿美元，在世界经济总量中的比重上升到 31.54%。[①] 这使美国扭转了 20 世纪 50 年代以来经济增长速度长期低于日本和欧洲国家的局面，重新赢得了高于其他发达资本主义国家的增长优势（见表 3—1）。

表 3—1　　美国、西欧和日本的 GDP 增长率比较

国家或地区＼年份	1971 年	1975 年	1980 年	1985 年	1990 年	1995 年	2000 年	2004 年	2006 年
日本	4.7%	3.1%	2.8%	5.1%	5.2%	2.0%	2.4%	2.7%	2.7%
美国	3.5%	−0.2%	−0.2%	4.1%	1.9%	2.5%	3.7%	4.2%	3.5%
西欧	4.0%	−1.2%	1.8%	2.0%	4.3%	2.1%	3.6%	1.9%	2.4%

资料来源：根据联合国统计署的数据整理。

其次，经济呈现“二高”（高增长、高劳动生产率）与“二低”（低通货膨胀、低失业率）和财政赤字减少并存的局面，出现了传统经济学无法解释的新特征。长期以来，经济学界把经济增长、充分就业、

① 参见车维汉：《2000 年世界经济发展报告》，204 页，上海，上海财经大学出版社，2000。

物价稳定、财政收支平衡作为衡量宏观经济运行状态的主要经济指标。一般来说，这四个目标很难同时实现，因为经济的高增长会导致对劳动力和物资需求的增长，引发工资提高、物价上涨和通货膨胀率上升。反之控制物价和通货膨胀，会增加失业率和降低经济发展速度。这就是所谓的菲利浦斯曲线。二战后，美国经济一直受到菲利浦斯曲线的困扰。只要经济年增长率保持在2%～2.5%，失业率就会在5.5%～6%之间游动；倘若经济增长率超过2.3%、失业率降到5.5%以下时，工资和物价就会急剧上涨。然而此次长达10年的经济增长却修正了菲利浦斯曲线，出现经济高增长的同时通货膨胀率和失业率都下降的局面（见表3—2）。

表3—2　　美国自1980年以来的主要经济指标

指标＼年份	1980年	1985年	1990年	1995年	1999年	2005年
GDP增长率（%）	—0.2	4.1	1.9	2.5	4.4	3.2
失业率（%）	13.5	3.5	5.4	2.8	2.2	3.4
通货膨胀率（%）	7.2	7.2	5.6	5.6	4.2	5.1
财政平衡（亿美元）	—83.25	—211.65	—246.07	—232.22	79	—456

资料来源：国际货币基金组织数据库，见 http://www.imf.org/external/pubs/ft/weo/2007/01/data/weoselgr.aspx。

最后，美国经济增长方式、产业结构、就业结构、企业结构、资本所有权结构等都出现了新变化。知识取代资源成为美国经济增长的源泉和动力，以信息技术为核心的高新技术产业群形成，并逐渐成为美国经济发展的主导力量。第一、第二产业占国民经济的比重进一步下降。与信息技术相关的服务发展很快，推动了第三产业的发展，使其占国民经济的比重达到73%；与信息技术相关的服务业就业人数1998年占就业总人数的比重达到50%左右。在企业兼并不断发展、创造出无数巨型企业的同时，中小信息技术企业发展迅速。

由于传统经济理论无法对美国经济运行现象作出令人信服的解释，某些美国经济学家和媒体就将20世纪90年代的经济称为“新经济”、“新范例”、“新模式”、“新经济形态”等。鉴于某些产品中技术和知识的增长已占生产率增长总要素的80%左右，因此一些经济学家干脆把“新经济”定义为“知识经济”。

美国新经济发展的主要原因有以下几方面：

第一，科学技术是推动经济发展的关键因素，信息技术革命推动了美国经济发展。据美国商务部统计，信息技术（简称IT）生产部门的产值虽然在1999年只占GDP的8.3%，但它对20世纪90年代后期美国劳动生产率增长的贡献至少在 50%以上，对 1995—1999 年美国实际经济增长的贡献达到 1/3。[①] 信息技术的发展还是降低通货膨胀率和失业率的主要因素。美国商务部报告称，IT 产品和服务价格的下降带动了 1994—1998 年美国通货膨胀率的下降，即由 2.3%降到了 1.8%。1989—1998 年，IT 部门年均就业增长率为 2.5%，而整个就业部门只达到 1.7%。1998 年 IT 部门雇用劳动力 740 万人，比 1994 年增加了 28%；其他行业从事信息技术工作的雇员增加了 22%。同期美国整个非农工作岗位只增加了 11%。

第二，利用经济全球化和美国在世界经济中的主导地位进行新经济扩张。首先，在美国等发达国家的推动下，20 世纪 90 年代经济全球化向纵深发展。经济全球化为美国在全球范围内进行生产要素的配置提供了平台，从而提高了美国的劳动生产率、降低了生产成本。在经济全球化的大背景下，美国吸引了大量国际资本、人才，为新经济发展提供了源源不断的资金和人才。在人才方面，根据 2004 年美国科学与工程指标统计，1985—2000 年，大多数获得理工科博士学位的中国和印度学生留在了美国。2001 年中国和印度留在美国的博士比例分别高达 70%和 77%。[②] 这是支撑美国股市持续走高、经济强劲增长的重要因素，也是美国在高外贸赤字和高国际收支逆差的情况下，经济仍能正常运转和保持强势美元的原因所在。其次，利用在国际规则制定中的主导地位，进行新经济的扩张。如 1997 年，在美国的推动下，世贸组织曾在不到一年的时间内，达成三项协议，即信息技术协议、电信贸易协议和就开放全球金融市场达成协议。这些协议涉及的都是美国的优势领域，对美国新经济的扩张和确保美国金融霸权地位起到了重要作用。再次，美国凭借科学技术上的绝对优势和发展中国家对其技术上的依赖，利用技术、信息垄断等手段从发展中国家转移财富，同时压低世界初级产品和低技术制成品的价格，这成为美国能够在实现经济持续增长的同时保持低通货膨胀的一个重要因素。

第三，政府实施有效调控。1993 年初，克林顿政府开始执政。面对庞大的政府财政赤字和公共债务，克林顿放弃了民主党主张的增加政府财政支出的凯恩斯主义，试图在主张自由放任、发挥市场机制作用的新自由主义和凯恩斯主义之间寻求新道路，被称为“第三条道

---

① 参见美国商务部经济与统计行政事务部政策发展办公室：《数字经济：美国商务部 2000 年电子商务报告》，“概要”，6、15 页，北京，中国人民大学出版社，2001。

② 参见孙辉：《美国创新型国家的基本特征和主要优势》，载《全球科技经济瞭望》，2006 (8)。

路”。所谓“第三条道路”实质上是社会民主主义向新自由主义方向的大幅政策调整和理论转向。克林顿政府实际的经济政策同里根政府一样，都是二者的混合物，但与里根政府在削减政府开支的项目与减税的规模方面不同。克林顿政府时期正赶上苏联解体，美国可以大规模地削减军事开支。同时，克林顿政府在减少对经济干预、鼓励企业竞争的同时，强调教育的重要性，不断增加教育投入；重点支持科研、高科技产业和对外经济扩张。上台后不久，克林顿就提出了“信息高速公路”计划，并强调这是美国保持世界经济领先地位的一个关键因素，1996年他又提出了“下一代因特网推动计划”，试图通过对信息技术的促进，推动经济的发展。这对美国提高经济效率、推动高科技产业的发展、在全球经济竞争中保持优势发挥了重要作用。1998年，克林顿政府提出了30年来的第一个平衡的经济预算，但美国仍然存在着净外债和贸易逆差的压力。

3.1.3 21世纪经济的发展和暴露的问题

21世纪已经过去了十余年，其间美国经济发展遇到许多新问题，使得政府不得不采取一系列措施调整经济。

第一，美国经济增长放缓，小布什政府采取新自由主义的经济政策。美国在2001年3月迎来了8个月的短暂的经济衰退，经济增长明显放缓。在此影响下，作为信息产业经营状况晴雨表的纳斯达克指数出现急剧波动，高新科技企业利润下降、库存增加，企业裁员、倒闭现象急剧上升。之后，突如其来的“9・11”事件更是严重打击了消费者和投资者的信心，加快了美国经济的下滑速度。几经波折，直到2003年年中复苏进程才开始加快。从2001年到2007年，美国经济的年均增长率是2.7%，“美国占世界GDP的比重从30.6%下降到25.4%，占世界出口贸易的比重从12.3%下降到8.4%，占世界进口贸易的比重从19.2%下降到14.3%”①。

衰退发生的主要原因是美国国内对高科技产品的需求在一定程度上已呈饱和态势。面对衰退，2001年初开始执政的小布什政府采取了新自由主义的经济政策，相信自由市场的正确性，反对政府过多干预经济，采用减税政策，并大幅降息、扩大货币信贷，增加市场的流动性，以促进美国经济的发展。减税是小布什政府经济政策的核心，小

① 王梦奎：《后危机时期的世界和中国经济》，载《新华文摘》，2010（7）。

布什上台后制定了 11 年减税 1.35 万亿美元的计划。2001—2003 年美联储调低利率达 11 次之多，联邦基金利率最低降到 1%。小布什的刺激经济的政策虽然取得了一定的成效，但是其政策之一的减税政策，在国内引发了尖锐的批评，认为其明显地偏向富人。一项研究数据显示，占人口 1%的最富有阶层将从小布什整个减税政策中获得 44%的好处，人均减税可达 54 480 美元，而 60%的最低收入阶层却只能获得 12.7%的减税收益，人均减税水平仅为每年 256 美元。

第二，美国的次贷危机引发了 2008 年全球金融危机。次贷指次级抵押贷款，是相对于风险较低的优质贷款而言的。2001—2003 年美国连续降低利率后的超低利率、货币信贷的增加以及美国为刺激消费甚至实行的零首付、零利率，推动了美国房地产的繁荣，美国民众涌入房地产领域，出现了大量房贷。美国的大批放贷机构，把次贷以证券形式在市场上发售，投资机构又把证券包装成各种金融产品发售。经过这样转手转化后，最初为 1.5 万亿美元的次贷，形成为价值达数十万亿美元的金融衍生品。为防止经济过热，美联储于 2004 年 6 月至 2006 年 6 月连续 17 次加息，利率上升到 5.25%。在加息的影响下，美国房地产开始降温，房价随之下降。房贷市场迅速恶化，许多购房者既无力偿付房贷到期的本息，又无法再融资，导致房贷市场违约拖欠债务事件大增。据估计，因拖欠房贷丧失抵押品赎回权的，2001—2005 年年均 64 万起，2007 年陡增至 150 万起。

2007 年 4 月，美国新世纪金融公司申请破产，标志着次贷危机正式爆发。随后，有 20 多家次贷供应商宣布破产、遭受巨额损失或寻求被收购。随之大量次贷形成坏账，基于这些次贷的证券、金融产品也大幅贬值，次贷危机全面爆发，全球主要金融市场出现了严重的流动性短缺。2008 年 9 月，以美国第四大投资银行雷曼兄弟倒闭、美林证券并购为标志，美国金融危机爆发，并影响到欧洲和日本等世界主要金融市场，引发了国际金融风波，导致全球股灾。随着美国经济衰退不断加剧，美国就业市场状况更呈现全面恶化之势。“美国的 GDP 增长率 2007 年为 2.1%，2008 年下降到 0.4%，2009 年则为负的 2.4%，危机使美国的 GDP 在 2009 年实际下降了 2.4%。”①

次贷和金融危机产生的主要原因包括：（1）过度超前消费。借债消费已成为多数美国人的生活方式。此次是由于美联储将银行利率降

① 左大培：《西方金融危机对中国经济的影响》，见 http://www.chinasoe.com.cn/theory/international/2011-10-31/1793.html，2011-10-31。

至1%，大量向金融机构放贷，推动了美国超前消费和民众进入房地产市场。美国的超前消费建立在这样的借贷链条上：世界各国向美国大量出口，换得美元后又通过投资或购买美国国债借给美国，美国人由此得以换取更大的住宅、更新的汽车、更多的娱乐。这种建立在非自有财富增长基础上的消费扩张，必然导致严重的消费和储蓄比例失衡，一旦借贷链条中的某个环节停顿必然引发危机。(2) 受新自由主义的影响，美国缺乏对金融机构的监管。美国国会1999年通过以允许金融混合经营为核心的《金融服务现代化法案》，取代《1933年银行法案》，正式取消了对商业银行和投资银行进行分业经营的限制性条件。2000年美国国会通过《商品期货交易现代化法案》，规定非在柜台交易的商品，不受商品交易委员会的监管。这两项法案为投机猖獗、金融衍生产品膨胀创造了条件。进入新世纪，随着美国新经济走向衰退，新自由主义很快在金融经济中找到了最有利于施展自身力量的场所。很多年来，受新自由主义影响的权势人物，如美联储的格林斯潘减少甚至取消对金融部门的政府规制，而没有任何有效规制的资本因此得到充分的自由，在很短时期里创造了世界经济的“奇迹”。但是好景不长，没过多少时间，终究演变成为全球范围的金融危机。(3) 美国虚拟经济过度膨胀。在“布雷顿森林体系”、“双挂钩”崩溃30多年的时间里，黄金—美元本位制一直被美元主导的国际货币体系取代。20世纪70年代以前，美元出境主要通过资本项目逆差，美国把美元借给欧洲，然后欧洲用美元购买美国商品，这就意味着对美国以制造业为主的实体经济的需求增加，从而导致美国实体经济增长；在20世纪70年代以后，美国则是通过经常项目逆差输出美元，购买外国商品。在失去黄金价值支撑的信用美元体系下，这意味着对美国实体经济需求减弱，对包括房地产、股票、债券及其他可以反复炒作的资产等虚拟经济的需求增大，导致美国制造业的外移和虚拟经济过度膨胀。美国虚拟经济越来越表现出相对独立性，这种独立性使其脱离实体经济而快速扩张，泡沫成分不断加重，资产价格普遍大幅偏离或完全脱离由实体经济因素决定的资产价格，导致虚拟经济泡沫化。如上所述，此次金融危机就是由于美国房地产市场资产价格泡沫破灭所引发的。

第三，发生美债危机，美元信誉被降级。引起美债危机的主要原因有：一是2001年以来，小布什政府的减税政策不断地加重财政赤字规模，在2002年预算报告里小布什又提出了扩大军费开支、实行社会保险计划部分私有化等预算政策，加之“9·11”事件后美国发动了阿富汗和伊拉克两场战争，军费开支大幅飙升，这些都导致联邦财政状况不断恶化。二是美国总体经济变坏引起的，进入新世纪，美国先后经历了网络和金融泡沫的破裂，经济实力下降。经济衰退，政府税收下降，而且有更多的失业和贫困人口需要照顾，开支很难缩减，只好靠借债来维持，导致债务缠身，偿债能力受到怀疑。美国财政部数据显示，到 2011 年 5 月 16 日美国联邦政府已经突破 14.29 万亿美元的美国法定举债上限。为了不违约，就需要提高美国债务上限，但美国两党，共和党尤其是其支持的茶党反对增加税收，反对增加政府的干预；民主党则反对减少税收和坚持对金融的监督。两党在美债问题上的争斗引发了美国的债务危机。虽然最终两党在提高美国债务上限和削减赤字法案方面达成一致，但也导致了美元信誉被降级。2011 年 8 月 5 日，国际评级机构标准普尔公司将美国的信用等级从 AAA 降至 AA+，这使美元信用度受到极大的伤害。

第四，奥巴马政府对美国经济进行调整。奥巴马是在 2009 年初美国金融危机爆发不久之后上台执政的。为带领美国走出金融危机，稳定美国经济和社会的发展，他提出从伊拉克和阿富汗撤军，将重点放在发展经济上。奥巴马对新自由主义的经济政策进行了批评，加大了民主党传统上所主张的国家对社会经济生活的干预。奥巴马指出，金融危机爆发“是因为此前那个极度不负责任的时期。从美国一些最大企业的高管到华盛顿身居要职的权要，私人和公共机构都未能幸免”①。奥巴马直指小布什时期对金融机构缺乏监管。

奥巴马政府对经济社会生活的干预主要表现在：其一，拯救金融危机，加强金融监管。金融危机发生后，小布什签署了 2008 年 10 月美国参众两院签署批准的 7 000 亿美元金融救援方案，其关键作用是稳定银行系统，使银行系统里面的一些环节不会因为资金短缺而断链，从而导致整个金融系统的多米诺骨牌效应。奥巴马上台后又再推出 8 000 多亿美元的款项来救助各类金融企业，这是第一次量化宽松政策。之后，奥巴马政府又提出第二轮、第三轮量化宽松政策。自 20 世纪 70 年代黄金—美元本位制被美元主导的国际货币体系所代替后，美国实际上就获得了铸币的特权。此次当美国需要资金救助金融机构时，就开动了印钞机，导致了货币的泛滥和美元的贬值，也使美债持有者手中的美元贬值。美国以此向美债的购买国转嫁危机，从这些国家向

① 奥巴马：《一个极度不负责任的时期已经结束》，载《高校思想政治理论课参考资料》，2009 (22)。

其国内转移财富。这引起许多国家的不满，国际上要求改革国际货币体系的呼声高涨。2010年7月，美国国会批准了《金融监管改革法案》。根据该法案，美国金融监管体系将全面重塑，原先金融企业“大而不倒”状况将得到有效改变，金融机构过度投机行为将得到有效遏制。新法案被认为是“大萧条”以来最严厉的金融改革法案，将成为与《格拉斯-斯蒂格尔法案》（又称《1933年银行法案》）比肩的又一块金融监管基石，并为全球金融监管改革树立新的标尺。

其二，从社会政策上看，奥巴马政府致力于托起1亿多“中产阶级之舟”。奥巴马主张“你工作，就交税”，但给95%的工人及其家庭税务减免。他同时改革医疗保险，让美国人首次为医疗福利纳税，让医疗保健成为每个人都负担得起、享受得到的公共服务。2010年3月22日，美国众议院投票通过参议院医改法案。美国是少数至今未提供全民医疗保险的发达国家。虽然医改仍未能达致全民医保，但是已经足以涵盖95%的美国公民。在教育上，政府加大投资早期教育，增加师资力量。美国公民只要致力于服务社区和国家，政府就确保其负担得起学费。为了培育中产阶级，奥巴马计划在基础设施、宽带网、可再生能源上加大政府投资，创造700多万个就业机会。这种“新的方向”是用市场力量和政府干预结合的方式来平衡贫富差距，把税前收入不平等扭转为税后收入的平等，“从资本家手中挽救资本主义制度”。

其三，进行经济结构的调整。(1) 力推“再工业化”的计划，即促进国内制造业的重新发展，希望通过外包到海外的制造业生产环节的回流，推动本国经济尽快摆脱危机，同时增加就业。当前美国遇到的一个难题就是要解决失业问题，制造业的发展有利于减少失业，而金融业的膨胀并不能大量地增加就业。(2) 奥巴马政府在基础设施和新技术方面，例如宽带网、可再生能源等方面，加大了投资力度。(3) 大力推动美国对外出口，减少贸易逆差。2010年3月，美国政府正式宣布“国家出口倡议”或称“出口倍增计划”。

第五，美国爆发“占领华尔街”运动。美国发生金融危机后，政府对危机的处理不力、不当。之后发生的美债危机本是经济危机，却由于美国两党的争斗，进一步演变为政治危机，金融危机和美债危机构成了综合危机。在这一背景下，2011年秋，美国爆发了“占领华尔街”运动，并延伸至其他国家。这场运动的主要诉求是：

其一，反对金融资本的贪婪和腐败以及政府权力和金融资本的结合，指责政府对少数金融机构的救助导致美国绝大多数人的经济困境。示威活动发起网站宣称：“我们共同的特点是占总人口99%的普通大众，对于仅占总数 1%的人贪婪和腐败，我们再也无法忍受。”美国缺乏对金融资本的监控，造成金融泡沫，美国政府又不能眼看着金融大厦坍塌，因此小布什政府时期就通过了 7 000 亿美元的救市方案，这本质上是用纳税人的钱救济华尔街，为投机商的巨额坏账埋单。而同时华尔街的大鳄们却拿着高薪，领着高额奖金和巨额分红。以华尔街为代表的资本家们凭借手里的金融衍生工具大肆地捞取钱财，其整体交税率却远低于中下阶层。美国的贫富差距在拉大，公平正义遭到挤压，成为美国民众愤怒的主因。

其二，要求减少失业。随着经济全球化的发展，美国低端产业迅速向新兴国家转移，但在高端上的发展却没能跟上。另一方面，劳动阶级转型困难，无法迅速适应高端产业的要求，更加重了美国的失业状况。2011 年，美国失业率居高不下，在 9%以上，广义失业率达到了 15%，年轻人的失业率达到了 20%。虽然奥巴马政府提出了经济结构的调整，但调整将是一个较长的过程。

其三，不满收入分配不平等现象加重。由于二战后资本主义经济的发展，美国等发达国家都形成了规模庞大的所谓“中产阶级”，这被看作是发达资本主义国家贫富差别缩小、社会稳定的一个重要标志。但是，随着 20 世纪“滞胀”的出现特别是此次金融危机的发生，美国中产阶级失业、贫困人口增加和社会两极分化的问题凸显。目前，“美国上层 1%的人现在每年拿走将近 1/4 的国民收入，以财富而不是收入来看，美国塔尖的 1%控制了 40%的财富。25 年前，这两个数字分别是 12%和 33%”。“塔尖 1%者的收入在过去 10 年增长了 18%之时，中产阶层的收入却在下降。仅有高中文化程度者的收入下降尤其明显——在过去 25 年里，下降了 12%。”① 如果说工业化时期，美国主要是工人同资本家之间的矛盾，那么现在则凸显了中产阶级同资本家、政府的矛盾，中产阶级开始大声表达自己的不满。

3.2　美国政治制度与政治思潮

1776—1787 年的美国为邦联制国家。所谓邦联，指的是各个独立州的自愿联合，并不存在任何有效的中央行政权威。这种国家结构导致了各州经济摩擦不断、无法建立有效的国防力量，国内不时陷入危

① 《美国塔尖的 1%控制了 40%的财富》，载《北京日报》，2011-11-07。

机。因此，1787 年制定《美利坚合众国宪法》，改国家结构形式为联邦制，组建了一个统一的、强有力的中央政府。在联邦政权的基础上，各州仍保有相当广泛的自主权。美国政治制度的主要内容是宪政制度、联邦制、三权分立、多党制（但两党长期主导美国政治）和选举制。代议制民主是美国政治制度的基石，分权与制衡是美国政治制度的主要组织原则，而自由主义民主则是美国国内政治的基本理念。

在美国的政治发展中，美国的政治思潮对美国政治和社会的发展起着重要作用。冷战结束后，美国的政治思潮发生了很大的变化。

3.2.1 宪政制度与分权制衡

美国宪法和法律条文规定，政府的权力来自人民，最终属于人民；政府的权力不是绝对的，而是受宪法和法律限制的。美国宪法规定，宪法和依据宪法制定的全国性法律高于州的宪法和法律。美国总统选举实行间接选举制。首先由各州选民投票选出本州选举人，其人数与本州国会议员人数相等，再由各州选举人同时在各州首府投票选举正、副总统。议员选举实行直接选举制。州长、议员和某些州的法官、重要行政官员都由选民选举产生。关于对公民拥有选举权的保障，1870 年的美国宪法《第十五修正案》规定，“合众国公民的选举权，不得因种族、肤色或以前是奴隶而被合众国或任何一州加以拒绝或限制”。1920 年的《第十九修正案》规定，“合众国或任何一州不得因性别而拒绝或限制合众国公民的选举权”。

1. 美国政治中分权制衡的主要内容

第一，联邦政府与州实行分权，体现相互制约。联邦设有最高的立法、行政和司法机关，有统一的法和法律，是国际交往的主体；各州有自己的宪法、法律和政府机构；若各州的宪法和法律与联邦宪法和法律发生冲突，联邦宪法和法律优于州的宪法和法律。[①] 美国宪法对联邦的权力作了明确规定，如征税、借款；管理对外贸易和州际商业；发行货币，统一度量衡；管理邮政、专利权和版权；管理外交事务和与外国签订条约；建立、管理和指挥军队等。但联邦宪法未对州的权力作出明确规定，只规定“凡宪法所未授予联邦或未禁止各州行使的权力”，各州可以自由行使。第二次世界大战后，出现联邦集权、各州

① 参见唐海军：《西方国家三种政治体制模式的特点》，载《当代世界》，2005（3）。

权力缩小的趋势，导致州为维护自己的权力同联邦的矛盾增长。州与州之间也权力分立、相互制约。各州管理各州内部的经济和社会事务，不干预其他州的事务，但在涉及各州利益和维持、扩大各州对联邦事务的影响上，又互相竞争、彼此制衡。

第二，两党制体现权力分立和相互制衡原则。美国的政党体制相当松散，政党存在的意义更多的是作为各类选举的工具。选举之后，政党作为一种组织体系的作用相当微弱，所以它是一种典型的“选举党”[①]。美国两大党——民主党和共和党，都是代表资产阶级利益的政党，它们的根本利益是一致的，在政治、经济、外交和社会事务的重大政策上没有根本分歧；但两党又彼此独立，分别代表统治阶级中不同阶层和利益集团的利益，在具体政策上也存在分歧和矛盾。美国政党制度的形成是美国独立后政治实践的产物，美国宪法没有对政党制度作出规定。总的来看，两党制的出现强化了美国政治制度中的分权和制衡原则。两党党员当选议员后组成国会、担任联邦法官、担任州长和地方议会议员。出于党派利益偏见，他们互相竞争、激烈较量，从而使得政府、国会及地方议会、联邦各级法院在原有相互制约的基础上增加了党派制约因素。党派影响下的国会、司法机关对总统的制约作用也增强了。同时，政党也起到了沟通、整合、协调国家权力机构，使之联结在一起，共同为垄断资产阶级利益服务的桥梁作用。

第三，分权与制衡原则突出地体现在立法权、行政权、司法权之间。美国宪法规定立法、行政、司法三权分立并分别由国会、总统和最高法院掌管。国会由众议院和参议院组成。众议院议员 435 名，按各州人口占全国总人口的比例确定该州在众议院的议员数。参议院议员 100 名，每州 2 名。参、众两院议员通过直接选举产生。众议员任期 2 年，两年一改选；参议员任期 6 年，每两年改选 1/3。参、众议员均可连选连任，没有次数限制。总统是国家元首、政府首脑兼武装部队总司令，通过间接选举产生。任期 4 年，连任不得超过 2 届。美国设联邦最高法院、联邦法院、州法院及一些特别法院。联邦最高法院和联邦法院的法官由总统提名，经参议院批准任命，若无过错，终身任职。

美国宪法分别赋予国会、总统和最高法院独立享有和行使的权力，并使它们的权力相互牵制：（1）国会享有立法权、行政监督权、条约和高级官员任命的审批权、高级官员的弹劾权、宪法修改权，以及在

① 唐海军：《西方国家三种政治体制模式的特点》，载《当代世界》，2005（3）。

特殊情况下选举总统的权力。但是，国会在享有这些权力时也要受到种种制约。一是国会两院之间相互制约。宪法规定一项立法动议要成为法律，必须得到国会两院同意。二是受行政部门的制约。总统有立法倡议和否决权，行政部门往往通过各种手段，迫使国会通过行政部门需要的法案。国会通过的不符合总统意愿的法案，在送达总统签署时，总统可以否决或者不予理睬，使之自然死亡。总统还享有制定行政法规的权力，而且其效力同法律相当。三是受最高法院的制约。最高法院可以通过解释宪法或者宣布国会通过的法律违反宪法，制约国会的权力。(2) 总统在立法、行政、外交和军事方面享有广泛的权力。第二次世界大战后，在三权中出现权力向总统集中的趋势，但是总统权力也受到来自立法和司法权力的制约。一是国会可动用立法权、批准预算权、批准和弹劾高级官员（包括总统）的权力、参与外交和决定军队人数的权力来制约总统。总统虽然有否决国会通过的法律的权力，但当国会两院以2/3多数再次通过该法案时，总统无权再次否决该法案。二是最高法院可通过决定行政部门的行为是否违反宪法以及审理涉及联邦政府的案件，对行政部门进行制约。(3) 最高法院享有宪法解释权和司法审查权。但是，有关总统提名和参议院批准、国会弹劾和罢免、国会通过宪法修正案否定最高法院判决等规定，对最高法院的权力形成了制约。

2. 代议制民主和总统主导的分权制衡体制

代议制民主赋予公民选举权，但是并不是公民直接决定谁当总统。由于参选本身需要大量的政治和经济资源，因此政治精英总是在选举中占优势，普通的平民脱颖而出获胜的机会并不大。事实上，“很多观察家强调，过去若干年的经济和社会变迁强化了美国受一个精英特权集团统治的感觉。……今天，竞选公职的候选人除非能从富有的支持者或者利益集团那里筹到资金，否则只能退出竞争，或者一开始就不参加。一些人预言，如果目前的趋势保持下去，我们就将拥有一个‘少数人的民主’”①。不过，这并不意味着最富有或者花钱最多的人就一定能从中胜出，只不过说明了参与选举需要相当的经济基础和来源。

总统主导的分权制衡体制使得权力相对集中在总统手中，但是总统不能凌驾于其他两个机关之上。这一政治体制模式的特点是：总统

① ［美］施密特、谢利、巴迪斯：《美国政府与政治》，11、15页，北京，北京大学出版社，2005。

> 罗斯福是一位在美国具有极高声望和影响力的领导人，但是他也时常为国会、海军等机构的不配合而头痛不已。在珍珠港事件前，孤立主义议员们妨碍罗斯福援助盟友反对轴心国。直到战争结束，国会还威胁要阻止他的联合国梦想。时任外交官查尔斯·波伦回忆道，罗斯福曾经苦涩地谴责国会议员是“一串碍事者”，并宣布“在美国政府内要办事的唯一方法是绕过国会”。

的权力较大，总统受政党的约束小，独立性较大，有利于较快地作出政治决断，提高执政效能。实施分权制衡原则的目的是防止权力过分集中于一个部门和少数人手中，而导致危害社会、国家和公民权利的行为发生。从美国政治制度实际运行 200 多年的情况来看，它不能从根本上制止，但能起到惩办权力滥用、维护公民权利、防止政治家利用公共权力谋取私利的作用。同时，分权制衡也导致了国家权力机关各部门之间无穷无尽的争吵、扯皮，一定程度地降低了工作效率、浪费了社会资源，并且导致政治危机时有发生。

3. 美国国内政治发展的两个新趋势

趋势之一是“9·11”事件后对国家安全的重视导致公民权利受到一定程度的威胁。2001 年 10 月通过的《美国爱国者法案》允许联邦政府根据司法部长的“有合理依据确信”某人参与了恐怖主义的报告，不经审判或听证而无限期拘禁“未归化的外国人”。另外，关于监听的法律也作了许多修改，给予了联邦调查局（FBI）更多的自由以追查恐怖分子嫌疑者。这样一些措施侵犯了颇受重视的个人自由。① 相应地，美国政府也进行了大规模的重组。2002 年 11 月，小布什总统签署了《国土安全法案》，宣布海岸警卫队、海关、移民和归化局等 22 个联邦机构合并组建国土安全部。这一机构的工作人员达 17 万人之多，每年的经费预算将近 400 亿美元。这是 1947 年美国成立国防部以来最大规模的政府机构改组。通过各个渠道进入美国的外来人员，无论坐船、飞机或陆地，都将受到国土安全部的总体监察。这些现象似乎表明了国家权力的强化，而美国的民众出于安全的考虑，也基本上予以接受。

另一个趋势是地方政府的“碎片化”。这一趋势主要是由全球化进程对国家主权和其他大型政治单位的制约所造成的。在全球化和信息技术革命的条件下，比较小的地方单位可以更频繁地与外界（甚至包括国外机构）进行交往，从而获得更大的自主性，另外，这些地方单位所承担的职能也越来越全面，导致地方政府出现了分裂。城市与专区（special district）的数量也大幅增加。地方政府单位的不断分裂和

① 参见［美］施密特、谢利、巴迪斯：《美国政府与政治》，15 页。

细化，导致地方政府数量庞大、功能重叠、边界不清。对于这一趋势目前主要存在两种不同的认识。一种观点认为“小的就是美的”，政治权力的不断下放有利于公民行使自己的权利和地方民主，实现更好的地方治理；另一种观点则强调碎片化趋势导致的宏观规划缺乏、资源浪费和损害国家团结等现象，似乎表明自由主义、多元主义趋势的深化和国家权力的削弱。

总的来看，美国的政治体制在宪政法治、分权制衡、代议制民主等基本制度上保持了相对的稳定，但是本身也受到一些突发事件（如“9·11”事件）以及全球化、信息时代等大背景、大趋势的影响，不断发生着变革。

3.2.2 冷战后美国的政治思潮

20 世纪 30 年代以来，自由主义和保守主义思潮循环交替地左右着美国的政治和社会生活。冷战结束后，这一状况仍未改变。不过，为适应冷战后变化了的国内外环境和公众舆论，自由主义和保守主义都进行了某些局部调整和改变，发展成为经济上的新自由主义和政治上的新保守主义。20 世纪 90 年代初，新自由主义得宠。1994 年后，新保守主义政治思潮占上风。“新孤立主义”思潮尽管遭到削弱，但仍影响着美国政治和社会生活。“9·11”事件后，极端主义政治思潮得到了发展。

1. 新保守主义思潮活跃于美国政治和社会

保守主义思潮在遭受了 1992—1994 年的短暂挫折后，于 1994 年卷土重来。在中期选举中，共和党 40 年来第一次控制了参众两院，从而开始了新一轮意义上的“保守主义革命”。

新保守主义要求削减政府规模；反对民主党建立起来的“社会福利国家”、“伟大社会”等自由主义的“大政府”体制；提倡自由市场经济运作、减税、激发个人工作意愿等经济准则，反对政府过多干预；支持打击犯罪、加强社会治安、维护机会均等，反对给予少数民族群体特殊待遇；在外交上，强调维持美国强大的军事力量，主张美国应当在外交上专注于与暴政作斗争，反对过多干预国际事务，以免背上沉重的国际包袱等。

新保守主义控制国会后，试图通过国会立法把他们激进的保守主义主张付诸实施。百日之内，他们在国会接连推出了以大幅削减政府开支、减税为核心的平衡预算案，大幅削减社会福利支出，尤其是通过了针对社会弱势群体的支出为主要内容的福利制度改革和资本收益税改革等法案。这造成了国会与白宫的严重对立，引起了公众不满，支持率下降。为赢得公众支持，新保守主义思潮进行了调整，政策主张逐渐向“中间”路线靠拢。

在 1996 年举行的大选中，共和党虽然没有赢得总统职位，但仍在参众两院取得多数席位。2000 年美国大选，共和党不仅继续控制国会多数席位，而且夺取了总统宝座，出现了战后以来少有的共和党同时控制白宫和国会的局面。这充分显示新保守主义思潮在美国政治和社会生活中的统治地位。小布什政府在 2001 年上台之后，有一大批新保守派人物进入其外交决策核心：迪克·切尼（美国历史上最有权势的副总统）、拉姆斯菲尔德（国防部长）、沃尔福威茨（国防部副部长）等。在对外关系上，新保守主义一方面积极推进美国的价值观、民主、自由和市场经济，铲除暴政国家；另一方面主张采取单边主义手段、忽视国际组织、国际制度而强调军事实力。美国的单边主义强势外交引起世界上众多国家的不满。美国在军事上强大，但其对外政策中表现出来的极端的霸权主义和单边主义却使它在政治和道义上相当孤立。新保守主义在布什第二任期的班子里每况愈下，但是新保守主义思想仍然有着重要的影响，如时任美国国务卿赖斯解释美国在中东推行民主的努力时，她提出的看法主要是沃尔福威茨等新保守派的思想。

小布什时期新保守主义之所以得势，主要是因为美国社会民意趋向保守。主要表现为：（1）政治上，包容性减少、强调自由民主价值观的优越性；经济上，主张缩小政府规模、削减政府开支、减税和平衡预算；社会政策上，支持严惩犯罪、削减社会福利、限制移民、维护家庭的价值观等。（2）种族对立情绪加深。白人警察殴打黑人、白人种族主义者袭击黑人和少数民族裔美国人的事件不断发生。“9·11”事件后，国内针对伊斯兰教徒的恶性犯罪案件急剧增加。在洛杉矶，针对伊斯兰教机构的攻击事件由 2000 年的 28 件增加到 2001 年的 481 件，增长了 16 倍。（3）反移民情绪增强。美国社会中否定移民对美国历史所起的进步作用的舆论增强，要求限制移民的呼声很高。“9·11”事件后，反对移民、歧视和排斥移民的思潮得到加强。

奥巴马上台后，新保守主义在美国仍有较大市场，其基本阵地并没有消失，只不过由显性变成了隐性，并且与传统保守主义有趋同之势。

2. 孤立主义思潮仍在影响美国政治和社会生活

20 世纪 90 年代初，美国再度兴起孤立主义思潮。孤立主义再度兴起的背景是，冷战结束后苏联对美国的全球威胁消失，美国经济陷入危机，国内社会矛盾突出。以两度参加 20 世纪 90 年代美国总统选举的布坎南为代表的新孤立主义者，打着“美国优先”的旗帜，不仅主张收缩海外义务，而且提出了对外政策目标问题，其政策主张涵盖美国的政治、经济、军事、外交、贸易等多个方面，向二战以来占主导地位的“全球主义”政策提出全面挑战。新孤立主义的基本政策主张是：以“纯粹的国家利益”为目标，收缩海外政治、军事义务，减少对联合国的财政支持和对外援助。新孤立主义者宣称，美国承担众多国际义务的时代应该结束了，美国不必再卷入到别国的争吵中去。希望美国在国外少干事，少花钱，而且更多地单独行动。坚持“美国第一”原则，主张把政策的重心转移到国内问题上，要求重建国内政治、经济、社会秩序，首先把国内事务搞好，以“恢复美国人信心”，“重建美国”。

孤立主义思潮虽然遭到保守主义和自由主义的批评和抵制，美国主流政治也不接受孤立主义，但由于孤立主义代表了和平时期美国公众要求将更多资源和精力转向国内建设和解决国内问题、以坐享“和平红利”的“内向”化情绪，美国主流政党为赢得选举，在政策纲领和施政上不得不接纳了新孤立主义者的某些政策主张。如克林顿在倡导“变革美国”的时候，接受了“重建美国”、“美国第一”的口号，并把解决国内问题作为其施政重点，为此收缩了海外军事力量，并在积极推动自由贸易的同时，大搞“公平贸易”。在小布什的政策主张中，新孤立主义的单边行动、美国第一、贸易保护、限制外来移民等也表现得淋漓尽致。其实，新孤立主义的领军人物布坎南属于共和党的极端保守派，新孤立主义的信奉者多数来自共和党，孤立主义的政策主张同保守主义存在着千丝万缕的联系。

3. “9·11”事件后，极端主义政治思潮得到发展

“9·11”事件后，美国国内的极端民族主义思潮抬头。该思潮崇尚民族至上，主张民族报复。要求美国政府以战争手段，在世界各地将恐怖主义分子和恐怖主义的支持者，包括被怀疑支持恐怖主义的国家都“绳之以法”。据报道，在美国国会投票表决对阿富汗战争的动议时，众议院 435 名议员只有 1 人投反对票，有 70%以上的美国人支持入侵伊拉克。在美国公众眼中，美国的民族利益和安全是第一位的，为此，国际法准则、国家主权原则、国际正义都可以弃之不理。反战行为甚至被许多美国人视为不爱国或“叛国”行为。

赞成政府扩权的思潮在法律上得到了发展。“9·11”事件后，美国执法部门的权力得到极大加强。它们可以随意窃听涉嫌从事恐怖活动者的电话，并跟踪其互联网和电子邮件的使用，随意进入被怀疑者所在的居所、清真寺、教堂或其他场所，不用批准就可逮捕涉嫌从事恐怖活动的人，在没有法庭许可的情况下可以监听恐怖分子嫌疑人同他们律师的谈话。公民的知情权、隐私权、言论自由都被限制和削弱了。国土安全部成立后，广泛募集“线人”，以便向执法机构及时通报任何人的可疑行为。

在对外政策上，“新帝国主义论”、“先发制人”等极端理论和思潮凸显。这些理论和思潮的共同特点是要求美国政府以经济制裁、军事进攻等手段来干涉他国内政、更换他国政权，把美国的政治经济模式和价值观移植到其他国家。

美国极端主义政治思潮的发展是一种特殊背景下的短暂的政治现象。随着美国公众理性的恢复，极端主义政治思潮将失去其社会基础而趋向衰亡。

3.3　美国全球战略的演变

第二次世界大战结束初期，美国凭借强大的政治经济实力，领导反法西斯国家建立了联合国等，试图通过制度霸权的建立，成为世界霸主。这一地位在冷战时期受到苏联的挑战，美苏两个超级大国争霸是当时国际关系的主要内容，美国将遏制苏联作为对外战略的首要目标；冷战结束后，美国成为世界唯一的超级大国，美国将冷战之后、新的全球竞争者崛起之前这段时间视为建立美国世界霸权的重要战略机遇期，明确提出了建立美国主导的单极世界格局和尽可能长时间地维持美国在世界的领导地位，这成为冷战后美国全球战略的主要目标。为达到美国对外战略的目标，随着国内外形势的发展变化，美国不断调整对外战略的内容以及策略手段。

3.3.1　冷战时期美国的“遏制”战略

二战结束到 20 世纪 60 年代末，是美国全球扩张时期。这一阶段美国经历了四届总统——杜鲁门、艾森豪威尔、肯尼迪、约翰逊，美国的经济、军事力量强大，其全球战略具有鲜明的扩张性和进攻性。1947 年 3 月，杜鲁门总统以援助希腊、土耳其为名，提出了杜鲁门主义，明确提出要在全世界反苏反共。杜鲁门主义是二战结束后美国外交政策的转折点，标志着美国“遏制”战略的正式出笼，也为此后几十年的美国外交奠定了基础。杜鲁门主义的主要内容是：（1）以核武器和美元为坚强后盾，同苏联进行全面对抗，对东欧进行渗透和颠覆，对新中国进行包围。（2）建立资本主义阵营，实行“马歇尔计划”，在经济上扶植西欧、日本；建立北约和缔结《日美安全保障条约》，形成西方军事联盟。（3）在广大亚非拉地区进行扩张，为此美国签订了《里约热内卢条约》，成立美洲国家组织，实施“第四点计划”。艾森豪威尔政府时期，鉴于美国在核力量方面的优势，奉行“大规模报复战略”，以此来威慑苏联和其他社会主义国家。由于苏联在20世纪60年代建设了强大的核武库，肯尼迪政府被迫放弃了这一战略，转而采用“灵活反应战略”，重新重视常规军事力量和常规战争的作用。

20世纪60年代末70年代初，是美国对外政策的重大转折时期。美国经过长期海外扩张，尤其是陷入越南战争泥潭不得拔身，经济实力大为衰减，霸权地位严重动摇。美国政府不得不对全球战略作出重大调整，突出表现为尼克松主义的出台。尼克松主义是美国实力地位相对衰落的产物，标志着美国对外政策发生重大转折，实质在于通过海外战略收缩继续维持美国的全球霸权地位。其要点是：美国仍将发挥重要作用，并恪守业已承担的条约义务，但除非受到核大国的威胁，美将鼓励其盟友自己承担国内安全和军事防务的责任，以避免美国卷入越南式的战争。尼克松主义有三大支柱，即“伙伴关系”、“实力地位”和“谈判”。主要内容为：（1）把同盟国的“伙伴关系”作为美国对外政策的基石，要求盟国在政策上协调一致，共同对付苏联；在经济上相互让步，帮助美国渡过难关；在军事上共同分担军费和防务责任。（2）以“实力地位”为后盾，以“谈判”为手段，通过军控协议限制苏联的军备，在《反弹道导弹条约》等协定中承认苏联的战略平等地位。（3）主动修复和中国的外交关系，利用其他大国来制衡苏联。（4）减少在第三世界事务中的过多介入，只关注对美国具有战略利益的地区和问题。

卡特政府上台后对苏联继续实行缓和政策。20世纪70年代末，为了应对苏联大规模的扩张，卡特政府在国内舆论的压力下对外政策趋向强硬。里根政府时期的美国外交战略表现出强烈的进攻性，制定了“以实力求和平”的对外战略，试图通过“星球大战计划”等军备扩张取得对苏联的战略优势；与苏联在第三世界展开针锋相对的争夺；在意识形态领域强化对共产主义的攻击；禁止对苏联出口高技术产品，拒不给予苏联最惠国待遇。

1989 年老布什上台时，美国在军事上更加强大，与苏联关系也在戈尔巴乔夫上台后取得了突破性进展。与此同时，苏联和东欧社会主义国家正处在艰难的改革和剧烈的动荡变化中。在这样的背景下，美国提出了“超越遏制”战略，其基本内容是：在不放弃对苏联“遏制”战略的同时，抓住苏联和东欧社会主义国家改革的时机，充分利用美国和西方国家的优势，更多地运用经济、政治、文化、意识形态等非军事手段，促使这些国家的内外政策发生改变，使其融入西方体系。面对冷战时代正迈向后冷战时代，老布什政府提出了“世界新秩序”的战略构想，指出美国和西方国家赢得了冷战的胜利，为新秩序的建立提供了可能性；世界新秩序的目标就是按美国的价值观、意识形态、政治制度、经济模式建立起一个新世界，这个新世界应当尊重美国的领导地位并能维护与扩展美国的全球利益。

3.3.2　冷战后克林顿政府的“参与和扩展”战略

冷战结束后，美国赢得了全球战略优势，强化了美国谋求世界领导权的信心；国际共产主义运动发生曲折，为美国提供了在全世界推行美国价值观、政治和经济模式的历史机遇。但是，冷战时期美国与盟国进行战略合作的基石消失，导致美国与盟国的矛盾突出；克林顿政府（1993—2000）根据冷战后形势的变化对美国外交战略作出重大调整，提出了冷战后美国第一个全球战略——“参与和扩展”战略。这一战略的核心是实现美国对全世界的领导。它建立在三大支柱上，即振兴美国经济、加强美国的军事力量和在全球扩展西方民主，力图从经济、军事和意识形态三个方面实行总体外交，实现美国的领导地位。克林顿政府全球战略的实施主要表现在以下几个方面：

第一，扩大和强化北约与美日军事同盟。冷战结束后，美国在欧亚用于遏制原苏联社会主义的军事同盟——北约和美日军事同盟，不仅没有解体，反而进一步扩大和强化。在欧洲，实行北约东扩，吸收原东欧社会主义国家和原苏联加盟共和国加入北约；1999 年 4 月，北约华盛顿首脑会议提出“北约战略新概念”，使北约的职能发生了变化：由防御型变为进攻型；将北约的作用扩大到集体防卫之外。在东亚，1997 年制定了新“日美防卫合作指针”，它将日美防卫合作的范围由日本本土扩大到了日本周边地区，并确定日美可以联手对付亚太地区的紧急事件。美国扩大和强化北约和日美军事同盟的战略意图是：

加强美国对世界重要战略地区的控制，同时通过扩大和强化北约及美日军事同盟，完成冷战后它同西方盟国关系的最初调整，在调整后进一步维系它们之间的同盟关系。克林顿上台不久，就将中国和俄罗斯列为美国潜在的“全球性竞争对手”，对两个国家制定了既接触又防范的政策，即通过接触促使对方向自由民主国家转变，通过防范防止对方挑战美国，而扩大和强化北约和日美军事同盟也有利于达到这一目的。

第二，推行新干涉主义。早在1993年9月，克林顿就抛出了被称为“克林顿主义”的新干涉主义理论。它明确提出为维护和推进美国的价值观而战，为此，美国竭力把自己的政治、经济模式强加给发展中国家，打着维护人权和人道主义的旗号，肆意干涉主权国家的内政，甚至不惜动用武力。1999年，以美国为首的北约对南联盟的轰炸就是绕过联合国，打着人道主义的旗号进行的。这是对一个主权国家内政赤裸裸的干涉，并为新干涉主义的实施开了极坏的先例。

第三，积极促进经济安全。美国将发展经济提高到了全球战略的高度，积极推行“经济外交”，加强七国集团特别是美、日、德之间的政策协调；利用国际经济组织，推动全球经济自由化；从战略的高度提出占领新兴市场，确保能源安全；把强调“自由贸易”改成了“公平贸易”，为美国公司拓宽海外市场铺路。

3.3.3 “布什主义”的形成和“全球民主战略”

2001年小布什上台时，冷战已结束10年，美国不但保持了“一超”地位，在某些方面还扩大了优势。20世纪90年代超长期的经济繁荣使美国恢复了世界经济中的火车头地位；海湾战争和科索沃战争强化了美国在世界军事上的绝对优势，并使它在国际地缘政治上占据了更加有利的位置。这些都进一步强化了美国的领导欲望。小布什一上台，便推行强硬的、单边主义色彩浓厚的外交政策，如驱逐俄罗斯外交官，接见“车臣外长”；宣称中美之间是“战略竞争关系”，处理中美“撞机事件”时粗暴无理，在台湾问题上甚至提出要“武力保台”；大规模空袭伊拉克；中止与朝鲜的缓和进程；等等。

“9·11”事件使美国本土遭到了自珍珠港事件以来最沉重的打击。之后，小布什政府借口保护本土的“绝对安全”，在国际上进行新一轮扩张。2002年《美国国家安全战略》的出笼标志着“布什主义”的形成，其特征是先发制人、单边主义、预防性战争、运用武力进行政权的变更等。“布什主义”的主要内容是：

（1）以美国的军事、经济、政治实力为基础，保持并强化美国的超级大国地位，建立一个美国领导的单极世界。小布什政府宣称，美国拥有无可比拟的军事力量和举足轻重的经济和政治影响，能够挫败敌人把其意志强加于美国及其盟友、友邦的任何企图，可以迫使潜在的敌人放弃扩充军备，不再妄想拥有超过美国或与美国并驾齐驱的实力。

（2）大搞单边主义，在国际上谋求自身利益。美国退出世界各国花了 10 年的时间于 1997 年达成的旨在减少二氧化碳的排放量的《京都议定书》；单方面撕毁 1972 年同原苏联达成的《反弹道导弹条约》，建立美国国家导弹防御系统。

（3）在核武器问题上持强硬的立场。2002 年出台的《核态势审查报告》明确将中国、俄罗斯、朝鲜等国家列为潜在的核打击对象，不再承诺不对无核国家首先使用核武器，致力于核武器的小型化、精确化，降低使用核武器的门槛，以便在必要时使用核武器等。

（4）提出“先发制人”的国家安全战略。冷战结束至“9・11”事件之前，美国一直将最大的威胁来源锁定于正在崛起的潜在大国，如俄罗斯和中国，其战略以“防范”为主，防止像苏联那样能挑战美国全球地位的世界大国出现。“9・11”事件打破了美国安全坚不可摧的神话，也改变了美国的安全观念，进而带来了其安全战略的大幅调整。这一调整可以概括为：以强大的实力为基础、以反恐为核心、以本土安全为重点、灵活运用包括威慑、遏制、先发制人在内的各种手段，达到并强化其绝对安全和绝对霸权。

所谓“先发制人”，就是美国不能坐等威胁增大，最后使美国遭到攻击，为此发动军事打击可以不需要遵守国际法和国际规则，也不需要来自国际社会的支持，美国可以单独采取行动，对自己认定的对手和威胁源随时实施打击。“先发制人”战略的提出，是小布什安全战略的调整中最关键的一点，表明美国已改写了冷战时期形成的“遏制”和“威慑”战略。当然，不是简单地抛弃以往的战略，而是将根据美国对威胁的判断和安全需要，针对不同的威胁来源和表现，灵活地采取包括“遏制”、“威慑”和“先发制人”在内的多样化的手段。比如对伊拉克主要用“先发制人”战略，而对伊朗和朝鲜则主要用“遏制＋威慑”战略。在实践中，美国绕过联合国，对伊拉克实施先发制人的武力打击，虽然有利于美国控制中东，但却使美国深陷伊战的困局。战争遭到包括法国和德国在内的许多国家的反对，法、德持反战立场被认为是二战后大西洋两岸出现的最深刻的裂痕。随着美国开战的理由，即伊拉克拥有大规模杀伤性武器并与基地组织有染之事遭到质疑，以及美国“虐囚”事件的发生，与美国强大军事力量形成鲜明对比的是美国的道义力量不升反降，中东地区的反美情绪更加严重，战后的伊拉克陷入长期的混乱，致使美军迟迟不能全身而退。

小布什在第二任期提出“全球民主战略”，即通过进攻性的外交、军事、经济等手段，向全球推广“民主”、“自由”，以此来保卫、促进美国的利益。这被称为“新布什主义”。输出美国的价值观和意识形态，并不是小布什外交战略所独有的内容，但“9·11”事件使美国政府更加强调其必要性。小布什政府认为，“9·11”事件给美国的一个教训，就是虽然贫穷不会直接导致恐怖主义，但贫穷和制度腐败却很容易被恐怖主义利用，而“自由贸易和自由市场有能力使整个社会摆脱贫困”。所以美国应当承担领导重任，致力于建设一个经济日益繁荣的世界。同时，美国应当承担“伟大使命”，放开眼界寻找扩大自由的可能性。

小布什第二任期在全球推广民主，不仅是美国价值观和意识形态使然，还具有重要的实用价值。如，可在伊拉克以推行民主为理由，推翻萨达姆独裁统治，为美国对伊开战进行辩护。美国先通过军事征服伊拉克，颠覆其政权，尔后扶植亲美的人士上台执政，建立符合美国价值观的政治经济制度，从而把伊拉克作为“推翻独裁政权，建立民主政权”的样板，在整个中东地区推行“大中东民主化”，向伊斯兰地区进一步推行美国模式。与此同时，美国向中亚地区发起“颜色革命”，扶植反对政府的“民主派”，用美元收买方式进行舆论宣传和“街头革命”，以推翻原政权，建立符合美国标准的所谓民主政权。美国还把推行美国式民主和价值观作为彻底铲除国际恐怖主义根源的最终保证，作为建立美国主导下的世界秩序的基础。

3.3.4 奥巴马全球战略的调整——重返亚洲

第二次世界大战后，美国在亚洲从未缺席过，而 2009 年奥巴马政府上台执政后又提出重返亚洲战略，奥巴马第二任期改为亚太再平衡战略。分析其一系列外交行动，所谓重返亚洲战略的提出并非一时心血来潮，而是美国全球战略的一次阶段性调整，是国际形势变化下其国内政治、经济需求及多方面因素使然。美国提出重返亚洲战略的主要原因有：

一是防范中国崛起对美国形成挑战，确保美国在亚洲的主导地位。美国全球反恐的这些年其战略重心在中东，与此同时亚洲发生了重大的变化：亚洲内部建立了中、日、韩和东盟的“3＋10”合作机制、中国和东盟“1＋10”的合作机制，“3＋10”和“1＋10”的深入合作，使这一地区成为全球经济发展的重要动力；在中、俄的主导下成立了没有美国参加的“上海合作组织”，该组织合作发展势头良好；2010 年中国超过日本成为世界第二大经济体，美国在东亚的军事同盟国——日本和韩国在经济上更加依赖于中国；随着中国的发展和强大，中国必然要发展海上力量，谋求自己的海权；等等。美国所谓重返亚洲，主要是应对亚洲形势的巨大变化，特别是中国的快速发展。如果说克林顿政府将中、俄列为美国潜在的全球性竞争对手的话，那么奥巴马政府越来越把中国看作是美国全球霸权地位的现实挑战者。2012 年 1 月美国国防部发表《国防战略评估文件》，指出中国崛起将“以各种方式影响美国的经济与安全”。面对亚洲的变化，美国重返亚洲的主要目标就是要确保其在亚洲的主导地位。正如时任美国国务卿希拉里 2011 年 11 月在美国夏威夷 APEC 峰会讲话时明确表示的，美国在亚太地区不是介入（engage），而是领导（lead）。

二是世界地缘经济因素使然。自二战结束以来，亚洲经济的发展态势是持续不断地崛起，先是日本创造了世界经济发展的奇迹，后是“亚洲四小龙”的崛起，再后是东盟国家和中国的崛起，接下来是印度的追赶和崛起。目前，中国是世界第二大经济体和世界最大的债权国，日本是世界第三大经济体。“金砖国家”（巴西、俄国、印度、中国和南非）中间，其他几个国家的 GDP 总量目前还不及中国一个国家。当前，欧美经济对世界经济依然重要，但因其面临着长期的结构调整，亚太地区日渐成为世界经济的中心。美国在经历了金融危机、国家债务危机之后，要恢复经济的发展，非借助亚洲经济增长不可。

三是美国财政困难必须调整其全球力量部署。2009 财年美国财政赤字创历史新高，达到 1.41 万亿美元，此后每年联邦财政赤字均超过万亿美元，2011 财年的赤字近 1.3 万亿美元。美国联邦的债务已超 15 万亿美元，削减财政赤字是美国政府必须面对的课题。所以美国在反恐任务已告一段落的情况下，实行全球战线收缩，集中优势力量部署亚太。这也是不得已而为之。

美国重返亚洲战略的实施特点是：

第一，军事上注重发挥军事实力的作用。（1）频繁进行军演。2010 年以来，美国利用“天安号”军舰被炸沉、钓鱼岛纷争、延坪岛炮击以及南中国海主权争端等进行了一系列的军演，并把核动力航母开到了黄海。（2）增加在亚洲的军事存在。美国部署在太平洋地区的航空母舰战斗群已经由5个增加为6个，而与此同时美国在全球服役的航母已经由12艘减为11艘。美国派驻新加坡的第一艘LCS-2“独立”号濒海战斗舰在2013年4月抵岸，接下来还可能在新加坡部署3艘这类新型舰艇。此外，2011年11月奥巴马访问澳大利亚时宣布，美国2012年将在澳大利亚西北的达尔文港部署250名海军陆战队员，最终人数将达到2 500人。（3）美国通过在中日钓鱼岛争端中对日本的偏袒，使争端不断升温，借机加强美日军事同盟，将其作为美国重返亚洲的战略支点。为此，美日、美日韩频繁进行军演。2013年1月，美国总统奥巴马签署了新一个财政年度的《国防授权法》，这份法案第一次加入了“钓鱼岛防卫适用于日美安保条约第五条”的内容。2013年10月美日两国外长、防长“2＋2”会谈签订协议。根据该协议，美国首先在亚洲部署最新锐的军备，2013年12月美方开始在驻冲绳嘉手纳基地部署P8反潜侦察机，2014年春向日本派驻“全球鹰”无人侦察机并在京都府部署第二部X波段雷达，2014年底前将制定新版《日美防卫合作指针》。（4）重新进行西太平洋军事部署。以2011年年底美国总统奥巴马和国务卿希拉里亚太之行为标志，美国强势构建亚太军事格局之举开始启动：一是西太平洋地区的兵力部署重点将从北向南调整，以关岛和澳大利亚作为重点部署地区；二是保持第一岛链中冲绳战略地位的同时，加大对第二岛链中关岛和澳大利亚两“战略岛”的建设；三是充分发挥澳大利亚的地理优势，使其起到既瞰制西太平洋地区又能控制北印度洋地区的战略作用；四是由原来重视第一岛链建设改为重视第二岛链建设，兵力部署呈现由“接触”发挥“压”的作用转为具有“弹性”反应之能力；关岛将成为西太平洋的战略中枢。①（5）将军事重心转向亚太。奥巴马在2012年1月公布了《维持美国的全球领导地位：21世纪国防的优先任务》的新军事战略报告，新战略暗示美国将缩减陆军规模，并减少在欧洲的军事存在，转而加强在亚太地区的军事存在，以维护亚太的“安全与繁荣”。

第二，政治上强化同亚洲盟友的关系。美国进一步强化同韩国、日本和澳大利亚等传统盟友的关系，使其合作的内容更加广泛。在南海问题上，2010年7月，希拉里在河内举行的东盟论坛外交部长的会议上首次抛出南海岛屿领土争议“事关美国国家利益”的话题，高调介入亚洲事务；美国和越南、菲律宾等与中国有主权争议的国家合作，试图利用亚洲存在的海岛争端，通过激化有关双方矛盾谋取主导地位；

① 参见韩旭东：《美国构建亚太军事格局的用心》，载《瞭望新闻周刊》，2011-11-28。

美国积极参与亚洲多边会议和论坛，不断提出南海问题和插手南海争端。2011 年 11 月，奥巴马抵达印度尼西亚巴厘岛参加侧重讨论安全问题的东亚峰会，成为参加东亚峰会的第一位美国总统。奥巴马政府还同东盟建立了美国—东盟对话机制。

第三，经济上力推跨太平洋战略经济伙伴关系协定。美国强调 TPP 主要是 APEC 满足不了美国推动贸易和投资自由化的战略需求，其目的在于借助 TPP，主导地区贸易规则，削弱中国的区域影响力，赢得对中国的战略主动。由于小布什时期美国忙于全球反恐，致使美国在参与和介入东亚区域内的经济合作方面落后于中国，特别是中国与东盟自由贸易区的建设，对美国产生了巨大的刺激。有学者指出，鉴于中美关系及中国融入全球和东亚经济的深度，TPP 不会长期地刻意排斥中国，但是，由于美国的强势地位，根据 TPP 的规则，未来一旦中国申请加入，美国将握有迫使中国作出大量让步的筹码。2012 年 2 月，美国总统奥巴马签署行政命令，正式成立负责调查别国不公平贸易做法的贸易执法中心，这被认为主要是指向中国。

漫画乾坤：架空 APEC（本图来自华声在线/作者焦海洋）

美国实施重返亚洲战略具有深远的影响。从美国重返亚洲战略的实施来看，表面上运用的是军事、政治和经济的“组合拳”，实际上这三者之间极为不平衡，其中只有美国的军事力量最为强大，这表明了美国主导亚洲的政治、经济资源在减少。目前美国通过频繁的军演、加强军事同盟、扩大驻军等显示其军事实力的手法，仍然是组织军事集团、加强军备竞赛的冷战思维在作祟。它已经引起了区域内局势的紧张，使原有的争端更加突出，矛盾更加激化，并推动了区域内军备战的展开，不利于亚洲的和平与发展。就中国周边国家而言，中国经济崛起推动了亚洲经济轴心发生转移。在美国忙于全球反恐的这些年中，中国与亚洲国家贸易总额已经超过美国。在金融危机的阴影下，亚洲国家受惠于中国经济的发展，以后经济快速增长也要寄希望于中国。此次美国重返亚洲，原来与中国存在着争端的一些国家，希望借助美国获取更大的利益，但它们不可能完全中断与中国的经济合作，在政治上完全转向美国。

美国重返亚洲尽管矛头指向中国，但美国要主导亚洲也离不开同中国的合作。中美之间有着密切的关系，建立了各种对话机制，特别是经济上相互依赖。这决定了在美国重返亚洲的背景下，中美之间的合作不会停止。2011年5月，中美之间第三轮战略和经济对话达成若干共识，其中一项就是同意就亚太安全事务进行双边对话。这是具有深远意义的共识，表明美国既要确保传统盟友的支持，又要获得与中国的合作，这样才能确保自己在亚太地区的利益，并且使这些利益最大化。

美国重返亚洲还受到中东、北非局势发展的牵制。阿富汗和伊拉克战争结束后至今，美国仍需在阿富汗、巴基斯坦和伊拉克执行安全任务。而从2011年初开始的中东、北非的持续动荡，则给美国增添了“新任务”：一方面，亲美的本·阿里、穆巴拉克、萨利赫政权倒台，美国需要务实地与新政权打交道，为此，希拉里2012年2月28日在出席参议院2013财年外交预算听证会上提出国务院拟成立一项7.7亿美元的中东、北非激励基金，向一些阿拉伯国家提供援助；另一方面，美国希望利用乱局使反美的利比亚、叙利亚、伊朗改朝换代。美国虽然借助法国、英国和北约，通过武装利比亚反政府武装推翻了卡扎菲政权，但仍面临着叙利亚局势的持续动荡、伊朗核问题以及以色列扬言攻打伊朗等问题。这使美国在2013财年外交关系预算中，不得不为中东、北非地区继续拨款，也分散了美国重返亚洲的精力。

总之，冷战结束后，美国政府的对外战略有了重大调整。但无论如何调整都体现了战后美国外交战略的一贯特点，这就是都追求和强调美国对世界的领导地位，维护美国的霸权；都具有强烈的扩张主义意识，表现出强烈的保持超级大国地位的愿望。

阅读书目

1. 陈宝森. 当代美国经济. 北京：社会科学文献出版社，2001
2. 刘杰. 当代美国政治. 北京：社会科学文献出版社，2001

3. 赵学功. 当代美国外交. 北京：社会科学文献出版社，2001
4. 王缉思. 霸权梦：美国的全球战略. 福州：鹭江出版社，2000
5. 楚树龙主编. 跨世纪的美国. 北京：时事出版社，1997
6. 张世鹏编译. 全球化与美国霸权. 北京：北京大学出版社，2004

分析与思考

1. 试分析 2008 年美国金融危机产生的原因。
2. 冷战结束后美国外交战略调整的主要因素是什么？
3. 如何分析美国重返亚洲战略的实施。

第4章

联合与动荡中的欧洲

要论提示

● 欧洲联合进程曲折而复杂，关税同盟和共同农业政策为欧共体一体化奠定了基础。

● 欧元的运行及共同外交与安全政策的启动，标志着欧洲联合发展到一个新阶段。

● 欧洲联合的进展及其不可逆转性使欧洲成为国际政治经济中一支独特的重要力量。

关键词

欧共体　欧洲联盟　一体化　欧盟东扩

第二次世界大战后，欧洲联合的思潮再度兴盛并付诸实践。经过半个多世纪的不懈努力，欧洲一体化由小到大，由弱变强，不断深化与扩展。共同体机构的建立与发展，一体化政策的确立与实施，经济与货币联盟的建构与运行，新成员国的培育与吸收，欧洲一体化既有过高歌猛进的顺利时期，也经历了危机迭起的困难与波折。从2005年《欧盟宪法条约》的否决，到2009年以来不断加剧的欧元区主权债务危机，欧洲一体化正经历着史无前例的重大挑战。显然，欧盟的内向性统合与对外作为将因此而受到不同程度的影响，但作为全球最大的经济体、最大的贸易集团以及在内部市场、竞争政策、对外贸易、金融货币等方面高度一体化的区域性权力体，欧盟并不会因危机而成为国际舞台上无足轻重的力量。

4.1 欧盟的经济一体化

实现法德和解的政治目的是欧洲一体化发生的直接动因，但经济统合的先导性无疑是一体化最为显著的特点之一。从 1951 年《巴黎条约》（又称《 欧洲煤钢共同体条约》）的签订，到 2002 年欧元取代多数成员国的货币最终进入流通领域，欧共体/欧盟先后建立了关税同盟、共同农业政策、统一大市场及经济与货币联盟，从而使欧洲一体化得以逐步深化与发展。

4.1.1 从关税同盟到统一大市场

1950 年 5 月 9 日，法国在面临德国重新武装的巨大压力下被迫推出“舒曼计划”。经过近一年的谈判，法国、联邦德国、意大利、比利时、荷兰、卢森堡六国于 1951 年 4 月在巴黎签订了《欧洲煤钢共同体条约》。煤钢共同体的建立及 20 世纪 50 年代前期西欧经济的迅速发展，为一体化的深化创造了条件，六国因此于 1955 年 6 月召开了决定建立欧洲原子能共同体和欧洲经济共同体的墨西拿会议。随着 1958 年 1 月 1 日《罗马条约》的生效，欧洲经济一体化步入了实质性的阶段。

建立关税同盟是《罗马条约》的主要内容之一。依据条约的规定，关税同盟应从 1958 年 1 月 1 日起，经过 12 年的过渡期，分三个阶段于 1970 年 1 月 1 日最终建成。为了尽快提高成员国对美国及其他国家商品的竞争能力，共同体在《罗马条约》实施一年多以后决定加快削减内部关税的步伐，结果于 1968 年 7 月比条约规定的期限提前一年半完成了内部关税的削减。1973 年英国、丹麦、爱尔兰加入欧共体后，从当年的 4 月开始分期削减三国之间及三国与六国间的关税，并于 1977 年 7 月 1 日建成九国关税同盟。随着欧共体成员国的不断增加，关税同盟也得到相应的扩大。

建立关税同盟一是要消除成员国间的内部关税，二是要确定共同体统一的对外关税。由于各国劳动生产率水平不同，所实行的保护性对外关税因此存在巨大差异。经过多轮谈判，共同体最终被划分为四个关税区，确定了统一对外税率，成员国应在第三阶段终止时将其对外关税调整到共同体统一税率的水平。随着成员国内部关税削减进程的加快，对外关税的调整幅度也得到相应的增加，并于 1967 年 7 月 1

日完成了最后10%升降幅度的调整。共同体的具体对外关税因对象国的不同而依次分为特惠税率、协定税率、普遍优惠税率、最惠国税率及普通税率五个类别。其中特惠税率最低，主要适用于成员国所属的海外领地、附属国及共同体的联系国；普通税率最高，主要适用于对共同体经济构成冲击与威胁的商品。

关税同盟对欧共体/欧盟的经济发展发挥了以下几方面的推动作用：

第一，促进了对外贸易的发展。关税同盟的建立扩大了成员国的出口市场，促进了区域内贸易的发展。依据经济学的有关理论，关税同盟主要通过贸易创立与贸易转向促进区域内的贸易发展。关税同盟内部实现自由贸易之后，一国内成本高的产品被成员国成本低的产品所代替，进口的增加使新的贸易得以“创立”。贸易转向是指关税同盟对外实行贸易保护后，一国从第三国进口的产品被成员国产品替代所导致的贸易变化。

第二，促进了国际分工与生产的专业化。关税同盟内自由贸易的实现导致竞争激化，并迫使各国充分利用最有利的资源、劳动力及科技手段进行专业化生产。这一方面有利于规模经济的形成及竞争力的提高，另一方面又从根本上促进了成员国间相互依存度的深化与提高。

第三，有利于产业结构的调整。关税同盟可以保护成员国的新兴产业免受来自关税同盟以外的竞争，为共同体成员国实施产业结构调整与升级创造了有利的条件。

关税同盟实质上是无法实现全球自由贸易而在区域或次区域层面作出的一种次优选择。但关税壁垒消除以后，共同体内又逐步出现了形形色色的非关税壁垒，这从根本上阻碍了共同体的经济发展。为了消除关税同盟所存在的弊端，同时也出于联合抗衡来自美、日等国的竞争压力，共同体成员国于1986年2月签订了《单一欧洲法令》，将1992年建成一个没有内部边界的统一大市场确立为共同体一项新的发展目标。

早在1985年6月，欧共体委员会就公布了建立内部市场白皮书，就建立统一大市场提出了282项具体的法规与措施。白皮书建议欧共体应采取措施消除以下三类阻碍自由流通的障碍：其一是消除边界阻塞、海关控制、烦琐的手续等有形障碍；其二是消除包括互不统一的产品标准、管理规则、商业法律等技术障碍；其三是消除成员国间因不同的增值税、消费税制度所导致的财政障碍。随着1987年7月《单一欧洲法令》的生效，建立统一大市场的计划付诸实施。1992年底共同体委员会宣布，建立统一大市场的282项措施已有95%被采纳，

1993 年 1 月 1 日统一大市场如期建成。随着 2004 年和 2007 年欧盟两轮东扩的完成，统一大市场也随之进一步向东扩大。

4.1.2　共同农业政策的缘起与变革

欧盟迄今为止的共同农业政策实际形成于 20 世纪 60 年代，期间历经多次变革与调整，其原有的部分基本规则已经发生改变，但多数政策却一直沿用至今。依据《罗马条约》的规定，共同农业政策的目标包括：(1) 促进农业生产的技术进步；(2) 提高农业人口的收入水平；(3) 稳定市场；(4) 保障供应；(5) 保证消费者以合理的价格获得农产品。随着《罗马条约》的实施，绝大多数农产品实现了统一定价，到 1968 年 7 月 1 日，成员国间多数农产品的贸易限制被取消，欧共体因此提前 18 个月建成了农产品共同市场。

欧共体 20 世纪六七十年代所确立的共同农业政策主要有三方面的内容：第一，建立具有统一价格的单一市场。欧盟的农产品共同市场是一个受价格管理制度主导的有限的自由市场，其政策内容包括共同价格的制定及围绕共同价格进行的市场管理，主要有目标价格、干预价格和门槛价格三种类别，其核心作用是保护消费者与生产者的利益、稳定农产品市场、限制第三国农产品的竞争等。第二，实行共同体优先原则。共同体优先原则主要通过对第三国农产品征收关税及其他税款等途径予以落实，具体措施因产品类别的不同而不同，其核心目的是保护共同体农业免受第三国农产品的冲击。第三，实行共同财政政策。欧共体早在 1962 年就建立了"欧洲农业指导和保障基金"，主要分为保障和指导两个部分，前者用于市场干预和价格管理等，后者主要发挥调整产业结构及提高劳动生产率等政策指导作用。

经过十多年的努力，共同农业政策取得了显著的成效。然而，随着欧共体农业经济的飞速发展，共同农业政策却逐步体现出当初难以想象的弊端。首先，欧共体农业在进入 20 世纪 80 年代后陷入了普遍、大量、长期的农产品过剩困境。其次，农业预算长期居高不下，生产的产品却因远远超出市场需求而造成巨额的浪费。再次，长期的高关税保护使欧共体的农业竞争力日益下降。

上述弊端与困境促使欧共体逐步调整其 20 世纪六七十年代所形成的农业政策，其中 90 年代初期以来的改革影响较大，主要目的有缓解过剩压力、减少农业支出以及提高国际竞争力等。1992 年，欧共体决定减少对农产品价格保护的支持力度，并通过直接补偿及限制产量等途径解决农产品过剩问题。1999 年 3 月柏林首脑会议进一步对共同农业政策的巨额支出作了上限限制，规定从 2000—2006 年欧盟每年的农业支出应被冻结在 405 亿欧元的水平。2003 年欧盟推出新的农业改革计划，基本改变了产量越多补贴越多的固有政策体系，并将环保、食品安全、动物饲养条件等视为发放农业补贴应重点考虑的因素。

随着欧盟东扩的实现，共同农业政策步入了新的改革进程。其一，进一步加大了对乡村发展的支持力度。12 个新成员国的加入使欧盟的农业人口由原来的 600 万剧增至 1 300 万，农业用地由原来的 1.3 亿公顷增加到 1.85 亿公顷，但多数产品的产量仅增加了 10%～20%，并且多数新成员国的乡村发展、环境保护及农业人口的生活状况远不及老成员国。欧盟因此于 2006 年推出乡村发展战略指导规划，在农民职业培训、农业设施更新、乡村旅游、环境保护等方面提供政策及资金支持。其二，进一步优化共同农业政策的预算机制与分配体系。2006 年以来，欧盟进一步将共同农业政策的财政分配体系划分为“欧洲农业保障基金”（European Agricultural Guarantee Fund）和“欧洲乡村发展基金”（European Agricultural Fund for Rural Development）两个部分。目前，欧盟农业补贴及价格干预等直接支出约占总预算的 31%，乡村发展约占 11%。依据欧盟委员会最新的立法提案，减少农业支出、提高国际竞争力、保障食品安全、促进乡村发展以及环境保护等仍将是未来改革的重点。

4.1.3 货币一体化的实现与欧元区主权债务危机

欧盟金融与货币领域的一体化起始于 20 世纪 60 年代末国际金融市场的剧烈震荡。1969 年欧共体召开海牙首脑会议，将建立欧洲经济与货币联盟确立为一体化发展的主要目标之一，并于 1970 年 10 月公布了分阶段建立经济与货币联盟的“维尔纳报告”。然而，随后发生的国际货币危机与石油危机阻断了欧共体筹建货币联盟的努力，直到 20 世纪 70 年代末共同体的货币合作才取得了初步的成效。1979 年，欧共体创设了欧洲货币单位——埃居以取代原有的欧洲记账单位，建立了欧洲汇率机制，设立了欧洲货币基金，欧洲货币体系因此得以诞生。其运行大致可分为两个时期，即 1979—1989 年的第一阶段与 1990—1999 年的第二阶段。随着统一大市场建设进程的不断加快，共同体用欧洲统一货币“欧元”取代欧洲货币体系已成为必然。

欧元的生成大致经历了以下三个基本阶段：

（1）酝酿阶段（1990 年 7 月—1993 年 11 月）。1988 年欧共体汉诺威首脑会议正式提出了实施统一货币的计划，1989 年 4 月，欧委会前主席德洛尔领导的“经济与货币联盟委员会”提出了《关于欧共体经济货币联盟的报告》（又称“德洛尔报告”），同年 6 月的马德里首脑会议批准了该报告。“德洛尔报告”提出了实现单一货币的三步走发展计划：第一步是在加强共同体成员国政策协调的基础上，将各国货币纳入欧洲货币体系的汇率机制；第二步是建立欧洲中央银行体系；第三步是以单一货币取代成员国的货币。

“德洛尔报告”是在吸取欧共体 20 世纪七八十年代货币合作的经验与教训并参考了“维尔纳报告”的基础上提出的，其中的多数计划与建议较“维尔纳报告”更具可操作性。1990 年 7 月，欧共体开始进入经货联盟建设的第一阶段。1991 年 12 月 10 日，欧共体各成员国政府首脑在荷兰的马斯特里赫特就欧洲联盟条约达成协议——《马斯特里赫特条约》（简称《马约》），这为经货联盟的进一步发展奠定了基础。然而，共同体的货币一体化建设仍将面临挫折。《马约》因丹麦及德国的阻滞直到 1993 年底才得以生效。与此同时，欧洲爆发严重的货币危机，英国和意大利被迫退出汇率机制。上述挫折虽然使一体化建设一度面临严峻的挑战，但终究未能完全阻断欧盟经货联盟的建设进程。到 1993 年底，第一阶段的任务基本得以完成。

（2）实质性行动阶段（1994 年 1 月—1998 年 12 月）。依据《马约》的规定，第二阶段应从 1994 年 1 月开始到 1996 年 12 月底结束。由于绝大多数成员国未能如期达标，欧盟部长理事会于 1995 年 6 月决定将第二阶段延长至 1998 年底。欧盟第二阶段的主要任务包括：第一，为欧元的正式发行做好技术上的准备。第二，成立欧洲货币局。第三，成员国在经济趋同方面必须达到四个标准：一是价格稳定，即通货膨胀率不得超过三个经济运行最平稳国家上年度平均通胀率的 1.5 个百分点；二是财政稳定，即参加国的政府预算赤字不得超过国内生产总值的 3%，公共债务的总额不得超过国内生产总值的 60%；三是汇率稳定，即至少两年内必须维持在欧洲货币体系规定的正常波动幅度以内；四是利率稳定，即参加国的利率波动幅度不得超过三个经济运行最平稳国家平均利率的 2 个百分点。第四，选定首批加入欧元区的国家。15 个成员国中，英国、丹麦、瑞典决定暂不加入，希腊则因经济不达标直到 2001 年才得以加入欧元区。

（3）欧元正式启动阶段（1999 年 1 月—2002 年 7 月）。欧元正式启动可大体分为两个时期。第一个时期为试运行期，即从 1999 年 1 月

1日到2001年12月31日，欧元以支票、信用卡、股票、债券等形式进入流通领域，各国货币在实际交易中仍发挥主要作用。第二个时期从2002年1月1日至7月1日，欧元现金与成员国货币同时在市场上流通。7月1日以后各国货币同时退出流通领域，欧元区12国最终实现了货币一体化。2004年5月欧盟第一轮东扩实现以后，欧元区得以进一步扩大。截止到2011年底，斯洛文尼亚、塞浦路斯、马耳他、斯洛伐克、爱沙尼亚相继加入欧元区，成员国增至17国。

作为国际贸易货币、国际官方储备货币、国际证券投资货币，欧元的问世不仅改变了欧洲的区域货币格局，同时也对国际货币体系的演化与发展产生了巨大的影响。然而，随着2008年美国次贷危机不断向外扩散，欧元区逐步取代美国成为新一轮国际金融危机的重灾区。2009年12月初，国际信用评级机构下调了希腊的信用等级，希腊主权债务危机随之升级，并很快波及爱尔兰、西班牙、葡萄牙、意大利等国。针对危机，欧盟委员会和欧洲中央银行协同国际货币基金组织出台了一系列措施，旨在打击金融投机，恢复市场信心。2010年5月，欧盟和国际货币基金组织达成7 500亿欧元的庞大救助方案。欧元区国家提供3年期的4 400亿欧元贷款担保，由新成立的“欧洲金融稳定机构”（EFSF）负责实施，国际货币基金组织同时提供2 500亿欧元贷款。但是，上述计划以及后续的救助措施并没有从根本上扭转局面。不仅“欧猪五国”（PIIGS）陷入了岌岌可危的境地，甚至整个欧元区都遭到了国际评级机构的降级警示。

国内学术界认为，导致危机的主要原因是欧元区内在的多重不对称性，经济增长与债务水平及融资成本的反向发展，财政与货币政策的分离性，经济结构失衡，高额的福利负担，沉重的债务包袱，庞大的财政赤字等。但欧盟能够走出危机，最终的解决方案是欧元区财政收支的一体化，即实现欧洲经济的联邦化。从欧盟所采取的应对措施来看，经济的联邦化显然还有很长的路要走，但加强对成员国的财政约束及金融监管，无疑是克服危机与保障经货联盟未来发展的基础，欧盟因此步入了缔结财政联盟条约的进程。

4.2 欧盟的政治一体化

经济一体化的深化与发展必然要延伸到政治领域，战后以来的欧洲一体化正是顺沿着这一逻辑逐步向前发展的。然而，政治一体化必然要涉及国家主权所涵盖的核心内容，许多成员国对这些领域权力的出让存在明显的顾虑。这一方面导致了政治一体化滞后于经济一体化的发展进程，另一方面也使欧盟的制度体系体现出联邦与邦联交合的独有特点。

4.2.1　共同外交与安全领域的合作

欧盟政治领域的合作始于 20 世纪 50 年代初。1950 年 10 月法国推出建立“欧洲军”的“普利文计划”，1952 年 5 月煤钢共同体六国据此签订了《欧洲防务共同体条约》，并决定成立“欧洲政治共同体”。1954 年 8 月法国议会否决了《防务共同体条约》，欧洲的军事与政治一体化努力暂归失败。1969 年 12 月，共同体六国海牙首脑会议成立了由比利时人艾提尼·戴维恩任主席的委员会，并制定了一份详尽的报告，即“戴维恩计划”。计划提议建立成员国外长定期会晤机制以及设立一个由成员国高级外交官组成的委员会。1970 年 10 月 27 日，“戴维恩计划”获得成员国政府的批准并付诸实施，欧洲政治合作机制随之形成。1971 年 5 月，六国就中东问题发表了第一项联合声明，向世界展示了欧共体的团结与力量。

20 世纪 70 年代的外交合作是在共同体框架外进行的，外长会议并未被纳入共同体的正式机构之列，而且也不依照共同体的一般规则运行。随着国际局势的不断变化，欧洲政治合作机制逐步暴露出反应迟缓、缺乏实际行动能力等弱点。1987 年生效的《单一欧洲法令》引入了新的变革：首先，政治合作得到了共同体法律的正式认可；其次，将共同体权力机构引入了政治合作的具体活动之中，《单一欧洲法令》规定共同体委员会要参加政治合作的有关会议，并要求政治合作机制应与欧洲议会保持密切的联系；最后，设立了秘书处。上述发展使欧洲的外交合作具备了基本的法律依托和制度框架，但政治合作机制本质上仍属于游离于共同体框架外围的政府间安排，并且谈判及全体一致通过仍是决策的主导方式。

《马约》生效后欧盟对外政策领域的合作有了新的发展。第一，将安全与防务问题纳入了协调与合作的领域，原有的政治合作因此演变为共同外交与安全政策。第二，将共同外交与安全政策纳入了一体化的正式框架，并使其成为欧洲联盟的一大支柱，费用纳入欧盟的总预算。第三，赋予共同外交与安全政策以实质性的实施保障：一是采取共同立场，即在一些重大事件以及在国际组织或国际会议中确定欧盟的共同立场；二是实施联合行动，即成员国在有共同利益的领域采取一致行动。

上述变革在很大程度上推动了欧盟外交合作的深化，但决策依然要通过全体一致同意的政府间合作方式形成。1997年生效的《阿姆斯特丹条约》赋予了共同外交与安全政策新的权限与职能，主要有以下几点：共同外交与安全政策的界定与贯彻应由欧盟负责；将20世纪50年代建立的西欧联盟纳入欧盟体系，负责执行人道主义救援、维和、危机处理等任务；在部长理事会秘书处建立一个“政策计划与预警小组”；少数成员国弃权不应妨碍理事会以全体一致通过而实施的决策等。1999年6月德国科隆首脑会议后“防务欧洲”诞生，欧盟建立了由政治和军事人员组成的“政治与安全委员会”以及“军事委员会”、“欧盟参谋部”等机构，并建立一支6万人的快速反应部队，由索拉纳出任欧盟首任“共同外交和安全先生”。上述发展使欧盟的共同外交与安全合作拥有了可依托的机制与实施工具，并具备了一定的实际行动能力，但其政府间合作的属性并未发生根本的变化。

2009年生效的《里斯本条约》对共同外交、安全及防务领域的合作进行了新的改革。依据条约的规定，原第二支柱内的合作完全纳入联盟一体化的制度体系，并设立“对外行动服务局”，目前的欧盟共同外交与安全事务高级代表和欧盟委员会对外关系委员两个职位合二为一，高级代表主持外长理事会会议同时兼任欧盟委员会副主席，负责实施欧盟共同外交和安全防务政策。上述变革进一步强化了欧盟的对外行动效能，但除有特别规定外，有关的决议仍适用一致通过的决策机制，并且欧洲法院在此领域没有管辖权。

4.2.2 司法及内政领域的统合与发展

作为政治一体化的必要组成部分，欧盟司法与内政领域的合作早在冷战时期就有所尝试，但富有成效的行动则开始于《马约》生效之后，并且司法与内政合作成为联盟的第三根支柱。依据《马约》的规定，司法与内政合作应包括移民、避难、禁毒、国际犯罪、恐怖主义、边界管理、海关合作、民事与刑事司法合作等众多领域。欧盟与成员国共享该领域的决策与行动权力，理事会可制定共同立场并采取共同行动，成员国也可采取有利于联盟总体利益的单独行动，其成效主要有以下几个方面：

第一，打击恐怖主义与跨国犯罪。20世纪70年代中期，欧共体成立了一个名为“特莱维小组”（The Trevi Group）的临时性机构，其主要职能是交流反恐、跨国犯罪方面的情报与信息。1995 年 7 月，欧盟成员国代表签署建立欧洲警察局公约。1999 年 7 月 1 日欧洲警察局正式运行，其职能是促进成员国在打击跨国犯罪领域的情报交流，并通过向成员国警察机构提供高水平的技术支持等，强化成员国打击有组织跨国犯罪活动的力度与效率，具体内容包括毒品走私、人口贩卖、核材料的非法买卖、机动车偷盗以及洗钱等犯罪活动。除此之外，欧盟还相继建立了欧洲毒品监控中心、欧洲警官学院、欧洲司法协调局等一系列组织与机构。这些机构一般都具有较强的独立性，主要职能是为欧盟及其成员国的决策与执行机构提供必要的信息、技术支持，并为成员国间的合作提供便利。

第二，协调边界管理政策。1985 年，法国、联邦德国、卢森堡、比利时、荷兰五国在卢森堡小城申根签订了相互逐步开放边界的协定，以协调相互间的签证与移民政策以及有关的法律法规，逐步取消相互间的边界检查，加强对共同边界的管理与控制等。由于种种原因，《申根协定》直到 20 世纪 90 年代初才得以逐步实施。从 1990 年 11 月到 1996 年 12 月意大利、西班牙、葡萄牙、希腊、奥地利、丹麦、芬兰、瑞典加入协定，申根区域随之由 5 国扩大到 13 国，并于 1999 年经《阿姆斯特丹条约》并入了欧盟的合法框架范围之内。随着两轮东扩的实现，捷克、斯洛伐克、爱沙尼亚、拉脱维亚、立陶宛、匈牙利、马耳他、波兰、斯洛文尼亚等于 2007 年底加入了协定。截止到 2011 年底，保加利亚、罗马尼亚及塞浦路斯仍未加入，英国和爱尔兰只在警察与刑事犯罪相关的司法合作等有限的领域参加了《申根协定》。与此同时，《申根协定》也扩及了北欧的部分非成员国，冰岛、挪威以及瑞士和列支敦士登分别于 1999 年和 2008 年正式加入了《申根协定》。《里斯本条约》生效之后，第二支柱框架下的合作完全并入了联盟统一的制度体系，欧洲议会随之获得了与部长理事会同等的立法决策权，并且欧盟法院也获得了相应的司法管辖权。

第三，社会政策的协调与趋同。早在 1961 年欧共体就签署了《社会宪章》，对共同体公民的社会权利进行了完整的界定。《社会宪章》虽然不是一个强制性的约定，但却为共同体以后的社会政策趋同奠定了基础。1986 年欧共体将《社会宪章》中改善工作条件的条款移入了《单一欧洲法令》，1992 年共同体 11 国依据《社会宪章》签订了社会政策议定书，1997 年英国在阿姆斯特丹会议期间最终签署了社会宪章，社会政策议定书因此成为《欧洲联盟条约》具有约束力的正式条款。其具体内容包括：完善有关跨国就业人员社会保障的法律法规，为统一大市场内的人员自由流动提供必要的保护；建立欧盟范围内的劳工“最低标准”；推动成员国在社会保障方面采取共同行动；将就业问题纳入欧盟的常规化决策范围之中，确立并启动欧盟的就业战略；建立共同体层面的劳资对话机制等。

欧盟的司法与内政合作涉及领域非常广泛，内容也十分繁杂。除上述领域外，欧盟还在疾病防控、食品安全、环境保护等方面采取了较有影响的协调与趋同措施，并建立了欧洲流行性疾病防控中心、欧洲环保署、欧洲食品安全局等一系列机构。随着《里斯本条约》的实施，第三支柱与第一支柱合二为一，有关的决议须通过“共同体”决策方式形成，并接受欧盟法院的司法管辖。需要补充的是，内政合作的许多方面如环境、消费者保护、公共卫生以及建立自由、安全和公正的区域等属于共有权领域，联盟和成员国均拥有立法权，而在就业、社会政策等政策协调领域，联盟只拥有提出动议的权力。

4.2.3 欧盟的组织机构与运行机制

欧盟的组织机构是在20世纪50年代建立的煤钢共同体、经济共同体及原子能共同体的基础上发展而来的。1967年7月，三个共同体的机构合并后形成了欧洲共同体统一的部长理事会、共同体委员会及欧洲议会。《马约》生效后，欧洲共同体改为欧洲联盟，其内部结构区分为由三大共同体、共同外交与安全政策、司法与内务合作组成的第一、第二及第三支柱。2009年生效的《里斯本条约》作出了新的调整，联盟的运行机制及组织机构随之进一步健全和完善，其中欧盟委员会、欧盟理事会（部长理事会）、欧洲议会、欧盟法院及欧洲理事会（首脑会议）、欧洲中央银行等具有核心作用。

欧盟委员会 欧盟委员会是联盟的执行机构，拥有立法创议、监督、提出与管理预算、协调内部关系及代表欧盟活动于国际社会等权力。欧盟委员会没有体系完整、深入基层的政策执行系统，有关的法律法规一般都要依靠成员国的机构贯彻执行，委员会主要发挥指导与监督职能。委员会代表由成员国国民选任，一国一名代表，任期为五年。按照《里斯本条约》的规定，欧盟委员会2014年以后实行轮流担任制，将其规模缩小为成员国总数的2/3。但因部分成员国的反对，缩编规划近期将难以实施。委员会主要由以下几个部分组成：第一，委员会主席，由欧洲理事会经特定多数选出候选人，然后经欧洲议会多数成员选举为主席，任期五年，其职责主要有统揽委员会全局的工作、代表联盟参加各种活动、任命和解除委员会成员的职务等。第二，委员会各局。依据不同的政策范围和领域，欧委会下设约 40 个司局级部门，由专职的局长或主任统领，向相应的欧委会委员负责。第三，秘书司，由秘书长领导，雇员约 600 人，负责委员会的日常运营工作。

欧洲议会　欧洲议会早期为欧洲共同体的决策咨询机构，其成员由成员国议会指派，1979 年后由成员国公民按比例直接选举产生，目前已成为与部长理事会权力相当的立法机构，并且是欧盟唯一一个由欧洲公众直接选举产生的权力机构。欧洲议会主要有以下几方面的权力：一是预算权，议会拥有审查、批准联盟预算的权力，有权在一定限度内增加共同体的开支数额并在开支分配上作出一定的调整，有权否决整个预算案；二是监督权，议会拥有对委员会的质询权、弹劾动议权以及任命权；三是立法权，欧洲议会的立法权是随着一体化的深化而逐步扩大的。1993 年生效的《马约》引入了共同决策程序，议会在多种立法决策领域取得了与部长理事会一样的最终审定权。《里斯本条约》生效后，共同决策程序的适用范围囊括了原第三支柱框架下的所有领域，议会的立法决策权也随之得以扩大。欧洲议会议席是根据成员国人口分配的，目前的上限规模为 731 人，成员国最少的议员限额为 6 人，最多的为 96 人，任期为 5 年。欧洲议会的议员并不以国家为基础组成不同的派别，而是依据不同的观点与主张形成不同的议会党团。

欧盟理事会　欧盟理事会由成员国政府的部长组成，是欧盟的两大主要立法机构之一，是成员国在联盟层面最为主要的利益代表，其内在构成主要有以下几个方面：第一，专门理事会。欧盟理事会虽然在理论上是一个整体性的机构，但其内部实际依据不同的政策领域划分为不同的专门理事会，如能源部长理事会、农业部长理事会等。20 世纪 90 年代有 22 个专门理事会，2002 年精简至 9 个，其中最为重要的是总务与对外关系理事会。《里斯本条约》生效后，总务与对外关系理事会分解为总务理事会和外交事务理事会，专门理事会增至 10 个。总务理事会的主要职责是确保各机构工作的一致性，在与欧洲理事会主席及委员会协调的基础上，负责筹备欧洲理事会会议及其后续工作的落实。外交事务理事会由共同外交与安全事务高级代表主持，依照欧洲理事会确立的战略方针开展对外行动。第二，轮值主席国。欧盟理事会的主席由成员国轮流担任，任期半年，一般由轮任国的部长来行使主席的职责。第三，常设代表委员会。常设代表委员会是欧盟理事会的一个常设性下属机构，理事会在会议间隔期内的职责及工作一般由常设代表委员会完成。

欧盟法院　欧盟法院是联盟利益最有权威的保护者，其主要职责是确保成员国、欧盟的有关法律法规及其所签署的国际条约符合基础条约的约定与基本精神，仲裁的范围包括欧盟及成员国的法律是否违背基础条约以及所有涉及共同体机构、成员国、公司与个人的诉讼。法院主要由成员国任命的大法官和总助理组成，大法官任期 6 年并可连任。随着诉讼的急剧增加，共同体又于 1989 年成立了初审法院。初审法院主要由成员国任命的法官组成，其工作程序与判案原则与欧洲法院完全一样，只是初审法院处理的案件不如欧洲法院那样重要，而且初审法院也未设总助理。《里斯本条约》更多地在形式上对法院系统进行了改革。欧盟所有的法院统称为欧盟法院，原欧洲法院（European Court of Justice）改称为法院（Court of Justice），初审法院改为综合法院（General Court）。由于原第三支柱合并到共同体的框架，欧盟法院的管辖权也随之扩及该领域。

欧洲理事会　欧洲理事会又称为欧盟首脑会议，处于欧盟权力结构的顶层。长期以来，欧洲理事会实际是成员国实施谈判、寻求妥协的场所，发挥着类似于欧盟董事会的作用，其核心职能是确定联盟的总体发展战略，把握一体化的政治方向和优先事项等，因此不介入具体的立法决策与政策制定活动。共同体的首脑会议早在 20 世纪 60 年代初就召开过两次，但一直到 1974 年才得以制度化。1987 年《单一欧洲法令》生效后，欧盟首脑会议实现了“合法化”，但直到《里斯本条约》生效后才成为联盟名副其实的正式机构。按照《里斯本条约》第 16 条的规定，欧洲理事会设常任主席一名，由理事会以特定多数选举产生，任期两年半，可连任一次。欧洲理事会由成员国政府首脑、欧洲理事会主席、欧盟委员会主席及外交与安全事务高级代表组成，工作方式为召开会议，每季度召开一次会议，以一致同意方式作出决议。如因情势所需，理事会主席可召集理事会特别会议。

欧洲中央银行　欧洲中央银行是依据《欧洲共同体条约》关于单一货币政策的条款以及《欧洲中央银行章程》于 1998 年 6 月正式建立的，其内部由欧洲中央银行体系（European System of Central Banks，ESCB）和欧元体系（Eurosystem）两部分构成。前者由欧洲中央银行及所有欧盟成员国央行组成，后者为欧洲中央银行与欧元区成员国央行组成的体系。欧洲中央银行的主要职责是制定并实施欧元区的货币政策，掌管欧元区国家的官方外汇储备，进行外汇操作以及保障支付体系的稳定运行等，其宗旨是保障价格稳定、控制货币供应以及确定利率等。欧洲中央银行的决策及管理机构为管理理事会（Governing Council）和执行董事会（Executive Board）。前者由执行董事会的 6 名成员及 17 个欧元区成员国央行行长组成，是欧洲央行的决策机构，每月召开两次会议。后者由欧洲理事会任命的一名主席和副主席以及四个成员组成，是欧洲央行的执行机构，其核心职责是负责央行的日常运营、筹备管理理事会会议、实施管理理事会的决议与政策等。欧洲中央银行的法人地位是由国际公法赋予的，因此它在一定程度上虽然是隶属于联盟的一个专门性执行机构，但同时又保持着相当的独立性。

除上述机构外，欧盟的决策与运行机制中还包括地区委员会、经社委员会、审计法院等一系列组织机构。这些机构在欧盟有效运转的过程中都发挥着不可替代的重要作用。

欧盟是一种独特的新型权力体，既不同于通常意义上的国际组织，也不是联邦制国家，而是介于两者之间的法权实体，其独特性在于发展出了一套既超越于民族国家之上又直接下及个人的社会、政治和经济制度。首先，欧盟的制度结构体现出一定的联邦制特点，所签订的政府间条约一定程度上发挥着联邦制国家宪法的作用，成员国及欧盟的政策与行动在授权领域都要受到基础条约的制约。其次，欧盟一定程度上也体现出立法、执法、司法既相互独立又相互制衡的特点。立法方面，欧盟理事会与欧洲议会相互协调并相互制约，而委员会则拥有立法创议权。执法权虽然归欧委会所有，但欧洲议会却拥有对委员会的任命、监督以及弹劾权。欧洲议会、欧盟理事会、欧委会以及成员国都要接受欧盟法院的司法监督，而且任何个人和组织都可以就欧盟及成员国权力机构的法规与行为向欧盟法院提起诉讼。成员国一定程度上类似于联邦制国家内的地方政府，是联盟法规与政策的实际执行者。然而，上述自上而下纵向制衡以及各权力机构间的平行制衡，并非是欧盟政治制度的全部特征。欧盟一定程度上还体现出邦联制权力重心落于基层、自下而上反向制衡的特点。欧盟本质上是由主权国家基于政府间条约建立的权力实体，成员国仍保持着相当的独立性，仍是完全意义上的国际法主体。成员国虽然将部分权力移交给了联盟，但并未放弃对这部分权力的实际行使权，成员国可以通过欧洲理事会伸张其权力要求，并可以通过欧盟理事会将此转变为联盟的具体政策与法规。

随着《里斯本条约》的实施，欧盟的制度体系发生了进一步的变化。其一，欧盟取代欧共体被赋予了明确的法律人格地位。原《欧洲共同体条约》重新命名为《欧洲联盟运行条约》，并与《欧洲联盟条约》共同构成了联盟的基本法。取消《马约》所确立的欧洲共同体、共同外交与安全、警务与司法合作的三个支柱结构，欧盟与欧共体合而为一，统一使用欧盟的称谓。其二，明确界定了欧盟的权能，具体包括专属权能、共享权能、政策协调权能、支持与补充行动权能四个类别。专属权能领域只有联盟拥有立法权；共享权能领域联盟和成员国均拥有立法权；在政策协调权能领域，联盟可进行政策协调，但不具有立法权；在支持与补充行动权能领域，欧盟可采取支持、协调或补充成员国的行动。除上述四类权能外，欧盟还拥有制定和执行共同外交与安全以及共同防务政策的权能。其三，重新界定了特定多数表决制。欧盟理事会目前决策主要采用特定加权多数表决制，即依据人口等因素赋予成员国不同的表决票权重。依据《里斯本条约》对特定多数表决制的重新界定，一项法案的通过还需要至少55％的理事会成员的支持，即15个成员国的代表，并且他们所代表的成员国的人口至少占联盟总人口的65％。

上述变革进一步强化了联盟的合法性与权威性，但欧盟本质上依然是基于授权原则形成的派生性法权行为体，其立法决策以及共同行动仍不能突破成员国缔结的政府间条约的法律授权。就其生成基础而言，欧盟法的成文法渊源主要包括：其一，准宪法性的政府间条约，这是欧盟法的一级法，主要根源于建立三大共同体的条约以及从《单一欧洲法令》到《里斯本条约》的一系列修改性条约；其二，欧盟立法及执行机构立足于基础条约形成的二级法；其三，成员国间签订的协调性条约，主要包括成员国为调整相互间的法律规范签订的公约、协定等；其四，国际协定，具体包括欧盟理事会单独与第三方签署的“独有协定”以及欧盟与部分或全体成员国为一方同第三方签订的“混合协定”等。欧盟法的非成文法渊源主要有一般法律原则、习惯法以及欧盟法院的司法立法等。

欧盟立足于基础条约、国际协定等形成的一级法，只有经过联盟立法机构依据预定的立法程序，才能够转化为具有可实施性的政策法规。法规的形成一般要经过欧盟委员会动议、欧洲议会与部长理事会议决以及在《欧盟官方通讯》正式颁布等过程，采用的立法程序主要有咨询程序、合作程序、共同决策程序等，形成的派生性法规包括条例、决定、指令、建议或意见等。条例具有普遍的适用性与直接效力，即无须任何转化措施就对联盟内的成员国、自然人、法人以及联盟机构具有全面的约束力。决定具有直接适用性，但只对其特定的适用对象具有全面的约束力。指令不具有普遍适用性与直接效力，只拥有对其适用对象特定目标与最终结果上的约束力，即指令往往需要转化为国内法发挥效力，并且成员国拥有措施与手段方面的自主性。建议或意见不具有约束力，其职能在于表达欧盟权力机构针对特定问题与现象的观点和立场。

随着三大支柱的合一，共同决策程序的应用范围进一步扩大，已占到欧盟决策领域的 95%。在这一程序内，欧盟理事会与欧洲议会共同行使立法决策权，二者均具有最终的否决权，由此形成的条例、决定、指令等单独或复合后形成了欧盟各种系统化的政策体系。除前述的共同农业政策、共同外交与安全等政策外，联盟还建构了贸易、竞争、预算等 30 多个相对完备的政策体系，欧盟正是通过这些政策工具实现了对联盟内的自然人、普通法人以及成员国的规制。

4.3　欧盟的扩大与国际影响力

欧盟作为国际体系中几乎涉及所有领域的一个重要行为体，深化与扩大始终是其历史使命不可或缺的组成部分。随着《里斯本条约》的实施，欧盟必然会进一步贴近民众，欧洲区域内的政治与经济力量因此将得到进一步的整合。欧盟体制结构的不断变革，也使得政治一体化的滞后性得到了一定的改善，其在国际社会的地位与影响力因此得以进一步提高，并成为左右世界经济与政治发展进程的核心力量之一。

4.3.1　欧盟 20 世纪的扩大

1958 年《罗马条约》实施以后，欧共体内部贸易大增，六国经济蓬勃发展。在经济因素的吸引下，其他西北欧国家逐步转变对共同市场的态度并希望加入欧共体。但是，法国国内政局的变化一定程度上延缓了共同体的扩大进程。戴高乐重返法国政坛以后，法国的立场出现了明显的变化。在此背景下，英国于 1963 年和 1967 年两次申请加入欧共体，但都遭到戴高乐总统的否决。1969 年欧共体海牙首脑会议带来了转机，继任戴高乐的蓬皮杜支持欧共体的扩大政策，丹麦、爱尔兰和英国历经十年的周折后最终于 1973 年加入了欧共体。

欧共体北扩的实现引发了南欧国家的加盟热情。1974年，希腊结束军人独裁统治，其新领袖迅速开始发展同欧共体的关系，并于1975年6月正式向欧共体递交了申请。当时的希腊政府希望加入欧共体促进本国的经济发展，打开希腊产品尤其是农产品进入西欧市场的渠道，同时也希望以此提升抗衡土耳其和斯拉夫国家的影响力。希腊提出加入欧共体的申请也不排除借机推动国内的政治变革，特别是中间派和保守集团希望以此为希腊羽毛初丰的民主制度提供外部保障。与希腊的情况相类似，西班牙和葡萄牙两个南欧国家，也将加入欧共体确定为提升国际影响力以及促进内部发展的一大战略。西班牙与葡萄牙的执政者均认为，不仅两国的使命在欧洲密切相关，并且其未来与欧共体的兴衰也是不可割裂的。当然，经济因素在两国加入欧共体的进程中发挥了更为重要的作用。20世纪70年代，葡萄牙对外贸易的约50%是同欧共体国家进行的；西班牙与欧共体在旅游、贸易和投资等领域日益深化的关系，也是其选择欧共体的重要动因之一。1977年3月，葡萄牙率先提出了加入欧共体的申请。3个月后，西班牙也递交了入盟申请。1981年，欧共体接纳希腊为正式成员。1986年，西班牙和葡萄牙加入了欧共体，其成员进一步增至12个国家。

欧共体的扩大进程对南欧三国的发展产生了非常深刻的影响，其中对西班牙民主化与现代化的促进作用尤为显著。从1977年开始，西班牙仅用约15年的时间，就成功地巩固了民主制度，和平地交接了权力，由文人控制了军队，解决了复杂的民族问题，扩大了公民权利，并最终使自身成为欧洲共同体不可割裂的组成部分。1985年7月，针对希腊、西班牙和葡萄牙等新入盟国经济发展明显滞后的问题，欧共体部长理事会启动“地中海综合计划”，首次将欧洲地区发展基金、欧洲社会基金、欧洲农业指导与保证基金中的指导部分以及欧洲投资银行的资金集中起来，支持地中海沿岸成员国的地区发展，其中大量资金投向了这些国家的职业培训、道路建设、农业灌溉及中小企业发展等领域，并为后来欧共体平衡各地区经济发展、拉动落后地区经济增长的结构基金政策的形成奠定了基础。20世纪90年代初期，欧共体又设立聚合基金，专门用于促进希腊、葡萄牙、西班牙和爱尔兰四个相对落后成员国的经济发展，拉动了这些新成员国的经济增长，同时也进一步稳定了它们的民主体制。南欧三国的成功转型对后来的东欧剧变产生了相当大的影响。

随着冷战的终结，芬兰等中立国表现出日益明显的入盟倾向。1995年，奥地利、瑞典、芬兰加入欧盟，共同体的成员国随之增至15国。

4.3.2 欧盟东扩与未来的扩大趋势

欧盟东扩是以提供经济援助为先导的。早在中东欧国家政治、经济转轨之初，欧共体/欧盟就决定从重新确立东西欧关系及经济援助两个方面采取行动。有鉴于此，欧盟在同中东欧国家签订各种经济协定的同时，也启动了多项援助中东欧国家政治与经济转轨的计划和项目，其中最有影响的是"24 国援助计划"和"法尔计划"。两个计划同始于 1989 年，援助对象是除独联体国家以外的原东欧社会主义国家和波罗的海三国。

"24 国援助计划"的参加者主要包括 24 国集团的正式成员、欧洲投资银行、经合组织、欧洲重建与开发银行等金融组织以及欧洲自由贸易区。该计划因援助数额巨大而被称为"现代马歇尔计划"。仅 1990—1995 年的 6 年间，西方通过该计划共向中东欧国家提供了 860 亿埃居的援助。"法尔计划"的实际名称是"援助波兰和匈牙利经济改革计划"，后来演变成欧盟援助中东欧国家向市场经济过渡及准备加入欧盟战略中的一项特别计划。在 1990 年至 1999 年的 10 年间，欧盟仅通过"法尔计划"就向中东欧国家提供了多达 6 700 亿欧元的转轨援助。随着东扩进程的不断加快，欧盟的援助数额也日益增加。

欧盟的东扩大体上经历了三个阶段：

第一阶段为先期准备阶段。主要是与中东欧国家签署"联系国协定"，也称"欧洲协定"，制定入盟标准和实行先期准备战略。波兰和匈牙利于 1991 年，捷克、斯洛伐克、罗马尼亚、保加利亚于 1993 年，波罗的海三国于 1995 年，斯洛文尼亚于 1996 年分别与欧盟签署了联系国协定。联系国协定以法律形式确定了欧盟与联系国的政治经济关系，目的是使联系国逐步融入共同体之中，具体目标是在 2002 年前实现工业品的自由贸易并为其他部门的经济合作奠定基础。

1993 年 6 月，欧盟哥本哈根首脑会议不仅确认了欧盟向中东欧国家扩大的合法性，而且为申请国制定了严格的入盟标准。政治方面，申请国要实行民主政体、法治、尊重人权和保护少数民族；经济方面，要建立起有效的市场经济体制，能够应付欧盟范围内的竞争压力；具有履行成员国义务的能力，包括坚持政治、经济和货币联盟的目标。1994 年欧盟埃森首脑会议推出了先期准备战略，以帮助签署欧洲协定的中东欧国家加入欧盟。

第二阶段是制定入盟谈判时间表阶段。1995 年，欧盟马德里首脑会议提出入盟谈判应在政府间会议结束半年后开始，1996年的佛罗伦萨首脑会议认可了上述提议。1997年7月欧盟委员会发表《2000年议程》，认为欧盟应依据“哥本哈根标准”首先接纳波兰、匈牙利、捷克、斯洛文尼亚、爱沙尼亚和塞浦路斯六国为成员国。1997年12月，欧盟卢森堡首脑会议批准了欧盟委员会的建议，决定首先同上述6国进行入盟谈判，而对剩下的斯洛伐克、罗马尼亚、保加利亚、立陶宛、拉脱维亚则视其进展而定。此次会议还拒绝了土耳其的候选国资格。

第三阶段为正式入盟谈判阶段。1998年3月12日欧洲大会在伦敦召开，欧盟成员国以及申请加入欧盟国家的政府首脑参加了会议，土耳其拒绝与会。欧洲大会是与会者讨论共同外交和安全政策、司法和内政事务以及经济合作的一个论坛，旨在配合欧盟东扩进程。3月30日，欧盟各国外交部长和中东欧首批6国外交部长聚会布鲁塞尔，正式开始了入盟谈判进程。科索沃战争后欧盟明显加快了东扩步伐，并决定对东扩战略进行调整。1999年12月，在欧盟赫尔辛基首脑会议上，欧盟宣布将于2000年同其余6个候选国，即斯洛伐克、罗马尼亚、保加利亚、立陶宛、拉脱维亚和马耳他开始入盟谈判，同时宣布给予土耳其入盟候选国资格，但暂不与之谈判。2000年2月，欧盟外长理事会正式开始了同上述6国的入盟谈判。2002年12月中旬，欧盟哥本哈根首脑会议决定正式接纳波兰、匈牙利、捷克、斯洛文尼亚、爱沙尼亚、塞浦路斯、斯洛伐克、立陶宛、拉脱维亚和马耳他10个国家加入欧盟。2003年4月16日欧盟雅典非正式首脑会议期间，欧盟15国与上述10个申请国签订了加入条约。2004年5月1日，上述10国正式加入欧盟。2007年1月1日，罗马尼亚与保加利亚在经过10余年的转轨努力后最终加入了欧盟，2013年7月1日克罗地亚正式加入欧盟，该组织成员随之增至28国（见表4—1）。

表4—1　　欧盟27个成员国(依英文名称首字母排序)

1	Austria	奥地利
2	Belgium	比利时
3	Bulgaria	保加利亚
4	Croatia	克罗地亚
5	Cyprus	塞浦路斯
6	Czech Republic	捷克共和国
7	Denmark	丹麦
8	Estonia	爱沙尼亚

9	Finland	芬兰
10	France	法国
11	Germany	德国
12	Greece	希腊
13	Hungary	匈牙利
14	Ireland	爱尔兰
15	Italy	意大利
16	Latvia	拉脱维亚
17	Lithuania	立陶宛
18	Luxembourg	卢森堡
19	Malta	马耳他
20	Netherlands	荷兰
21	Poland	波兰
22	Portugal	葡萄牙
23	Romania	罗马尼亚
24	Slovakia	斯洛伐克
25	Slovenia	斯洛文尼亚
26	Spain	西班牙
27	Sweden	瑞典
28	United Kingdom	英国

欧洲一体化本质上是一个不断演化与发展的社会历史进程，而欧盟以往扩大的历史已经说明，以扩大为契机的变革又将成为新一轮扩大与深化的起点。就目前的情况来看，欧盟未来的扩大更多地指向了巴尔干地区，所涉及的国家主要分为两类：一是候选国，主要有冰岛、黑山、马其顿和土耳其四国；二是潜在候选国，具体包括阿尔巴尼亚、波黑、塞尔维亚以及科索沃地区。从欧盟所实施的政策来看，未来扩大所适用的标准和程序与已经完成的两轮东扩标准没有实质性的变化。

4.3.3　国际体系中的欧盟及其影响力

经过半个多世纪的深化与扩大，欧盟已成为世界经济与政治格局中举足轻重的一支力量。欧盟的国际影响力集中体现在经济领域。2007 年实现第二轮东扩以后，欧盟所建构的统一大市场仅成员国人口就达4.97亿，而美国为3.01亿，日本仅1.28亿。2008年欧盟27国GDP总额达125 000亿欧元，同年内美国为98 000亿欧元，日本为33 000亿欧元。随着2011年爱沙尼亚的加入，欧元已成为17国3.3亿欧盟公众的统一货币，欧元区随之成为西方发达经济体系内最大的统一货币区。就财政资源而言，欧盟无疑是全球最富裕的国际组织，年均预算均超过1 000亿欧元。2011年，欧盟预算总额进一步增至1 420亿欧元，而作为全球最具影响力与权威性的联合国，其年预算只有约50亿美元，仅相当于欧盟年预算的约1/37。欧盟的经济影响力也体现在贸易领域。2010年，欧盟27国的出口总额达13 490亿欧元，占世界出口总额的16%。同年内美国的出口总额为9 440亿欧元，在世界出口总额的占比为11.2%；日本为5 410亿欧元，其比重为6.4%。进口方面，欧盟2010年进口总额达15 090亿欧元，占世界进口总额的17.3%；美国为14 560亿欧元，占全球进口总额的16.7%；日本为5 060亿欧元，其比重为5.8%。

欧洲一体化的成果虽然集中体现在经济领域，并且联盟在外交与安全领域的统合力度远不及经济领域的一体化，但欧盟却能够利用自身优势的经济资源并借助独特的政策工具发挥影响力，其外交目标主要是通过以下几种途径实现的：

其一是扩大。虽然扩大本身属于内向性统合的范畴，但在每一轮扩大最终完成前却是欧盟影响和规范候选国最强有力的外交手段。20世纪七八十年代的西扩与南扩尽管更注重申请国的经济转型，但西班牙与葡萄牙均在入盟过程中实现了欧共体式的民主化。1993年的《马约》首次明确将民主与人权确立为联盟外交的主导原则，并进一步转化为统领中东欧候选国民主化与市场化的“哥本哈根标准”。与美国倚重高压甚至武力干预的策略有所不同，欧盟推动民主化与市场化的对外作为，一方面体现出明显的和平主义色彩，另一方面又倚重经济力与成员国资格等非军力资源，促使候选国接受联盟的价值规范。冷战结束以来，中东欧秩序的重构以及巴尔干地区20世纪90年代后期以来的“巨变”，很大程度上均体现了欧盟扩大的成果。

其二是稳定周边。早在苏联解体之初，欧盟就借助双边协定及援助计划推动周边国家的西方化改革。2004年出台“欧盟邻国政策”及配套行动计划，目标是促进欧盟与邻国间的经济一体化及跨国合作，推动周边国家的改革，保持可持续发展，并共同承担防止该地区发生冲突的责任。稳定周边的策略对邻近国家产生了显著的影响，而欧盟稳定周边倚重的同样是经济力。1990年欧共体对这一类国家和地区的援助仅有 1.51 亿美元，到 2004 年剧增至 14.9 亿美元。

其三是对外援助。事实上，欧盟外交的任务与目标传统上更多的是通过共同体框架内的对外援助实现的。冷战时期，外援承担着维系与非加太的传统关系、推进受援国发展以及提升联盟认知度的职能。冷战后外援的目标进一步扩展到促进扩大、保障周边安全以及向第三国拓展民主、人权、法治等。这实际是欧盟持续大幅实施对外援助的动因。2010 年，OECD 发展援助委员会（DAC）框架内的 15 个欧盟成员国、欧盟委员会以及波兰等 5 个非 DAC 欧盟成员国，提供的发展援助总额高达 831 亿美元，而美国和日本同年提供的发展援助仅为 303 亿和 110 亿美元。

其四是对外贸易。欧盟在经贸领域的权能不仅仅体现于对内贸易的整合，同时也是 WTO 内最具实力的行为体。事实上，对外贸易从欧共体建立之初便成为联盟对外行为的重要政策工具，其职能主要包括两个方面：一是服务于联盟的经贸利益，即利用共同市场优势通过双边、区域间以及全球性多边机制为共同体的货物、服务、资本出口获取对等或不对等市场准入权；二是借助外贸工具向第三国及其他地区，输出欧盟崇尚的市场规则、安全与环保标准以及民主、人权、法制、善治等政治价值规范。

随着《里斯本条约》的实施，欧盟在对外行动领域所依托的制度资源与政策工具得到了进一步的优化。2009 年之前，共同外交与安全政策处于共同体框架外的第二支柱，属于联盟的辅助性体系，对外贸易则属于共同体专属权能范畴内的事务，由欧盟委员会负责。发展合作、人道主义援助等对外关系的其他权能则分散在联盟的不同部分。另外，共同体在理论上是联盟框架内的一根支柱，但只有共同体拥有明确的国际法人资格，而联盟却是一个法权地位模糊的行为体。《里斯本条约》生效后三大支柱的合并，使联盟取代共同体获得了完整的国际法人资格。与此同时，共同商业政策、发展合作、人道主义援助等涉外事务，统一并入了《欧洲联盟运行条约》，从而明显强化了欧盟对外行为的一致性与协调性。虽然欧盟在共同外交与安全领域的决策与行动仍适用“政府间主义”的方法，但欧洲理事会主席及共同外交与安全事务代表，很大程度上是联盟的无冕总统与外交部长，欧盟在对外行动领域因而至少具备了准联邦的制度依托。

不可否认，欧元区主权债务危机的发生显然将不同程度地制约联盟的对外行动能力及认知度，但危机本身属于阶段性的非常态现象，而欧盟作为一个已经具备体系性影响力的国际行为体，地位与能力并不会因此而瓦解。首先，欧盟已经借助制度模式建构了具有“向心力”

的欧洲地缘政治与经济体系。其次，欧盟已成为一个多元价值的践行者，虽然其运作更多的是内向性的，但它所倡导的有效的多边主义，已被国际社会视为平抑美国单边主义的希望所在。再次，欧盟模式已成为东亚、拉美以及非洲区域合作的样板，区域一体化的“全球化”一定程度上已成为未来国际体系演进的一种趋势。

阅读书目

1. 程卫东. 欧洲联盟基础条约：经《里斯本条约》修订. 北京：社会科学文献出版社，2010
2. 周弘主编. 欧盟是一支怎样的力量. 北京：社会科学文献出版社，2008
3. 李世安，刘丽云等. 欧洲一体化史. 石家庄：河北人民出版社，2006
4. 约瑟夫·威勒. 欧洲宪政. 北京：中国社会科学出版社，2004

分析与思考

1. 简述《里斯本条约》对欧盟制度体系的调整与变革。
2. 就下述材料中的观点谈谈你的看法。

从欧盟决策程序中可以看出，欧盟作为一个兼具国家与超国家特征的组织，其政策的制定非常复杂，既具有政府间性质也具有超政府的性质。事实上，欧盟的政策制定过程是成员国政府、超国家机构，以及次国家行为体多层次、多中心的网络化利益协调过程。欧盟的这种多层次多中心的组织结构和网络式决策机制是欧洲国际制度发展史上的一个重大创新，它有利于欧盟内部各种行为体的政治参与和利益协调，是欧盟制度发挥作用的关键。

——秦亚青主编：《观念、制度与政策——欧盟软权力研究》，168 页，北京，世界知识出版，2008

3. 试论欧元区主权债务危机发生的经济根源及其影响。

第 5 章

全面谋求大国地位的日本

要论提示

● 日本结束了“泡沫经济”破灭后经济的长期低迷状态，进入经济低速增长时期，当前处于灾后经济恢复、复苏阶段。

●“五五体制”崩溃后，日本政党政治进入转折期，政治力量重组，领导人频繁更迭，近期民族保守主义、右翼政治势力有抬头之势。

● 日本政府长期推行以日美同盟为基础、以谋求政治大国地位为目标的对外战略。

关键词

泡沫经济　五五体制　日美安保体制　政治大国战略

从第二次世界大战结束到 20 世纪 70 年代，日本作为战败国，在特殊的国内外条件下走上了以经济发展为中心的道路，并成为仅次于美国的西方第二经济大国。冷战后，日本经济经历了“泡沫经济”崩溃引发的停滞与萧条，通过历届内阁实施的包括金融体制改革在内的全面经济结构改革，目前已经结束了长期经济低迷状态，开始建设以知识经济为主导的高科技产业研发型经济体系。冷战后的日本政局也经历了急剧动荡，自民党政权长期一党独断的局面发生了局部变化，但是广大选民期待的政治改革依然步履维艰。在对外战略方面，日本政府多年来一直致力于实现政治大国的目标，力图彻底改变日本“政治矮子”的国际形象。为此，近年来日本政府不断强化以日美同盟为基础的、以谋求大国地位为目标的多边外交战略。为实现这一目标，目前主要执政党的领导人不遗余力地试图修改战后和平宪法，谋求全方位干预国际事务的国际战略地位。

5.1 转型中的日本经济

20世纪50年代初，日本在美国的支持下迅速完成了战后经济恢复，并在随后的20年间创造了举世公认的经济奇迹，成为仅次于美国的西方第二经济大国。然而，20世纪90年代初以来，日本经济遭遇了“泡沫经济”破灭后的长期萧条，暴露出长期“政、官、财”三位一体的经济体制与现代自由市场经济发展的严重不相适应，以及“政府主导型”经济模式的种种问题。为此，历届日本政府不断出台各种体制改革的方案和措施，积极推动社会经济复苏。

5.1.1 世界经济大国的形成与“泡沫经济”的崩溃

二战结束后，根据《波茨坦宣言》、《旧金山和约》的精神以及美国占领当局的意志，日本失去了国际政治中举足轻重的地位，被迫退出军备竞赛，走上了专注经济发展的道路，在较短的时间内完成了战后经济恢复，并很快走上了经济持续高速增长的发展道路。为实现赶超欧美的夙愿，鉴于本国资源不足、国内市场狭小的现状，日本政府采取赶超型非均衡发展战略，在不同时期制定并实施特定的产业政策，以主导产业的优先发展带动整个国民经济的起飞。同时，充分利用有利的国际政治经济环境，大力发挥自身优势，及时实施外向型贸易立国战略，积极参与国际分工，把对外贸易作为经济发展的引擎，加快经济增长速度。“非均衡发展”战略和“贸易立国”战略构成“赶超型”经济发展模式的两个轮子，二者相辅相成，密切配合，成为战后日本经济高速增长的显著特征。

战后日本经济的恢复和发展经历了以下两个阶段：

第一阶段，1945—1955年为日本经济恢复时期。日本军国主义发动的侵略战争不仅给亚洲人民造成旷世未有的劫难，也给日本人民带来了巨大灾难。一切为战争服务的战时经济彻底崩溃，日本国民生产水平下降到战前的30%左右，失业人口接近1 300万，粮食供应匮乏，流离失所的人口达到3 000万。在美国占领当局的军事管制下，日本政府开始推行优先发展粮食、煤炭和钢铁生产，以稳定人民社会生活、解决就业问题为中心的经济恢复政策。特别是美国发动的侵朝战争，给衰败的日本经济注入了一针强心剂，大量军需品的生产刺激了日本经济的复苏，大大加快了日本经济增长的速度。在将近 10 年的时间里，日本经济的年均增长率达到 9.2%，1955 年日本国内经济已经实现全面恢复。

第二阶段，1956—1973 年是日本经济高速增长时期。1950—1970 年日本经济实现了年均 10%的持续高速增长。1968 年日本经济实力超过德国，成为仅次于美国的西方第二经济大国，创造了世界公认的“经济奇迹”。从 1955 年到 20 世纪 70 年代，日本经济有 15 年左右的高速发展，其增长速度，居全球之冠，使世界所有国家都望尘莫及，同时实现了生产手段现代化、产业结构现代化、经营管理现代化和产品质量现代化。以工业化最主要的标志性产业——钢铁产业为例，1969 年日本每个钢铁工人年产钢 301 吨，超过了美国的 253 吨，居世界第一。1973 年粗钢产量达 11 932 万吨，与苏美两国并驾齐驱。同时，重工业和化工工业在整个工业中的比重已达到世界先进水平。按各国统一标准计算，1960 年日本重工业在工业中的比重为 53.7%，低于英、法、联邦德国；到 1970 年这一比例已提高到 68.9%，超过了所有主要资本主义国家。重化工产品占出口产品的比重，也由 1960 年的 44%，发展为 1970 年的 73%，表明日本已成了重化工业发达的工业大国。此外，经营管理方面实现了科学化，普遍使用电子计算机进行管理，并且形成了一支具有先进技术水平的熟练工人、技术人员和科研人员队伍。日本主要工业品的产量和质量达到了世界领先水平。1970 年日本造船居世界第一位；钢铁、发电、冶金设备、机床、汽车、水泥、硫酸、化纤、纸张、塑料、合成橡胶等产量，仅次于美国，位居世界第二。日本工业生产在资本主义世界中的比重迅速提高，1960 年为 4.8%，到 1970 年以上升为 9.5%。产品的性能和质量也居世界前列，钢铁、机械、汽车、船舶、家用电器等，在国际市场上具有很强的竞争力。

日本实现经济增长奇迹的主要原因大致可归纳为以下几点：

其一，得益于战后初期广泛实行的政治改革和社会民主改革。战后，在美国占领当局的统治下，政治上采取了非军事化和民主化的改革措施。在此基础上，在经济领域内也相应采取了三大民主改革，即农地改革、解散财阀和劳动立法。由此，基本上消除了封建土地所有制，大大提高了农民的生产积极性；断绝了财阀家族与国家的联系，铲除了军国主义的社会基础；确立了工会组织的合法地位，为保障工人的合法权益、改善工人社会地位提供了有利条件。

其二，得益于美国的支持与保护。冷战时期日本成为美国在亚洲的反共大本营和军事基地，也成为美国在亚洲的主要援助国家。在“马歇尔计划”推行的同时，日本通过“道顿计划”获得美国 20 多亿美元的财政援助，成为外贸与经济复兴的重要财政来源。此外，在冷战时期美国在亚洲发动的两场战争，即朝鲜战争与越南战争中，日本是最大的军火与军需物资的提供商，仅 1950 年至 1953 年间就向美国提供了 24.7 亿美元的战略物资。在《旧金山和约》签署的同时，通过《日美安全保障条约》，日本与美国结成军事同盟，成为美国核保护伞之下的“通商国家”。由此，在战后特殊条件下，日本走上了一条非核与低军备的和平发展道路，充分利用美国保护下所获得的一切有利条件，专注国家的经济建设。

在经济发展的各个阶段，日本政府都制定各种长期计划。自 1955 年以来，日本政府先后制定的长期经济计划有：《经济自主五年计划》（1955—1960 年）、《新长期经济计划》（1958—1962 年）、《国民收入倍增计划》（1961—1970 年）、《中期经济计划》（1964—1968 年）、《经济社会发展计划》（1967—1971 年）、《新经济社会发展计划》（1970—1975 年）、《经济社会基本计划》（1973—1977 年）、《昭和 50 年代前期经济计划》（1976—1980 年）、《新经济社会七年计划》（1978—1985 年）。这些计划的实施，主要靠政府开支和投资，并以此为“龙头”引导私人经济纳入目标计划。

其三，得益于政府主导型市场经济模式的推行。战后日本虽然在美国的控制之下，但并没有选择美国式的自由市场经济模式，而是在自己国家的历史特点、文化传统、国情的基础上，采取了政府能够对宏观经济的调节发挥强有力的主导作用的经济模式。从国家长期经济发展规划的制定，到政府各项重要产业政策的推行，以及政府部门对社会经济实施的宏观管理，日本确立了一种将西方工业化发展目标纳入东方传统社会政治结构、并使二者能够有机地相互融合的新型市场经济模式。这种经济模式并不是简单的自上而下的政府独断模式，而是建立在资本主义私有财产制度基础上的、以避免市场经济自发盲目竞争为特征的政府干预型经济模式。实践证明，这种经济模式对实现日本经济振兴、成为世界经济大国，曾经发挥过极大的积极作用。特别是在经济政策方面，日本政府的决策发挥了重要推动作用，例如根据日本国情而大力推行的“贸易立国”政策，以及在全社会推行的低消费、高储蓄、高积累政策等。

其四，得益于企业科学管理与富有日本民族特点的经营方式。在战后日本经济恢复和发展过程中，日本企业普遍确立了一套具有民族特点的经营管理模式，即终身雇用、年功序列与企业工会制度，也被称

> 日本大部分企业曾长期实行职工的终身雇佣制，培养职工对企业的终身依托感，形成所谓的“利益共同体”、“命运共同体”。日本企业努力培养一种“集团意识”，把个体与集团的得失、利害、兴衰联系起来。企业利用传统习俗，每年举行节日聚会，以消除一年来的种种隔阂、摩擦，共同迎接来年，实行“感情投资”。在工资待遇上基本上实行年功序列工资制。这种制度使被雇佣者产生一种认同意识而积极工作。企业工会关心职工业余活动，做好家属工作，进行家庭拜访等。这种管理制度，被西方称作“软性管理”、“人情管理”。日本在管理体制方面注重建设企业文化。企业文化所强调的是企业精神，即企业全体职工共同拥有的生产经营信念，以及企业理想、目标和道德等。日本企业经营的成功和日本经济的高速发展与日本培育了富有凝聚力和进取性的企业文化密切相关。

为日本式经营的“三大法宝”。这种被制度化了的管理模式既缓和了劳资对立，又培育了有凝聚力的企业文化，为经济发展营造了稳定的企业环境。

然而应当看到，战后日本虽然创造了经济高速增长的奇迹，可同时由于政府干预型经济的负面影响，以及经济急速增长过度所积累的各种矛盾，自 1973 年第一次“石油危机”后，日本年均经济增长率从 20 世纪 60 年代的 10.5%降至 20 世纪 70 年代的 4.5%。1985 年秋，西方五国财长和央行行长签署《广场协议》后，日本政府为应付日元大幅升值的冲击，采取了“超缓和”的金融政策以刺激经济增长，从 1986 年 1 月至 1987 年 2 月，连续 5 次调低利率，使之由 5%降至 2.5%的历史最低水平。低利率政策的实施，大大降低了企业的筹资成本，造成巨大的过剩资本。在当时国内经济萧条、实物投资呆滞的情况下，大量过剩资本便投向收益相对较高的金融市场和房地产市场，致使股价和地价狂涨，导致“泡沫经济”的出现。所谓“泡沫经济”，是指在不切实际的盈利预期和投资狂热的驱动下，以股票、房地产等资产价格暴涨、虚拟资本的增长远远超过实体资本增长为特征的虚假经济繁荣。

建筑在庞大虚拟资本基础上的经济繁荣极不牢靠。随着资产价格的上涨和企业设备投资增多，1988 年日本经济已明显“过热”，供需矛盾加剧，物价涨幅增大，迫使日本政府不得不收紧银根。1989 年 5 月至 1990 年 8 月，连续 5 次上调公定利率，由原来的 2.5%上升到 6%。公定利率的提高，直接影响到资产的市场收益率，引起资产价格的下跌，股市暴跌。1990 年 3 月底，日经 225 种股票的平均指数高达 38 916 点，1992 年 3 月末，日经指数跌至 22 984 点，跌幅近 70%。股市的暴跌引起房地产市场的崩盘。“泡沫经济”的破灭，使日本经济形势急转直下。首当其冲受到严重打击的是投资房地产和股市的暴发户，以及在泡沫繁荣中推波助澜的金融机构。

“泡沫经济”的破灭，暴露了日本经济的脆弱性，表明战后初期形成的日本经济模式已不适应新形势下日本经济的发展。日本经济体制中的某些环节，对经济增长的推动作用正在减弱，日本经济结构已呈现僵化、“疲劳”的症状。

5.1.2 宏观经济政策的调整与经济结构变动

20世纪90年代日本经济经历了“十年萧条”，1991—2000年年均经济增长率为1%左右，失业率从2%最高上升到4.9%，同时还出现持续的通货紧缩。人们普遍认为20世纪90年代对于日本来说是“失去的十年”。进入新世纪之后，小泉内阁上台，积极推行刺激经济增长与社会经济体制改革并举的政策，力图克服“滞胀”的困难局面，从而将日本经济带出持续萧条的恶性循环，由此被称为战后日本最长的经济景气循环期。

21世纪10年代后半叶，日本经济有所恢复，主要表现在：第一，工矿企业生产渐旺，设备投资和住宅建设持续增加，公共投资则继续下降。工矿业生产指数到2006年1月已实现连续6个月上升，该年第一季度比上季度增长0.6%。据日本银行的调查统计，主要大企业2006年设备投资计划同比增长2.7%，其中制造业增长4.8%，非制造业增长1.6%。据国土交通省的《建筑开工统计》，2006年住宅新开工户数不断上升，其中第一季度比上季度增长约1.5%。公共投资则继续减少，2006年度公共投资预算额同比减少4.8%，实际工程承包额也大幅低于上一年同期水平。

第二，企业经营状况改善，收益增加明显。据财务省统计，2005年第四季度企业经常利润同比增长11.1%，其中制造业增长17.7%，非制造业增长6.1%。据日本经济新闻社对386家主要上市企业的统计，2006年3月联结决算经常收益同比平均增长20%，连续3年创历史新高。汽车、钢铁、能源等行业最为突出，其中丰田汽车2005年纯利润同比增长17%，至2010年度纯利润同比增长竟达到94.9%，销售额为18.993 7万亿日元。

第三，就业形势改善，失业率下降。2006年、2007年完全失业率维持在4%的水平，较2001年5%的失业率下降了一个百分点，是1998年以来的最低点。与其他西方国家相比，同期美国失业率为4.5%，英国为5.4%，法国为8.0%，德国为9.1%，日本失业率是最低的。

第四，国内需求呈稳步增长，物价指数小幅回升。2005—2007 年度的日本家庭实际支出增长平均保持在 0.5%的水平，服装、汽车和海外旅行等个人消费增长较快，物价总水平保持稳定上升态势。2006 年 1—3 月国内企业物价指数同比增长分别为 2.7%、2.9%、2.7%。消费者物价指数从 2005 年 11 月至 2006 年 3 月，实现同比正增长。东京等大城市土地价格开始回升，2006 年 1 月日本银行测算，全国加权平均地价同比增长 1.4%，实现 15 年来的首次正增长。

第五，对外贸易连年顺差，国际收支稳定盈余。根据日本财务省 2012 年公布的贸易统计数字表明，自 20 世纪 80 年代初以来日本对外贸易总额始终保持着贸易顺差的态势。只是近年来日本由于受地震、日元升值、欧债危机等负面因素的影响，于 2011 年第一次出现贸易逆差，输出额为 655 464 亿日元，输入额为 681 111 亿日元。

第六，高新科技产业发展势头正旺。自 20 世纪 90 年代以来，高科技、信息产业成为日本经济发展最快的产业部门。2000 年信息产业的 GDP 增加到 46.36 亿日元，首次超过批发商业的 40.96 亿日元，跃升为日本的第一大产业部门；2004 年信息产业的 GDP 达到 61.91 亿日元，稳居经济第一大产业部门的地位。近十年来，日本信息产业 GDP 年均增长率为 7.3%，总增长 88.1%，大大超过同期国民经济总增长额的 9%。信息化与信息技术革命，成为带动日本经济复苏，促进产业结构调整的重要推动力。

从 2002 年至今，日本经济虽仍面临多种困难，但保持了持续低速的经济增长。根据日本内阁公布的统计数字，2002 年日本经济增长率为 1.1%，2003 年至全球金融危机前的增长率都超过了 2%。日本经济得以恢复的主要原因在：

第一，企业自身结构调整与努力。在“泡沫经济”崩溃后的长期不景气状况下，日本企业背负着“设备、雇佣、债务”三大过剩的结构性问题，为此，企业通过抑制设备投资，减少设备数量；开展大规模的合并重组，削减雇佣人数，用“临时工”取代“正式工”，努力降低劳动分配率；加快不良债权的处理等手段。经过企业艰苦的努力，三大过剩问题已基本克服，从 2003 年度起，企业收益连续 4 年实现增加。近年来，日本企业在雇佣制度方面越来越趋向更具灵活性的一些改革措施。

第二，国际、国内需求提升，拉动经济增长。从 2002 年起，全球经济复苏，特别是“中国特需”和 IT 行业需求高涨，出口成为拉动经济恢复的主要牵引力。日本对华出口汽车、原材料、生产资料的规模不断扩大，出口数量指数由2002年的120增至2004年的220。在外需的带动下，以设备投资和个人消费为主的内需也开始恢复。特别是从2005年下半年起，设备投资、个人消费和住宅投资持续增长，成为经济发展的重要动力。[①] 此外，“3·11”大地震后的经济恢复也产生一定刺激作用。

第三，清理不良债权为经济恢复提供了良好的金融环境。2001年上台的小泉内阁把清理不良债权作为结构改革的主要任务之一，确立了2005年3月底前不良债权比例下降一半的《金融再生计划》目标。通过注入公共资金和银行间的兼并重组等措施，到2005年，主要银行不良债权比率已减少到4%以下，提前实现目标。同时，银行业兼并重组步伐加快，银行收益增加，放贷能力提升，为经济持续增长提供了良好的外部条件。

第四，日本政府积极推行高科技、信息产业发展优先战略。2000年日本政府颁布《IT基本法》，实施“IT立国战略”，提出五年内把日本建成“世界最先进的IT国家”。日本政府在这方面采取了资金扶持、人才服务扶持、税收优惠扶持三管齐下的有力政策，有组织、有计划地对信息产业的发展予以宏观指导。在短短的几年内，日本信息技术相对落后的状况得以改观，达到了世界一流水平。目前，日本是除美国以外的全球第二大信息产业市场，在信息技术及其产品开发、市场占有率方面仅次于美国。在计算机尖端核心技术方面，美国居全球第一，日本仅次之。在数据库、芯片和操作系统三个领域美国处于垄断地位，其网络产品占相当明显的优势，但在数据压缩技术、影像技术、笔记本电脑显示技术方面日本则居全球领先地位。

第五，日本政府积极推行可持续发展的“循环经济”政策。1997年在141个国家达成的《京都议定书》基础上，日本政府积极推行环境外交政策。与此同时，根据资源短缺的国情，日本在国内积极倡导建设资源可再生利用的“循环型社会”，大力实施“21世纪环境立国战略”。这一战略目标是要实现将原有大量生产、大量消费为前提的社会经济转变为环境与经济相互协调、有限资源可再生利用型社会经济。为此，早在1992年，日本国会便通过了《环境基本法》。此后，国会每年都有与环境相关的立法出台，政府环境管理部门对环境安全制定了详尽的标准。

① 参见《日本经济现状与2006年前景》，见 http://jp.mofcom.gov.cn/column/print.shtml?/ztdy/200606/20060602376722，2006-03-26。

2000 年，日本政府将原有环境厅升格为环境省，从组织上把对环境资源的管理提升到政府重要职能部门的地位。自 2009 年底哥本哈根全球环境会议后，日本在国际环境政策方面也有所调整，不再继续承担更大的国际责任。

应当指出的是，日本经济虽有所恢复，但仍存在一些多年积累的问题以及一些不利因素。如传统经济体制在新的历史条件下明显表现出“制度疲劳”，冷战时期形成的经济体制开始演变为经济发展的羁绊：日本政府对国内市场的过分保护政策使得日本经济和日本企业失去了竞争能力，以往采用的终身雇佣制度极大地阻碍了人才流动，企业间相互持股成为大财阀垄断的畸形市场经济，等等。同时，日益加剧的社会人口老龄化问题造成的劳动力不足和社会保障费用增加已成为制约中长期日本经济发展的重要因素，而“泡沫经济”破灭影响下出现的企业破产、需求不旺等问题也未能得到彻底根治。

2011 年 3 月 11 日日本东北地区发生的特大地震、海啸以及由此引发的福岛核泄露事件使恢复中的日本经济雪上加霜，蒙受巨大损失。日本政府为震后恢复大量拨款，使政府财政赤字急剧攀升。同时，地震中日本一些重要出口支柱产业一度遭受重创，短期内实现完全恢复的确困难重重，加上日元升值、国际金融市场动荡不前，使以出口贸易为主的日本经济处于内忧外患的困难境地。自地震发生后，日本政府动员全社会的力量进行灾后重建，取得了一些积极进展。2011 年第三季度 GDP 年率增长 6%，表明日本经济正在稳步复苏、逐渐走出困境。但是，在治理福岛核泄漏方面，日本仍面临着长期艰巨的任务。

日本政府早在 20 世纪 80 年代就开始对其经济体制进行了一些局部改革，但当时还没有全面意识到进行经济体制改革的必要性。经济泡沫破灭后的长期萧条，使人们越来越认识到造成这种经济困难的制度性因素。1993 年细川联合政府提出了包括政治改革、行政改革、经济与财政改革的三大改革设想。1996 年桥本内阁提出了经济结构改革、金融体制改革、社会保障结构改革、财政结构改革、行政结构改革、教育体制改革六大改革目标。2001 年小泉内阁则提出要实施结构改革。这些改革建议和设想，明确了日本经济体制改革的基本方向和主要任务。日本政府提出的种种改革设想方案，在实施中都面临各种因素的制约和干扰。日本经济体制改革遇到的主要问题是：其一，改革与经济现状的矛盾。日本正处于战后最严重的经济萧条中，和经济体制改革比较起来，恢复经济是更为紧迫的课题。“泡沫经济”破灭后，历届政府均面对经济体制改革和恢复经济景气的矛盾，左右为难。其二，日本社会政治结构复杂。日本政界、官界、财界的特殊“铁三角”关系是制约日本实现经济体制改革的重要因素。所谓政界，即指经过选举产生的国会议员；所谓官界，是指在政府部门担任高级职务的高级官员；所谓财界，是指以大垄断企业为核心的产业界、金融界。财界往往与官僚沟通获取利益，并以巨额政治“献金”作为对有关人员的回报，由此形成在很大程度上左右着日本政治、经济重大决策的“铁三角”。其三，国内保守倾向与经济全球化的矛盾凸显。在经济全球化深入发展的时代，高度依赖外需的日本经济要摆脱困境就必须增加对亚洲等发展中国家的开放。然而，目前日本国内浓重的贸易保护主义倾向，制约着日本的开放步伐，使日本经济的开放性明显落后于经济增长速度。

2012年12月安倍内阁上台以来，推行一系列刺激经济振兴的政策，其中令人瞩目的是，一改以往各届政府对日元国际汇率的干预政策，而采取放任日元贬值的宽松货币政策，以刺激出口经济增长。推行这一政策致使日元在原有贬值的基础上短期内大幅下跌8.4%。日本内阁2013年5月16日公布的GDP数据显示：2013年一季度日本GDP年化增长3.5%；反映消费者购买意愿的消费者态度指数环比上升1.4%、达到44.5；对外出口环比增长3.8%。这一政策的推出使日本经济短期内出现了复苏增长的势头，由此也被称为“安倍经济学”的积极效益。但从长远来看，日本经济顽疾——政府巨额财政赤字、社会老龄化、高失业率等一系列难以根治的问题并没有因此得到缓解，安倍损人利己的赌博性经济政策也只不过是“饮鸩止渴”的短视之举。

最后需要指出的是，目前日本的经济实力、影响力只是相对减弱，绝非从根基上元气大伤和总体经济实力的大衰退。日本目前的国内生产总值仍超过法、英的国内生产总值之和。日本曾长期为世界上最大的贸易顺差国，还是最大的外汇储备国，日本的国内储蓄率大大高于其他发达国家，同时其海外融资额占全球国际资本市场融资金额的20%，20多年来一直是世界最大的净债权国。显然，日本经济实力犹存，21世纪日本仍是世界经济中的重要一极。

5.2 变动中的日本政治

二战后的日本国内政治经历了60余年的沧桑变动，从美国占领当局监督下的民主改革，到形式上多党制、实质上自民党长期一党执政的“五五体制”的形成，之后是 1993 年“五五体制”的崩溃，日本进入多党轮流执政的急剧变动期，如今形成以自民党为主的保守势力联合执政的政治格局。战后政党政治的演变集中体现了日本国内政治以保守主义为主导的鲜明特征。冷战结束后，日本国内政治总体上朝着民族保守主义不断强化的方向发展。

5.2.1　自民党“五五体制”的崩溃与政治体制改革

战后，日本的政党体制是在 1947 年开始实施的新宪法基础上逐渐确立起来的。新宪法规定，日本是以天皇为象征的代议制国家，政府由国会获多数席位的政党来组织。在最初的几次选举中，社会党、民主党、自由党曾先后获得组阁权，形成了轮流执政的局面。

但 1955 年自由党和民主党合并，自由民主党（自民党）的成立使众议院选举体制发生变化。作为国会的稳定多数，合并后的自民党在后来的 38 年中一直稳居第一大党的主导位置，形成了自民党一党长期稳定执政的政党体制，这就是所谓的“五五体制”。

“五五体制”的特征是：（1）自民党长期执政，党内各派轮流坐庄，改变了战后初期的多党轮流执政状态。这意味着在执政党组阁的问题上，自民党内的派系之争代替了国会的多党之争。这就是所谓“一党独大”。（2）政府决策过程被自民党、官僚、大财团所控制，形成所谓“政、官、财”三位一体的决策体制。（3）这一体制是日本国内政治各派保守势力相互妥协、联合的产物，突出反映了日本政治保守势力占主导地位的政治现实。“五五体制”的形成，在一定程度上也反映了战后日本经济发展迫切要求保持政权相对稳定的要求。

然而，1993—1995 年间日本政党体制发生了一次“大地震”。从 1993 年 4 月开始，日本国会对政治改革方案问题进行了两个多月的讨论，国会例会上朝野双方共进行了长达 107 个小时的激烈争论。各在野党在选区划分和政治资金问题上，对自民党改革提案提出尖锐批判，自民党内部各派系也分崩离析，最终导致国会对宫泽内阁不信任案的通过以及该内阁的下台。在接下来的众院选举中，从自民党、社会党分裂出来的国会议员组成的八大新党派相互联合，以细川护熙为首的日本新党与羽田孜为首的先驱新党达成联合意向，最终取得了众院多数席位，赢得了联合组阁权。由此，自民党执政长达 38 年的“五五体制”宣告结束。

从表面看来，自民党一党执政完结的直接导火线是由于政治腐败，但政治腐败只是原因之一，还有更深层的原因。

第一，金权政治为政治腐败提供了温床，对执政党起着越来越大的腐蚀作用。从表面上看，引起社会公众不满、使自民党丧失人心的是个别政治家的贪污受贿，如20世纪70年代田中角荣首相被揭露出来的“洛克希德”受贿案件，20世纪80年代的自民党高层染指“利库路特公司”未上市股票牟利案件，以及20世纪90年代自民党副总裁金丸信收受“佐川急便”巨额政治献金的受贿案件，但事实上，金权政治才是自民党政治腐败的根源。自民党为了取得选举胜利、争取基层选票的最简单方法就是用金钱收买。自民党把从垄断财团那里筹得的资金作为选区培养费投入议员所在选区。由于选区对资金的需求实际上是无限量的，这就使得自民党在筹资方面显得欲壑难填。金权政治完全扭曲了政党活动的目的和形象，使日本国民对现实的政党政治丧失了信心。

第二，日本国内社会经济结构和阶级结构发生了巨大变化。随着经济的发展，日本社会结构发生了引人注目的变化。据统计，从1960—1991年，日本第一产业的就业人口占就业人口总数的比率从30％降至7％，而第二、第三产业则分别由28％和42％增到34％和59％。特别是新兴技术产业的发展，大大扩展了白领工人的范围和数量，社会结构的多元化日益突出。自民党原有依赖于垄断财团和农民阶层两大支柱的超常稳定结构，在社会结构多元化加剧的情况下，自民党越来越难以代表社会各阶层利益，难以应对广泛而复杂的社会各阶层的利益需求。这反映了日本政党政治与其社会经济基础相背离的倾向，也造成了日本社会公众中普遍存在的政治冷淡态度。

第三，自民党的长期一党独断破坏了议会民主制的三权分立机制，造成了权力失衡。自民党独揽大权，不可避免地造成行政权力的集中，使自民党有机会运用行政权来控制立法权和司法权。自民党在国会中拥有多数席位的优势，往往使国会只能服从自民党领袖的意志，听命于内阁。在自民党长期执政的情况下，最高法院院长、法官以及检察官的任命，也始终掌握在自民党手中。这种权力的失衡，使立法和司法机关无法对自民党内阁的行政权形成有效的制约。资本主义现代民主政治的一大特征是多党或两党之间的轮流执政，然而这在日本变成了纯粹的表面形式。一个高度发达的世界经济大国，国内政治却长期延续着如此集权的政党政治模式，这显然是一种矛盾现象。20世纪90年代以来世界政治民主化的浪潮不可避免地对日本的政党体制构成了巨大的冲击。①

1993 年以细川护熙为首的多党联合内阁上台后，极力主张实行政治、经济、行政三大改革，并于 1994 年 1 月通过了四项政治改革法案。新法案包括《公职选举法》、《政治资金限制法》、《政党助成法》和《众议员选区划分审议会设置法》。日本国会通过了政治改革关联四法案，由此揭开日本政治制度改革新的一页。在政治改革关联四法案中，选举制度改革是至关重要的，它是政治改革的基础和核心。选举制度改革的主要对象是众议院议员选举制度，由中选区制改为"小选举区与比例代表并立制"。以往实行的选举区制度是将全国划为 129 个选区，共选举 510 名议员；而新制度的规则是，全国划分为 300 个选举区，每区只选 1 名议员，另设比例代表，即选民给政党投票，依政党得票多少按比例选出 200 名议员。根据"小选举区与比例代表并立制"，议员共计 500 名。新选举制度对大党有利，对小党不利，限制了小党的发展。

然而，正当国民期待细川内阁强力推进政治改革之时，却爆出了细川本人受贿的经济丑闻，细川护熙被迫辞职。接替他出任八党联合政权的首相是羽田孜，由于联合政权内的政策取向大相径庭，内部分裂，羽田孜内阁执政不到 2 个月便宣布集体辞职。1994 年 6 月，社会党委员长村山富市出任由自民党、社会党和先驱新党组成的联合政权的内阁首相。联合政权因政治理念相去甚远，运作困难，举步维艰。村山富市在完成了以村山谈话形式就历史问题向亚洲国家表示道歉的这一历史使命后，也提出辞职。

1996 年初，桥本龙太郎代表自民党出任首相，实现了自民党权力的复归。1996 年 10 月进行的日本第 41 届国会大选中，自民党获得接近众议院半数的 239 个席位，虽未获得超过半数的绝对优势，但却保证了议会第一大党的地位。由此，组建起由自民党单独执政的第二届桥本内阁。事实证明，作为聚集日本各派保守势力的自民党，仍然是日本政党政治的中心，其政治主导地位和作用是不可替代的。尽管在 20 世纪 90 年代日本各政党与政治派别势力聚散离合的复杂过程中，出现了以小泽一郎为代表的新保守主义势力，力图在抗衡和分裂自民党旧保守势力的基础上，积极策动组织日本政党体制中的又一支政治力量，在推行政治改革的基础上实现以保守势力为中心的两大政党体制，

① 参见卫灵、管文虎主编：《当代世界经济与政治》，182～184 页，北京，中国人民大学出版社，2003。

但事实上，自民党的势力盘根错节，而且该党毕竟在长期执政中聚集了一批拥有治国经验的政治家和官僚队伍，在日本经济衰退、社会问题层出不穷以及国际风云急剧变幻的形势下，赢取了日本国民保守求稳的心态，因此“五五体制”虽被打破，但自民党的绝对大党地位是难以撼动的。

不过，自民党单独一党执政的局面也受到极大的制约，这可以从第二届桥本内阁的命运得到验证。桥本内阁自上台后就处于国会诸多派别势力夹击的被动局面之中，提高消费税等经济政策的失误以及他本人的丑闻，导致自民党在1998年7月的参议院选举中惨遭失败，执政不到两年的桥本内阁被迫宣布下野。接替他上台的小渊惠三内阁，面对亚洲金融危机、美国贸易保护政策的压力，以及在野党咄咄逼人的态势，不得不采取以政策协调的妥协方式，联合其他保守势力，实现了“自自公”（自民党、自由党、公明党）三党在政策协调基础上组建的联合内阁。正是通过这样的保守势力的重新联合，以自民党为主的小渊内阁重新获得公众的支持，支持率由最低点的33%上升到46%。2000年4月小渊病重，自民党遂推出了森喜朗担任首相。森喜朗上台后不仅日本经济未见好转，而且由于对艾滋病、“皇国论”的不当言论以及对选民的挑衅性发言，不断遭到社会舆论的批判，在野党三次提出不信任案，支持率急剧下降。2001年4月，森喜朗被迫宣布辞职。此后，素以倡导彻底改变自民党派阀政治著称的小泉纯一郎当选自民党总裁，并成为日本第87任首相。

小泉政权在日本经济长期处于低迷、人心思变的环境下，对内高举改革的旗号，对外以强硬姿态出现，在国内获得了较高的民意支持率。小泉在2001—2006年间，连选连任两届日本首相。小泉在任期间，强力推行“结构改革”的一系列政策方针，力主由民间社会力量主导社会经济，力图消除日本经济的政府干预因素，以实现经济自由市场化。为此，他不遗余力地推进邮政民营化等措施，不仅不怕得罪自民党党内实力派，也不顾及其他派系的规劝，甚至不惜与自己亲近者反目成仇。在其他方面，小泉始终坚持强化日美军事同盟、支持并积极参与美国发动的反恐战争和伊拉克战争，无视亚洲邻国以及国内舆论的反对，先后6次参拜靖国神社。这使其执政之初颇有人气的大刀阔斧的改革风格，演变为不顾国家利益、孤家寡人的独断作风。特别是他在推行改革政策、强调竞争、刺激社会活力的同时，没有注意给社会弱势群体相应的福利保护，结果造成社会差距拉大，引发庞大的老龄社会的普遍不满，以致其继任首相安倍晋三上台后，不得不在一系列改革政策上做出适度调整，以平息公众的怨气。

第一届安倍内阁自2006年9月上台以来，提出了建设“美丽的国家”的口号，极力在国内政策方面推进教育基本法及战后和平宪法的修订，目的是全面强化国家的地位，实现冷战后日本国内政治的整合，使日本社会公众强化国家意识，认同自民党实行的内外政策。然而，安倍内阁成员不断爆出个人经济丑闻，暴露了安倍在人事任用政策上任人唯亲、论功行赏的重大失误。同时，2007年又发生国民养老金个人信息记录大量丢失事件，致使国民对安倍内阁的信任率大幅下降。加之安倍晋三作为20世纪50年代出生的新一代政治家，缺乏执政经验和党内指导者的威信地位，导致自民党在2007年7月的参议院选举中惨败，由此失去了自建党以来一直占据的参议院第一大党地位。民主党取代其在参议院的第一大党地位，民主党与自民党的参院席位比例为108：82。一系列的打击令刚刚上台一年的安倍晋三一蹶不振，加之面临着《反恐特别措施法》难以在国会通过的巨大压力，2007年9月12日他宣布辞去首相职位。自民党通过选举，推出党内稳健派代表福田康夫担任党首，并在国会通过了首相任命。面对日本在野党首次掌控参议院的艰难境地，福田政权只能选择加强与在野党政策协调的道路。

在2009年8月30日举行的日本国会众议院选举中，民主党以309：119席的绝对优势战胜自民党，获得执政党地位，鸠山由纪夫成为替代自民党内阁总理大臣麻生太郎的日本战后第60位首相，由此实现战后日本政局真正意义上的首次“政权更迭”。这反映了日本公众对自民党长期执政的反感情绪，对自民党推行的内外政策的不满。然而，鸠山内阁仅仅维持了不到十个月，就因普天间美国军事基地搬迁问题的交涉失败，以及他个人的政治献金问题而不得不宣布辞去首相职位。尽管鸠山在改善中日关系以及加强东亚区域合作问题上作出了一定贡献，但日本国内强大的保守社会政治势力却斥之为充满理想主义的“外星人”。加之日本政党政治中的派系倾轧，鸠山由纪夫成为民主党执政的第一位牺牲者。此外，他在任期间日本国内经济诸多问题不能得到有效改善，也是导致他下台的重要原因。

2010年6月4日继鸠山辞职之后，菅直人以高票当选日本民主党党首，成为新一届内阁总理大臣。这位出身平民、市民运动起家的首相上任伊始得到日本民众广泛支持，支持率曾一度接近70%。然而好景不长，不久就因他执意提高消费税而民意大跌，又因民主党幕后人物小泽一郎受贿丑闻而被迫改组内阁，以划清与小泽派的关系，接着便是民主党在参院选举中惨败，形成了朝野各持一端的“扭曲国会”。由此菅直人内阁在参众两院都失去了支持，步履维艰。日本东北大地震的发生，给了他举国一致应对危机、重塑内阁形象的时机，然而民主党内的派系斗争不断，菅直人内阁在应对灾害举措方面又一再出错，加之缺乏行政经验的致命弱点，最终不得不在2011年8月辞职。

接替菅直人上台的野田佳彦是民主党保守势力、“鹰派”的代表人物。上台之初他便明确了要加强日美、日美韩、日美澳之间的军事合作关系，甚至强化日本与印度的军事合作关系，以应对中国崛起。为此，高层外交活动频频、合作军事演习不断，大搞所谓“价值观外交”。特别是在钓鱼岛问题上与日本右翼势力遥相响应，不断挑起事端，激化中日之间领土纠纷。然而另一方面，面对中国崛起的现实，野田内阁也不得不承认搞好与中国的关系，是关乎日本经济能否实现顺利增长的关键所在。

2012年12月，日本通过第46届众议院选举产生了由自民党与公明党组成的联合政府，安倍晋三再次出任首相，组成了战后第96届内阁。除了推出刺激国内经济增长的“安倍经济学”之外，这一届安倍内阁上台伊始便想全面修改宪法第九条、解禁集体自卫权，企图使日本国家安全战略突破以往的本土专守防卫的限制，使其扩大到亚太地区以及更广阔的范围。在对外关系方面，安倍内阁借美国重返亚洲的战略态势，加紧了日本在东亚地区扩张的步伐，甚至不惜牺牲多年来与中国、韩国发展起来的睦邻友好关系，在领土纠纷问题上越走越远，并公然参拜靖国神社，彻底暴露了安倍内阁关于战争历史问题、战后国际秩序问题的右翼保守立场。

5.2.2 民族保守主义的新趋向

日本20世纪90年代以来的经济低迷、政治动荡催生了日本社会政治中的“三大思潮”，即保守主义、社会思潮右倾化以及民族主义的抬头，由此而来的是日本政坛的“总体保守化”。关于1993年以后日本政党政治的总体保守化，大体可概括为以下四种表现：

表现之一，在日本政党变动期中，各个相继执政的联合政权虽然都曾自我标榜坚决推行政治改革的方针，但是上台执政后便一改初衷。无论是细川联合政权、羽田政权还是村山政权，都丝毫没有改变自民党长期执政遗留下来的基本对内对外政策。就连政治改革方案本身也是按照自民党政改方案的蓝本修订而成的，内容相差无几。几届政府在推行具体政治改革方面显得软弱无力，没有推出强有力的相关改革政策。政治改革的中心问题由彻底肃清自民党长期执政形成的金权政治转向了选举制度的改革，各党都把如何通过选举改革使本党能够获得更多选票、扩大选民队伍当作改革的中心议题，由此暴露了20世纪90年代初日本革新势力发起的政治改革运动只不过是有名无实的一场闹剧，争夺执政权仍然是日本政党政治的中心。

表现之二，自民党虽然暂时离开了政权或部分地参加政权，然而自民党遗留下的官僚、派阀政治并没有得到结构性的改造。日本相继出现的联合执政党派在上台之前都表示要刷新日本政治，与自民党的官僚、派阀政治决裂，但事实证明，不仅自民党党内的官僚、派阀政治依然发挥着作用，而且那些脱离了自民党的所谓“革新势力”也不得不按照自民党以往的政党运营方式，通过派别首领之间的“利权政治原则”来调整他们之间的关系。特别是小泽一郎这样的政治家，在形式上与自民党分了家，但从他本人使用的政治手段来看，依然是典型的日本传统政治家所惯用的手法。在1993年日本政党急剧变动中出现的年轻一代日本政治家并不像人们所期望的那样，是在战后生长起来的且受欧美自由民主影响很深，事实上他们的行为方式与传统的自民党政治家并没有根本区别，他们与传统政治模式有着根深蒂固的联系。从表面上看，他们都口口声声地要把国家利益置于高于一切的地位，但实际上却把党派利益置于高于一切的地位，为了谋取权力没有什么原则是不可牺牲的。

表现之三，相继上台执政的各联合政权在日美安保体制上，基本与原自民党政权维持了一致立场。众所周知，在“五五体制”下，围绕日美安保体制和政策展开的争论曾经是划分日本政党左、中、右不同势力的试金石，也是以社会党为首的社会左翼力量与自民党长期斗争的中心课题。由于美国在冷战时期长期坚持“反共”政策，日美安保合作关系以及围绕这种关系在日本展开的争论，从一开始就带有强烈的意识形态色彩。冷战后的世界形势发生巨变，国际关系中意识形态色彩趋于淡化，日本国内自、社两党对立的外部国际条件也发生了重大变化，由此，日美安保合作问题失去了自、社两党对立的意识形态基础，成为纯粹国家对外政策的选择问题。在这种形势下，作为以往反对日美安保条约的社会党以及公明党等势力也都逐渐改变了一贯立场。特别是随着社会党参加联合政权，继而在联合政权中发挥主要决策作用，如何处理日美军事安全关系就成为执政党不可回避的重大政策问题。作为掌握国家政权的执政党，社会党再也不可能继续维持其一贯反对日美安保体制的立场，在国家利益高于一切的前提下，社会党义无反顾地走上与自民党的安保政策一致的道路。然而，这种重大政策的转变，不能不影响到该党长期坚持的信念和思想基础。在信仰与现实的抉择面前，社会党只能放弃前者而选择后者，与保守势力合流。

表现之四，新保守主义势力发展成为主导力量。以小泽一郎为代表的新保守主义在1993年以来的政党变动中成为主导力量。新保守主义思潮不仅确定了日本政党政治发展的方向、路线和政策方针，而且也深深地影响着相继上台执政的各个党派。即便是与小泽代表的新保守主义在党的利益上发生冲突、对立的那些政党，实际上也在推行着一种小泽路线。新保守主义与传统保守主义的根本差别在于，它力图打破自民党长期稳定执政的“一党独大”局面，代之以两大保守政党为中心、轮流执政的政党体制，从而实现理想的西方政党模式，即稳定的两党制或多党制。在此基础上建立起政党之间彼此监督、相互制约的协调机制，避免了由于国家权力长期掌握在一党手中而产生官僚政治、金权政治现象。同时，在没有根本利益冲突的前提下，两党之间在政策选择方面既可以保证保守主义的治国路线方针总体不变，又可以通过两党轮流执政修正及补充各党现行政策中的偏差和不足。

应当说明的是，从传统保守主义到新保守主义不仅是思想、观念上的一次变动，而且是日本政党政治的一次更替。随着战后第一代政治家相继逝去和第二代政治家进入垂暮之年，20世纪90年代的日本政党政治又孕育出以小泽、小泉、安倍、麻生以及今天民主党野田佳彦为代表的第三代政治家。与前两代政治家不同，新的一代政治家是在战后和平环境中成长起来的，他们所受的教育和参与政治活动的经历都不同于以往的政治家。尽管他们当中多数有政治世家的背景，受日本传统政治的影响不小，但却具有不同程度的向新性。特别是20世纪八九十年代以来，以自民党为中心的日本政党政治的衰落和国际形势的急剧变动，给新一代政治家的崛起创造了有利的客观条件。由此，在“五五体制”后的政党变动中，新一代政治家逐步取代了老一代政治家，最终取得了主导日本政党政治的地位。

当前日本主流政治思潮可以用“民族保守主义”这一概念予以界定。特别是小泉上台执政以来，民族保守主义在日本国家政治生活中的影响日益扩大，并成为保守政党的政策行为。民族保守主义并不是民族主义与保守主义的简单相加，而是要在冷战后全新的国际条件下，实现由新保守主义势力为中坚的、以实现“普通国家”为目标的一次日本民族的“再认同”。甚至有人认为这是堪与明治维新相提并论的日本民族的又一次振兴。自 20 世纪 80 年代以后，日本政坛出现了“战后政治总决算”、“日本改造计划”、“日本国家发展战略”、“强军立国”等一系列论调，否认战后形成的“日本和平宪法”、“教育基本法”的合理性，认为这些都是美国占领时期强加给日本的，根本不符合日本民族精神，必须予以改正。不仅如此，这些论调宣称对近代以来的历史都要重新审视，以重新确立以天皇为中心的正统国家体制与国家观念，认为应该通过这些相关的政治改造，最终恢复日本人的“民族自信心”和“民族精神”。这种民族保守主义思潮在很大程度上已经成为当前日本主流政治家信奉的政治理念，甚至成为政府决策的指导思想。例如，安倍政权在 2006 年 12 月促使国会通过了经过修改的“教育基本法”并予以实施，使 20 世纪 90 年代以来日本政府强制要求学校在学生毕业、入学仪式上升国旗、奏国歌的要求合法化，其目的在于自上而下地向日本国民灌输国家意识、强化国家主义。正是在这种民族保守主义的鼓噪下，日本政府屡次通过否认侵略历史的日本历史教科书的审定，部分内阁成员公开否认日本侵略历史，而小泉上台后更是不顾亚洲国家的反对相继 6 次参拜靖国神社。同样，安倍在执政一年后也步其后尘公然参拜靖国神社。所有这些都给日本右翼极端民族主义势力以极大的支持，相反也引来在野党和日本广大民众强烈的反对呼声。

在日本战败 58 周年纪念日，日本右翼分子身着二战日军装束，前往靖国神社参拜（本图来自新华网）

2013年12月，安倍参拜靖国神社，引发韩国民众的强烈抗议

5.3 谋求政治大国的日本外交战略

战后的日本于1951年重返国际舞台。冷战时期，日本长期奉行以日美关系为基轴的外交政策。冷战后，日本继续奉行“日美基轴”外交，日美军事安全关系不断强化，同时开始实施“亚洲一员”、“联合国中心”的外交政策。争做联合国安理会常任理事国、谋求区域合作中的大国地位，成为日本走向政治大国的重要内容。

5.3.1 日美安保体制及其强化

战后初期，美国为了构建反共军事联盟，积极调整对日占领政策。1951年日美两国在旧金山签订《日美安全保障条约》①，日本成为美国在亚洲推行反共冷战政策的大本营。整个冷战时期，日本外交的核心是围绕日美关系展开的，虽在不同阶段略有调整变化，如1960年1月，日美修改该条约，签订《日美共同合作与安全保障条约》，但以日美关系为基轴的外交基本原则始终未变。其结果是，一方面使冷战时期日本的外交独立性大打折扣；另一方面，日本借助美国的军事保护伞，全力发展经济，成为西方第二经济大国。

20世纪80年代，随着国际形势的变化和日本经济实力的增强，日本提出“全方位外交”。其确立的基本战略目标是：实现亚洲大国的主

① 该条约于1952年4月28日正式生效。

导地位，成为世界格局中的一极，进而谋求世界政治大国的地位。这期间，日本的对外政策，除继续强调日美关系、积极配合美国对苏实施“遏制”战略的同时，也开始注重与亚洲及其他第三世界国家的外交关系。

冷战结束后，日美关系受到来自各个方面的挑战。如何重新定位日美军事安全同盟的地位及作用，也一度成为颇有悬念的问题。为此，日美两国曾一度彼此猜忌、互信度下降，甚至日本国内有人认为日本已经到了该对美国说“不”的时候了。然而，尽管 20 世纪 90 年代中期日本国内政局动荡不定，但相继执政的历届内阁都继续维持日美之间在军事、政治、经济等各领域的紧密合作关系。从第一次海湾战争日本对美国在伊拉克采取军事行动给予经济援助，派扫雷舰参与海湾地区排雷活动，到国会通过《联合国维持和平行动合作法案》（简称 PKO 法案），以及 1999 年四五月间，日本参众两院相继通过新的《日美防卫合作指针》的相关法案，日本政府一再表明了美国的坚定同盟者的立场。1995 年日本《外交蓝皮书》强调，“即使在新的国际形势下，维持以日美安保条约为基础的日美间密切合作关系仍然是我国外交的基轴”。对此，美国国内主流政治势力也认识到，美国要继续在国际社会维持主导地位，就必须借助日本的力量和支持。

桥本内阁时期，日美两国在东京签署了《日美安全保障联合宣言》，表明日本与美国对冷战后国际安全和亚太区域安全形势的认同，并强调要继续加强日美从全球性安全问题到区域军事安全方面的合作，强调共同应对任何未来挑战的重要性。根据宣言的精神，日美两国就具体合作问题进行磋商，并于 1997 年 9 月 23 日公布了《日美防卫合作指针》的修正案，其中包括：两国将共同对付发生在日本周边地区的紧急事态，一旦有事，日本可以出动自卫队为美军的行动提供支援。1999 年 8 月美日两国就战区导弹防御体系（TMD）达成一致。2002 年 4 月 16 日，小泉内阁提出“有事三法案”，企图扩大日本采取军事行动和使用武力的范围，但当年未在国会获得通过。2003 年 6 月 6 日，日本国会通过了“有事法制”的 3 个法案，为日本走向军事大国提供了合法性依据，标志着日本安保政策由本土专守防卫扩大到干预周边的地区防务。“有事三法案”在国会的通过，为日本加速发展军力并扩大自卫队的行动自由提供了便利。日本首相从此拥有了“在紧急事态下”，不经过由外相、防卫厅长官等阁僚组成的安全保障会议和内阁会议而直接下令调动自卫队的权力。

显然，根据战后日本的和平宪法第 9 条规定，日本不得拥有军力。

和平宪法否定其“国家的交战权”，明文规定日本“永远放弃以国权发动的战争”，拒绝“以武力威胁或行使武力作为解决国际争端的手段”。“有事三法案”无疑是对日本和平宪法的严重突破。它不仅背弃了日本和平宪法的精神，也摒弃了日本政府一向标榜奉行的“专守防卫”和“自卫队不能在海外与美军一起行使武力”的原则。2004 年初，日本政府不顾国内人民的强烈反对，将自卫队派往伊拉克，充分显现了日本借美国这艘大船“出海”，扩大日本之影响的战略意图。自日本国会通过“有事三法案”至今，日本各在野党、反战和平团体及各界人士纷纷表示反对。而日本自民党内的强硬派由此进一步加紧修改战后和平宪法的活动，试图为最终实现日本的军事大国战略目标扫除最后一道障碍。

近些年来，中国综合实力的不断增长、国际地位和影响力的不断提升，引起日本政界高度关注。从 2006 年，日本外务省提出建构“自由与繁荣之弧”的外交战略后，安倍内阁、麻生内阁都做出积极的姿态，力图在亚太地区构建由日美澳印共同参与的跨太平洋与印度洋的军事安全战略共同体。自美国奥巴马政府推行所谓重返亚洲政策后，日本政府试图借机在日美安保条约的框架内，强化在东亚区域遏制中国的战略目标。目前，民主党野田内阁一再重申并积极推动日美韩、日美澳、日美印以及日本与某些东盟国家之间的安全合作，间接或直接地把这种战略合作的对抗目标指向中国。日本在此中间扮演重要的角色，穿针引线，积极鼓动，大有在日美安保体制的基础上，进一步扩大其自身地区军事安全作用之势，其借助美国以及其他国家的力量遏制中国的战略意图昭然若揭。

5.3.2 谋求政治大国的外交战略

20 世纪 60 年代，随着日本经济的高速发展，当时的日本首相池田勇人宣称，日本应“由经济大国向政治大国迈进”。从 1963 年 5 月起，日本先后同美、英、加、法、联邦德国等国建立起部长级定期会议制度，并参与发达国家一切国际活动，以树立大国形象。进入 20 世纪 80 年代，日本把谋求政治大国作为对外战略的主要目标。最先明确提出日本要成为“政治大国”的是日本首相中曾根康弘。1983 年夏季他提出，“要在世界政治中加强日本的发言权，不仅增加日本作为经济大国的分量，而且增加其作为政治大国的分量”。当年 10 月，日本政府发表 1983 年《外交蓝皮书》指出，必须把积极发挥日本迄今以经济为中心的作用，扩大到政治方面去。由此，走向“政治大国”成为日本政府确立的新战略目标。自那时以来，历任日本首相都表示日本要在世界上发挥与其经济实力相称的政治作用。为此，日本政府确立了走向政治大国的基本战略，强调运用综合国力，赢得与经济大国实力相适应的国际政治地位，使日本成为国际公认的起领导作用的国家。

冷战后，日本加快了谋求政治大国的步伐，积极争取成为联合国安理会常任理事国。20 年来，日本有组织、有计划、大规模地开展了“争常”活动。

日本曾以海湾危机和海湾战争为契机，积极策划联合国改革、安理会改组活动，试图成为联合国安理会常任理事国。在海湾战争中，日本为多国部队出资 130 亿美元，而当时日本连联合国安理会非常任理事国都不是，不能参与安理会对伊拉克制裁等重要决定。1992 年 10 月初，日本内阁副首相兼外相渡边美智雄在自民党全国研修会上讲道：“日本负担了联合国资金的 12.45%，比英、法、中三国之和还要多，仅次于美国，居第二位，完全有资格成为常任理事国。”日本争当联合国常任理事国的实施计划是：在 1991 年秋季安理会选举中成为非常任理事国；通过《联合国维持和平行动合作法案》参与柬埔寨的和平及复兴；加强同拥有多数票的亚洲、非洲和中南美洲发展中国家之间的关系；在不刺激五个常任理事国的前提下，推动改革安理会的国际舆论，并谋求在联合国成立 50 周年时加入常任理事国的行列。事实上，日本政府已实践了这一计划的前三项，但后一项计划未获成功。

之后日本以联合国成立 60 周年为契机，希望借联合国改革与安理会改组讨论不断深化之际，实现“入常”目标。为此，日本进一步明确了争取成为联合国安理会常任理事国的外交战略目标和具体实施步骤。其一，继续积极参与联合国维和行动、人道主义救援活动以及国际选举监督活动，不仅在资金、物质援助方面多做贡献，而且向海外派遣各类维和人员。日本曾先后向柬埔寨、莫桑比克、中东以及东帝汶等地派遣自卫队参与维和活动。其二，积极支持和参与美国发动的伊拉克战争以及美国主导的国际反恐活动，以换取美国对日本“入常”的支持。为此，日本内阁不顾国内民众和舆论的强烈反对，强行向伊拉克派遣自卫队，由此换取美国的支持。2003 年 12 月，日本派出先遣队赴伊，这是战后日本首次向尚处于战争状态的地区派兵，次年 2 月以后正式派遣 1 000 多名陆海空自卫队员先后赴伊，负责重建医疗、水利、给水、学校等公共设施，运输援助物资，为驻伊美军等提供后勤支援等。美国总统小布什在 2007 年 9 月第 62 届联大呼吁改革联合国安理会，并明确表示美国支持日本“入常”。其三，以政府开发援助（ODA）为依托，广泛开展多边外交。近些年来，日本对发展中国家的政府开发援助资金日益增多，但日本在向发展中国家提供援助时，每每要求对方支持日本成为联合国安理会常任理事国。一些发展中国家为了得到援助，不得不顺从于日本的要求。其四，联合德国、印度、巴西结成“争常”联盟，在联合国内形成多国联合势力，扩大影响以实现“入常”目标。为此，日本积极开展四国间多边合作外交，协调一致共谋大业。2004 年 9 月 21 日小泉在第 59 届联合国大会上发言，历数日本为联合国和平事业所作出的国际贡献，并表示，日本在联合国的作用日益重要，这是日本成为安理会常任理事国的“坚实基础”。2005 年 5 月，日本政府召集 120 名驻外大使，集体讨论“争常”事宜，力争将安理会改组列入第 60 届联合国大会议程，并争取更多国家支持日本“入常”。然而，事与愿违，经安理会 5 个常任理事国以及联合国的多次磋商，为了维护联合国的团结、防止分裂，第 60 届联大会议最终没有将安理会成员扩大的议题纳入议程，并否定了限期实现“扩常”的提案。自此，日本“争常”活动再次搁浅。

显然，日本近些年来对联合国和平事业作出的贡献是具有积极意义的，也是有目共睹的，但是这绝不意味着一个在以往侵略历史上曾给亚洲以及世界人民带来深重灾难的国家，可以在不清算战争历史责任、至今仍不断以此伤害受害国人民感情的前提下成为联合国安理会常任理事国。日本要成为国际社会上受尊重的政治大国，积极发挥大国的国际作用，这是可以理解的。但问题在于，日本应当成为怎样的政治大国？走什么样的政治大国道路才有利于日本与周边国家和睦相处、共同发展？为了实现政治大国的战略目标，日本必须在积极发展与西方大国关系的同时，注重改善与周边国家关系，开展亚太外交，尤其应当积极推动日本与东亚各国友好合作关系的发展。

日本作为当今世界经济大国，虽然在国际社会中俨然以西方大国阵营中的一员身份出现，但是在世界政治的舞台上却一直扮演二流角色。这种政治经济不平衡现象在日本国内政治与国际政治两个领域都十分突出。沉重的历史羁绊、保守的政治传统、右倾化的民族主义，是日本走向正常国家道路的难以摆脱的桎梏。

阅读书目

1. 陈建. 21 世纪日本经济发展战略研究. 北京：中国城市出版社，2002

2. ［日］小泽一彦. 现代日本的政治结构. 北京：世界知识出版社，2003

3. 包霞琴，臧志军主编. 变革中的日本政治与外交. 北京：时事出版社，2004

4. 张广宇. 冷战后日本的新保守主义与政治右倾化. 北京：北京大学出版社，2005

分析与思考

1. 冷战结束后，日本民族保守主义不断强化的表现及原因是什么？
2. 试分析日本谋求政治大国地位的表现及制约因素。

第 6 章

力求重振大国雄风的俄罗斯

要论提示

- 俄罗斯继承并整合苏联遗产，积极推动独联体一体化进程。
- 俄罗斯经济政治制度转轨基本完成，正在全面推进国家的现代化进程。
- 俄罗斯以维护国家利益主旨，形成务实、积极的强国外交政策，力求重振大国雄风。

关键词

俄罗斯　独联体　制度转轨　强国外交

俄罗斯自独立后，综合国力严重下降，在国际社会中的地位和作用无法与昔日苏联相比。但是俄罗斯幅员辽阔、资源丰富，拥有从苏联继承来的较为先进的工业基础设施和现代科学技术。在经历了长期的经济危机和政治动荡之后，俄罗斯在世纪之交最终实现了经济增长和政治稳定。作为当今世界的主要大国之一，俄罗斯在国际事务中仍发挥着重要作用，并成为反对大国霸权主义、推动世界政治多极化的重要力量。

6.1　继承苏联遗产的俄罗斯

作为原苏联最大的加盟共和国，俄罗斯在苏联解体后继承了苏联的主要遗产，并在独联体中保持着主导地位。俄罗斯同独联体其他成员国是正常的国家间关系，在合作与斗争中不断分化与整合。

6.1.1　苏联的演变及其战略遗产

20 世纪，俄罗斯经历了国力兴衰交替及社会经济政治制度的巨大变化。沙皇俄国作为帝国主义列强之一参加了 20 世纪初帝国主义对世界霸权和殖民地的争夺。第一次世界大战证实了沙皇制度的腐朽、没落及俄国的衰落。列宁领导布尔什维克党抓住这一帝国主义链条上的“薄弱环节”发动了十月革命，并于 1922 年 12 月，建立了苏维埃社会主义共和国联盟（简称苏联），开创了人类历史的“新纪元”（见表 6—1）。

表 6—1　　苏联的建立及加盟共和国数目的变动

时间	数目	成员国的增减
1922 年 12 月 30 日	4	苏联建立，成员是白俄罗斯、俄罗斯、外高加索联邦、乌克兰。外高加索联邦成立于 1922 年 3 月 12 日，由格鲁吉亚、阿塞拜疆、亚美尼亚组成。
1924 年 10 月 12 日	5	乌兹别克加入苏联。
1924 年 10 月 27 日	6	土库曼加入苏联。
1929 年 12 月 5 日	7	塔吉克加入苏联。
1936 年 12 月 5 日	11	外高加索联邦撤销，格鲁吉亚、阿塞拜疆、亚美尼亚、哈萨克、吉尔吉斯加入苏联。
1940 年 3 月 31 日	12	卡累利阿加入苏联。1939 年 9 月苏联同芬兰爆发战争。1940 年 3 月 12 日签订苏芬和平条约。苏联将从芬兰获得的领土并入 1923 年 7 月 25 日成立的卡累利阿自治共和国，并将其升格为共和国。
1940 年 8 月 2 日	13	摩尔多瓦加入苏联。1940 年 6 月苏联向罗马尼亚提出归还比萨拉比亚和割让部分领土的要求。罗马尼亚屈服。将比萨拉比亚大部分领土与德涅斯特河左岸的摩尔达维亚自治共和国合并，成立摩尔达维亚共和国。
1940 年 8 月 3 日	14	立陶宛加入苏联。苏联充分利用 1939 年 8 月 23 日签订的《苏德互不侵犯条约》及秘密附加议定书以及第二次世界大战初期的混乱局势，占领了波罗的海三国。
1940 年 8 月 5 日	15	拉脱维亚加入苏联。
1940 年 8 月 6 日	16	爱沙尼亚加入苏联。
1956 年 7 月 6 日	15	卡累利阿降为自治共和国，并入俄罗斯。

资料来源：《俄罗斯国家概况》，见中华人民共和国外交部网站；［英］利德尔·哈特：《第二次世界大战史》（上册），上海，上海译文出版社，1980。

十月革命的成功，是俄国社会矛盾发展的必然结果，但并未改变俄罗斯社会经济落后这一基本状况。在落后的东方国家如何建设社会主义，是一项没有前人经验可寻的艰巨任务。以列宁为首的布尔什维克党人进行了社会主义理想的最初实践，他们实行了军事共产主义政策，企图直接过渡到没有商品与货币交换关系的社会。这一政策对巩固苏维埃政权、打败帝国主义国家的武装干涉具有积极作用，但在和平建设时期则难以为继。经过军事共产主义的曲折，1921 年实行的"新经济政策"是列宁对苏俄建设社会主义道路的一次成功探索，这一政策以占俄国 80%的农民作为制定政策的出发点，允许私营经济存在，通过国家资本主义来限制和利用资本主义经济，把发展重点放在解决苏俄农民—农业问题上。"新经济政策"符合俄国国情，因而推动了工农业生产的恢复和发展。列宁逝世后不久，苏联党内出现了关于社会主义建设和道路的激烈争论，这被认为是向资本主义的临时"退却"。于是斯大林中断了列宁的伟大探索，1929 年苏联"新经济政策"终结，进入"大转变的一年"。在斯大林领导下，苏联实行"赶超"先进国家的战略，提出优先发展重工业的方针，推行高度集中的计划体制。到 1936 年，苏联基本完成了国有大工业体系的建设，商业领域内的私有经济成分基本被消灭，形成了以高度集权为特征的苏联社会主义模式。在经济上主要依靠行政手段组织社会经济生活，而不是依靠市场调节，中央严格控制大多数产品的生产和分配，权力过度集中于中央政府；政治上党政不分，党直接管理国家，党内职务终身制问题突出。

斯大林时期苏联共产党建立的权力高度集中的管理体制虽有弊端，但 20 世纪三四十年代总体上符合苏联所面临的世情和国情，能够最大限度地充分调动和集中全国的人力物力，集中力量建立新的工业部门，确保了苏联重工业特别是国防工业的发展，从而为苏联社会主义奠定了大工业的基础①，为反法西斯战争的胜利提供了强有力的物质和人员保障，也为进一步巩固和发展苏联社会主义基本制度打下了基础。

随着反法西斯战争的胜利和战后恢复重建任务的完成，苏联模式总体上无法进一步适应 20 世纪 50 年代以后的社会主义建设事业的要求，其弊端日益显现，需要对其进行必要改革。斯大林逝世后，赫鲁

---

① 从第一个五年计划到二战前，苏联的钢产量从 430 万吨增加到 1 830 万吨，石油产量从 170 万吨增加到 3 420 万吨，煤产量从 3 550 万吨增加到 16 470 万吨，机床产量从 2 000 台增加到 58 400 万台，电力从 50 亿千瓦小时增加到 483 亿千瓦小时。

晓夫对内推行改革以及通过“和平竞赛”赶超美国的战略，对外推行与西方国家“和平共处”路线，加强了对社会主义国家的控制和对亚非拉国家的经济、军事渗透，试图“美苏合作，共同主宰世界”。1956年赫鲁晓夫批判对斯大林的个人迷信和崇拜，开始进行改革苏联社会主义模式的探索。这次改革范围广泛，有一定深度，破除了某些教条主义的理论与政策，触及了苏联模式的某些弊端，但由于改革缺乏必要的思想理论和组织准备，带有浓厚的主观主义色彩，某些做法过于简单轻率，致使改革不仅半途而废，而且遗留下不少隐患。

勃列日涅夫上台执政后，否定和取消了赫鲁晓夫过激的改革做法，执行较为稳妥、保守的方针。政治上，加强集体领导，规定党政最高职务永远不得兼任，使中央政治局会议和中央书记处会议制度化；扩大地方苏维埃的权力，改进政府工作，加强法制。经济上，逐渐推行以改进计划工作、加强对企业经济刺激、扩大企业自主权为主要内容的“新经济体制”。改革初期取得了一定成效，政治稳定、民族团结、社会秩序良好、经济继续快速发展，同美国的差距进一步缩小。军事上，苏联实力迅速增强，20 世纪 70 年代初大体形成同美国的核均势，成为与美国平起平坐的军事超级大国。但勃列日涅夫的改革仍然没有冲破原有体制，许多深层次问题仍未解决。20 世纪 70 年代后期，由于苏联领导人思想日趋僵化保守，安于现状，苏联改革陷入停顿，原有经济政治体制的弊端十分突出。与此同时，苏联对外积极同美国争夺世界霸权，进行全球扩张。这不仅使苏联在国际上处于被谴责和被孤立的地位，而且沉重的军费负担拖垮了国内经济。入侵阿富汗也伤害了苏联广大穆斯林的感情，加剧了国内民族矛盾。苏联社会潜伏着严重的危机。

1985 年 3 月戈尔巴乔夫上台执政后，决心挽救苏联岌岌可危的超级大国地位，对内外政策进行重大调整和改革。但由于戈尔巴乔夫在改革中推行错误的思想路线和政策，不仅没能使苏联社会走向稳定，反而加剧了国内各种矛盾，社会危机和民族危机全面引发。在面对民族分裂势力的挑战时，没有同民族分离主义进行应有的斗争。在多数公民赞成保留苏联的情况下，向民族分离主义不断妥协和让步，无限度地承认加盟共和国的主权，导致联盟失去赖以存在的基础和条件，苏联最终于 1991 年 12 月解体。

苏联解体是多种因素综合作用的结果。戈尔巴乔夫改革的错误路线和方针是导致苏联解体的直接原因，西方国家的和平演变战略是苏联剧变的外部因素，苏共领导集团没有及时对其权力高度集中的管理体制进行改革，并自我蜕变为脱离群众的特权集团，是苏联解体、苏共亡党的根本原因。

作为苏联的“法定继承国”，俄罗斯在经济、军事、政治上继承了苏联的主要遗产。

在经济上，俄罗斯继承了苏联76.23%的国土，52%的人口，一半以上的自然资源，以及60%以上的综合经济能力。俄罗斯自然资源十分丰富，是世界头号资源大国。俄拥有苏联煤储量的3/4，石油、天然气、铁矿石、铜、铝、锡、铬、钛、黄金等能源、有色金属和稀有金属储量的半数以上。境内河流蕴藏着苏联3/4以上的水力发电资源，境内森林资源占苏联的90%以上。磷灰石、磷、钾、岩盐等化工原料的储量也很丰富。俄罗斯是苏联经济实力最强大的共和国，苏联经济实力的基础主要分布在俄罗斯境内，不仅工业部门齐全，拥有完整的工业体系，而且技术和设备也最先进。1990年俄拥有国民财富2.7万亿卢布，占苏联的60%，其中固定资产1.229万亿卢布，占苏联的62.1%；国民生产总值5 870亿卢布，占苏联的58.7%；工业产值6 096亿卢布，占苏联的66.4%；农业产值1 021亿卢布，占苏联的46.7%。俄罗斯科学技术总体水平居苏联各加盟共和国首位。苏联解体后，俄继承了苏联科学院和各专业性科学院，拥有的科研人员占苏联的67.8%；接管了514所高等学校，在校人数占苏联的56%以上。

在军事上，俄罗斯获得了苏联75%的部队、80%的战略核力量，50%的武器装备、70%的军工生产企业，并且排他性地继承了苏联的核大国地位。根据苏联解体过程中，各加盟共和国领导人达成的协议和1992年5月美国同俄罗斯、白俄罗斯、乌克兰、哈萨克斯坦签署的《里斯本议定书》，俄罗斯在法律上被确定为苏联核武器的唯一继承国。乌克兰、白俄罗斯、哈萨克斯坦三国的核武器必须运往俄罗斯销毁，三国必须以非核国家身份加入1968年的核不扩散条约。在常规力量方面，俄罗斯除接管其境内7个军区的部队和装备，还获得了苏联部署在民主德国的北部集群、驻华沙条约成员国的西北部集群、波罗的海三国的北部集群、驻蒙古的部队，以及外高加索军区和驻摩尔多瓦的部队和装备。在海军方面，俄罗斯得到了北方和太平洋舰队的全部，以及波罗的海舰队除基地、港口外的人员和装备，黑海舰队的大部和里海区舰队的一部分。总之，苏联13个军区中，俄罗斯控制和接管了8个半军区；苏联146个陆军师中，俄罗斯接管了117个师；苏联13个炮兵师中，俄罗斯获得了8个师；苏联4大舰队和1个区舰队中，俄罗斯获得了3个半舰队、1/3个区舰队。

在政治上，俄罗斯不仅接管了苏联中央所有机关，而且继承了苏联的政治大国地位。苏联解体前与世界上 140 多个国家建立了外交关系，签订了 16 000 多个涉及诸多领域的国际条约和双边条约，在联合国等国际组织和一些地区组织中占有重要地位，这些奠定了苏联在国际社会中的政治大国地位。苏联解体后，俄罗斯根据独联体国家阿拉木图首脑会议通过的有关决定，继承了苏联在联合国安理会常任理事国席位；接替了苏联建立的所有外交关系，将苏联所有驻外机构改为俄罗斯外交机构；继承了苏联签订的所有国际和双边条约。

丰富的自然资源，强大的经济潜力，可同美国抗衡的军事实力，以及原苏联在国际社会中的地位，为俄罗斯重振昔日雄风、谋求世界强国地位奠定了良好的基础。

6.1.2　独联体与俄罗斯

独立国家联合体，简称独联体，是在苏联解体过程中，赢得主权独立的苏联各加盟共和国建立的组织。1991 年 12 月 7 日，俄罗斯、乌克兰、白俄罗斯三国领导人在白俄罗斯的别洛韦日森林举行秘密会晤，签署发表了《关于建立独立国家联合体的协定》（简称《别洛韦日协定》）等文件，向全世界宣告：苏联作为国际法主体和地缘政治现实已不存在，建立独立国家联合体。随后，中亚五国、亚美尼亚、阿塞拜疆和摩尔多瓦相继发表声明，支持《别洛韦日协定》，表示愿意以平等创始国身份加入独联体。12 月 21 日，除波罗的海三国和格鲁吉亚外，苏联 11 个加盟共和国的领导人在哈萨克斯坦首都阿拉木图签署了《关于建立独立国家联合体协议的议定书》，发表《阿拉木图宣言》，正式宣布苏联不复存在，建立独联体。①

独联体既不是国家，也不是超国家的实体，只是主权国家之间的联合形式，是成员之间交往与合作、协调彼此利益的跨国机构。独联体没有中央政权机构，只有协调机制，其有关决定对成员国没有约束力。独联体没有统一的对内对外政策，只是在尊重参加国主权的前提下，在某些领域进行政策协调。独联体也没有统一的军队，只根据成员国的自愿参与，“保留和支持共同的军事战略空间”。

独联体这种性质为其成员国建立相互间的新型国家关系创造了条

① 格鲁吉亚在 1993 年 12 月加入独联体。2005 年 8 月，土库曼斯坦宣布退出独联体；2008 年，格鲁吉亚宣布推出独联体。

件。1993年1月22日，独联体国家元首理事会通过的《独联体章程》进一步规定："独联体的建立以其所有成员国主权平等原则为基础。所有成员国均为独立平等的国际法主体。独联体致力于进一步发展和巩固各成员国睦邻友好、族际和睦信任、互相谅解和互利合作的关系。独联体不是一个国家，不具有超乎民族之上的权力。"可见，独联体成员国之间的关系，既不同于苏联时期，也不同于沙皇俄国时期，而是建立在相互尊重主权平等基础上的国家间关系。俄罗斯虽然被赋予了在独联体中的独特地位，如继承了苏联的核武器、享有联合国常任理事国席位，在独联体各领域的合作中俄罗斯居主导地位，并在一些成员国设立军事基地等，但是俄罗斯与独联体其他成员国之间的关系，毕竟已经不是原苏联中央政权与各加盟共和国的关系，成员国虽然在经济上、安全上可能有求于俄罗斯甚至依赖俄罗斯，俄罗斯也有意识地通过经济、政治和军事一体化将部分独联体国家团结在它的周围，但这些国家的法律地位与俄罗斯是平等的，独立于俄罗斯之外，不是俄罗斯控制的"卫星国"，它们能够从自身国家利益出发自主决定同俄罗斯的相互关系。

苏联解体后，俄罗斯作为在独联体内拥有较强实力和影响力的"超级大国"，需要独联体作为其战略依托。但在推进独联体一体化的进程中，俄罗斯与独联体国家的政治经济关系经历了一系列危机。

独立之初，俄罗斯自身面临严重的政治经济问题，俄领导人抱有"甩包袱"的思想，刚刚获得独立的独联体各国排俄情绪也比较强烈，所以俄罗斯的独联体政策模糊。20世纪90年代末，随着北约东扩甚至介入独联体事务，以及土耳其、伊朗、巴基斯坦等国家向中亚地区渗透，俄罗斯调整对独联体政策，认为独联体对俄罗斯来说已经不只是具有周边安全和地区稳定的意义，而且是其巩固国际地位最重要的甚至是最后的战略依托。2003年5月，普京总统在向俄罗斯联邦会议作国情咨文时明确表示，"我们把独联体地区看作我们的战略利益范畴"，"加强与独立国家联合体各国的关系无疑是我国外交的优先方面"。在俄罗斯的积极推动下，独联体从当初远离俄罗斯转而靠近俄罗斯，出现了纷纷参加地区一体化的趋势。

在西方国家的助推下，独联体国家先后发生"颜色革命"，取得政权的新一代政治精英都将美国和欧洲当作靠山。俄罗斯与独联体国家关系多元化、离心趋势明显。为维护俄罗斯在独联体地区的传统地缘政治和经济影响，俄罗斯采取亲疏有别的方式，注重"软实力"和"硬实力"的兼施并用来推动一体化进程。一方面，俄罗斯将双边合作的重点转向经济领域，采用“经济实用主义”重建与独联体国家的关系。特别是抓住美国和西方深陷经济危机、无暇关注独联体事务的有利时机，利用各国对俄的不同需求，有针对性地进行拉拢或牵制。近年来，正式启动俄、白、哈三国关税同盟，全面加强与奉行亲俄政策的白俄罗斯、亚美尼亚、哈萨克斯坦、吉尔吉斯斯坦、塔吉克斯坦等国家的战略合作关系，积极推动独联体自由贸易区，从而使独联体重新成为俄罗斯走向世界强国所依托的“战略后院”。另一方面，对乌克兰、格鲁吉亚、摩尔多瓦、阿塞拜疆和乌兹别克斯坦等排俄国家采取打拉结合、以拉为主的政策，力图滞缓它们疏离俄罗斯、投奔西方的步伐。对一些成员国不再“迁就忍让”，采取了多种手段惩罚反俄亲美国家，甚至不惜使用军事手段解决争端。阿布哈兹和南奥塞梯分别是格鲁吉亚的自治共和国和自治州，与俄罗斯接壤。两者都在苏联解体后宣布独立，并一直同格鲁吉亚中央政府处于对抗状态。2008 年 8 月，俄格军队在南奥塞梯发生冲突，俄随后宣布承认阿布哈兹和南奥塞梯独立，俄罗斯和格鲁吉亚关系至今处于冰冻期。[①] 2010 年俄罗斯用石油等经济手段影响乌克兰总统选举，震慑了独联体的离心取向；2014 年 2 月 22 日，乌克兰政权更迭，乌克兰东南部克里米亚自治共和国不承认新任政府的合法性，随后举行全民公决，决定成为独立国家，并入俄罗斯。俄罗斯顶住西方压力，支持克里米亚公投选择。同时俄以投资、债转股等经济手段打压反俄国家，控制他国经济命脉和战略企业，垄断天然气出口等，现实主义和实用主义政策初见成效。

总体看，俄主导的独联体一体化进程仍将面临诸多困难和挑战。西方国家为防止俄罗斯支配和控制独联体地区，利用俄罗斯同独联体其他国家之间的矛盾，挑拨离间，加紧渗透。欧盟和北约借助各种名目的合作计划，诸如双边“共同行动计划”、各种“发展纲要”、“和平伙伴关系计划”、“能源领域相互理解备忘录”等，试图将独联体国家纳入自己的政治经济体系、法律和管理体系及规则之中。独联体一体化进程与外部力量支持的多元化趋势之间的斗争将十分激烈。同时，独联体内部也时时存在着防范俄罗斯、背离一体化的现象。近年来俄罗斯自身经济实力和凝聚力有限，辐射力不足，与独联体成员国经济互补性不强，并且俄与他国存在利益分歧、棘手的民族矛盾等不利因素，没能给参加一体化进程的独联体国家带来所期望的实惠，加之独联体国家内部经济发展条件、投资环境、企业经营条件等越来越“碎

① 参见《八成格鲁吉亚民众支持恢复与俄罗斯外交关系》，见中国日报网，2013-06-29。

片化”，俄罗斯与某些国家间的关系出现问题，对独联体一体化进程产生了不利影响。对此，俄罗斯加强对独联体国家的外交攻势，利用自身优势，诸如地理位置、政治实力、社会支持和自然资源等条件，对“近邻国家”施加各种影响和威慑，遏制其内部的离心力，抑制外来势力的影响和扩张势头，积极推动独联体的经济、政治、军事合作。

6.2 俄罗斯经济与政治制度的转轨

俄罗斯独立后，努力推动经济政治制度转轨。转轨过程曾导致了国家政局动荡、经济混乱和人民困苦，但最终建立了国家主导的“社会市场经济模式”和威权民主制，并继续全面推进国家的现代化进程。

6.2.1 经济转轨与经济现代化进程

苏联解体后，俄罗斯政府接受西方设计的“休克疗法”，在国内实行以私有化、自由化和市场化为基本方向的经济转轨。经过20年的社会转型，俄罗斯市场制度的基本框架已经确立，但俄罗斯仍未建立起稳定有效的市场经济秩序，粗放的经济增长模式并未根本转变，俄罗斯还需继续推进其经济现代化进程。独立后的俄罗斯经济发展和经济政策调整可分为两个阶段：

第一阶段，1991年底至1998年9月，通过激进转轨建立自由市场经济体制。

独立之初，叶利钦政府认为，苏联时期的多次改革之所以失败，是因为改革力度不够，对单一公有制结构和高度集中的计划经济体制只进行细枝末节的修补，俄罗斯要避免重蹈覆辙，就必须大刀阔斧地进行深刻改革。为此，1992年初，由激进民主派代表人物盖达尔等人主持的俄罗斯新政府在其西方顾问的协助下，提出了内容庞杂的激进的经济转轨规划。俄罗斯经济转轨的目标是建立以私有制为基础、最大限度减少国家经济干预、通过市场实现社会保障的西方自由市场经济。其核心是进行私有化，即通过出售和处理国有企业及国有资产，建立起以私有制为主体的所有制结构，同时形成一个广泛的有产者和企业家阶层。在过渡方式上，俄罗斯采取激进的经济改革措施——“休克疗法”，尽快摆脱由解体所造成的短缺性和衰退性经济危机。

从效果看，首先，“休克疗法”基本实现了企业私有化的目标：

90%以上的商业服务业和小企业通过竞争、购买租赁和拍卖方式实现了私有化；59%的国有大中型企业通过“大私有化”完成股份改造，组建股份制实体；95%的国营农场和集体农庄进行了重新登记，各类合作制成为农业中的主要形式；私有化是俄罗斯激进改革中最有成效的方面。其次，自由市场经济体制框架大致形成，一些新兴要素在经济中开始发挥作用：商品价格通过市场竞争形成；国家运用货币政策和财政政策进行宏观调控，货币、金融、财税、信贷等经济杠杆作用增强，资金、股票、债券和证券可以自由交易；商品市场也随之出现，原国家计划已被市场机制替代。但是“休克疗法”并未完成稳定经济的任务。设计者认为只要放开和理顺价格，平衡财政信贷关系，让亏损企业在市场竞争中自行倒闭，社会生产就会走出困境。然而价格放开后短缺的生产资料价格猛涨，紧缩财政货币政策引发了严重的企业三角债和现金支付危机。同时，在商品短缺的情况下全面放开价格，导致恶性通货膨胀，并成为困扰俄罗斯经济的顽疾；经济衰退还造成国家预算收入赤字，国家负债累累。总之，激进经济转轨成本太高，付出代价太大。国家长期处于经济危机、财政货币危机和社会政治危机相互交织的状态，社会生产持续大幅下降，综合国力衰落，人民生活日益贫困。

总体看，俄罗斯的经济转轨是不成功的。虽然盖达尔之后的切尔诺梅尔金政府和基里延科政府对“休克疗法”进行了局部调整，但基本限于缓解“休克疗法”造成的后遗症，不能解决激进经济转轨造成的巨大危害。1998 年 8 月，俄罗斯爆发了空前严重的金融危机，形成以金融危机为突出表现的多种危机相互交织的局面。这场危机使长期衰退的俄罗斯经济濒临崩溃的边缘，同时也宣告了俄罗斯“休克疗法”的彻底失败，标志着西方自由主义经济模式和货币主义宏观政策的破产。

“休克疗法”失败的原因在于它脱离国情，照抄西方模式。俄罗斯国有经济比重大，且都分布在关系国计民生的基础行业，这种特点决定了私有化改造只能逐步进行，并应保持相对高的国有经济比重；俄罗斯经济计划程度高，应结合这种情况保留更多的国家干预，这和现代市场经济并不矛盾；原苏联长期实行国家对居民衣食住行的优惠制度，俄罗斯经济转轨应当注重居民的社会保障，但自由市场经济的实施使人民失业、社会贫富不均，既无效率也无公平可言。此外，“休克疗法”还违反经济规律，片面抑制需求，忽视增加供给，俄罗斯是短缺经济，用这一办法来实现经济平衡，只会越来越短缺，越搞越衰退、越搞危机越严重。

第二阶段，1998年9月至今，确立社会市场经济模式阶段。

这一时期，俄罗斯走上了以经济增长为目标的改革之路。俄罗斯几年的经济转轨实践和金融危机的惨痛教训，说明理想化的转轨模式不能解决俄罗斯的现实问题。俄罗斯先后三届政府，即普里马科夫、斯捷帕申和普京政府分别对其经济政策进行调整，探索符合俄罗斯国情的新的改革和发展道路，进入以恢复经济增长为目的的制度创新和改革阶段。他们采取的具体政策虽各不相同，但基本方向是一致的：继续深化和完善俄罗斯以市场经济为目标的经济体制转轨，并把市场经济与国家调控、效率与公平结合起来，实现社会市场经济；完善已经形成的混合所有制经济的微观基础，承认私有经济的地位，同时建立多种所有制经济成分；在转轨方式上，认为激进过渡方式违反俄罗斯经济发展规律，应当探索适合国情的、渐进的道路，适时地推进改革，建立市场经济机制。

俄罗斯政府的具体改革措施如下：（1）改变转轨目标模式，建立“有秩序的社会市场经济”。普里马科夫政府认为“过去推行的经济自由化是个失误，它是造成目前困难的主要原因”，在实行市场取向改革的同时强调加强国家的作用。普京认为，“必须在经济和社会领域建立完整的国家调控体系”，“市场经济通行的国家制定游戏规则并监督其执行的定式属于俄罗斯的未来，目前情况要求国家对经济和社会进程发挥更大的影响力”①，强调要由国家确保市场秩序，为市场经济的有效运行创造条件。（2）完善混合所有制经济，反对重新国有化。虽然俄罗斯的私有化不仅没有提高企业生产效率，而且造成国有资产严重流失，但是它为市场经济奠定了基础。因此，政府主张坚持私有化的主导地位，在保留必要数量的国有经济的前提下，建立混合所有制经济。同时提高私有企业和国有企业的生产效率，加强公司治理，转化经营机制。（3）在过渡方式上，反对盲目照抄西方模式的激进经济改革，强调应走自己的改革道路，寻找适合本国国情的改革道路和模式。普京所采取的路线即为“市场经济＋民主原则＋俄罗斯现实”。（4）在社会建设方面，让居民休养生息，实施教育、医疗、住房和农业四大“国家工程”，打击寡头经济，实现社会公平。

俄罗斯历届政府修正了激进改革派和极左派的激进经济改革路线，致力于建立一个以混合经济为基础、保持一定国家干预、实行有序竞

① 潘德礼主编：《十年巨变：俄罗斯卷》，126页，北京，中共党史出版社，2004。

争、兼顾公平与效率的社会市场体制。普京把这种“国家＋市场”的市场经济状态明确称为“可控制的市场经济”模式。学者们则称之为“普京的新资本主义道路”，是“混合市场经济模式”。“可控制的市场经济”模式的建立，克服了纯粹市场经济的缺陷，在不改变市场经济和民主目标的同时，加强国家的作用。国家调节经济的目的不是增加行政杠杆，不是对经济领域的扩张，而是保障市场经济的社会方向，保护国民利益少受市场经济力量的侵害。国家调节的手段有税收调节、预算调节、货币调节、价格调节、计划调节，也有行政调节。立足本国国情的俄罗斯经济发展道路使国民经济很快走出低谷。1999 年，俄罗斯实现了转轨多年来首次最为明显的经济增长，国内总产值比 1998 年增长 3.3％，“国家走出了衰退的泥潭”。2000—2008 年的 9 年间，俄罗斯国内生产总值年均增长 6.9％，俄罗斯人民的生活明显改善，俄居民实际可支配收入年均增加 12.1％，扣除消费物价指数的职工月均工资年均增加 19.5％，实际退休金额年均增加 11.2％，它们均高于同期国内生产总值的增长率。同期，俄罗斯投入使用的住房面积大幅增加，其中 2007 年同比增加 21.1％。① 历经十几年的转型，俄罗斯经济发展思路渐趋明确，宏观经济表现良好，对世界经济的影响力日益增大。俄罗斯经济回升且综合国力迅速提高已成为稳定的发展态势。

俄罗斯经济发展仍然面临着的众多急需解决的问题主要有：经济结构单一，严重依赖能源出口；中小企业活力不足，国家建设基金匮乏；经济转型并没有给社会的广大弱势群体带来更多实惠，少数特权阶层通过各种途径把国有财产据为己有，成为操纵俄罗斯国家经济命脉的经济寡头，社会出现两极分化。特别是 2008 年爆发的国际金融危机重创俄罗斯经济，俄经济陷入严重衰退。为使俄经济摆脱资源型发展模式，实现健康可持续发展，梅普组合积极采取措施重启经济现代化进程。以 2009 年 11 月的俄罗斯总统国情咨文为标志，梅德韦杰夫提出现代化战略，最终目标是富民强国，建立一个全新的、现代化的俄罗斯，可称其为全面现代化战略，也可称其为国家现代化战略。其中经济现代化的主要内容是：以“智慧型经济”取代原料型经济，重点推动节能、航天、原子能、医疗以及信息技术五大创新发展领域，吸引高素质人才，改善投资环境，完善税收和保险制度，为发展创新经济提供条件，增强经济的国际竞争力，努力迈向世界经济强国。政

① 参见周延丽、王兵银：《俄罗斯市场经济模式的演进路径及未来走向》，载《俄罗斯中亚东欧研究》，2011 (3)。

治改革和外交政策为经济发展提供保障。俄罗斯的现代化进程已经启动，但要真正实现以经济全面崛起为先导的国家复兴，完成大国向现代化强国的飞跃，俄罗斯仍有较长的路要走。

6.2.2 政治转轨与政治发展的深化

俄罗斯独立后政治领域变化很大，国家权力体系从苏维埃制度向民主政治转变。这一进程始终伴随着激烈的政治斗争，甚至流血冲突。俄罗斯政治发展在经历自由民主的挫败后，最终确立了以总统权力为核心的政治体制基本框架。权威主义政治已成为与俄转型时期社会发展相适应的治国模式，但其与现代民主制度仍有距离。独立后，俄罗斯政治局势的发展大体经历了三个阶段：

第一个阶段（1992—1999 年底），动荡不定的叶利钦时代。

在叶利钦执政时期，人民与政权机关、议会与行政机关、中央与地方、主要政党之间一直斗争不断。其中最为突出的是“府院之争”，典型事件是 1993 年 10 月叶利钦的“炮打议会大厦”事件；其次是联邦主体与联邦中央政权之间的“上下离心”问题，民族分离势力不断坐大，中央权威受到严峻挑战。政治危机和民族危机经常交织在一起，使俄罗斯政局异常险恶。1994 年 12 月第一次车臣战争爆发，这次战争导致民族和社会矛盾空前激化，战争失败使执政的民主派发生分裂，俄议会两院多次通过反对叶利钦的决定。1998 年 3 月至 1999 年 8 月间，总统与议会的矛盾白热化，围绕总理的任命，总统和议会再次激烈对抗，俄政府 6 次更换总理，杜马也在 1998 年提出弹劾总统案，俄政局一度陷入危机。

第二个阶段（2000—2008 年），政治稳定的普京时代。

普京上台后，强调国家复兴和发展的关键在于国家政治领域，俄罗斯需要一个强有力的国家政权体系。普京加强国家在整顿社会秩序中的作用，采取有效措施，使俄罗斯政局结束叶利钦时期的动荡实现稳定。

首先，加强中央对地方权力的控制。普京削弱地方领导人的权力，加强总统垂直权力系统。要求印古什等自治共和国废除与中央立法不相符的法律，并将全国划分为七大联邦区，总统分派全权代表负责监督联邦宪法和法律在各区的执行情况；改变议会上院组成方式，地方行政长官不再成为上院议员，而由他们的代表进入上院；保留州长选举制，但总统有权罢免违反宪法的地方行政长官，地方行政长官有权罢免地方自治机构的领导人。彻底解决叶利钦时期中央权力软弱、地方政府自行其是、联邦中央政令不畅的情况。

其次，结束寡头政治，加强国家对新闻媒体、战略性资源的控制。寡头经济与寡头干政是叶利钦时期形成的一个特殊产物，具有相当大的危害性。改变寡头参政、垄断国家 80%经济命脉的局面是普京巩固其权力的重要步骤。普京采取了打击寡头的有效行动，不仅终结了俄罗斯畸形的寡头统治，而且从寡头手中重新夺回了对新闻媒体和国家经济命脉的控制权。

最后，大力改善同俄共等反对派的关系，加强与各党派的对话与合作，使朝野矛盾和斗争趋向缓和。普京积极支持中派力量联合，组成统一政党，改变俄议会由反对党控制的局面，并利用俄共内部的矛盾，削弱俄共力量。加强对“政权党”的扶持与培育。打造强劲的“统一俄罗斯党”控制议会，结束了叶利钦时期持续不断的“府院之争”，使总统在国家杜马中有了坚实的政治基础，保证了总统的各项政策在国家杜马能够顺利通过并在政治实践中得到贯彻。随着这些措施的实施，俄政局逐渐结束了动荡和对抗的状态，走向了稳定。

第三个阶段（2008 年至今），威权延续的梅普—普梅时期。

2012 年，普京当选俄罗斯总统，任期至 2018 年，原总统梅德韦杰夫担任政府总理，“换位不换人，轮岗不轮休”的梅普组合保证了俄罗斯政治的稳定性，权威主义政治仍得以延续。首先，梅普均整肃“政权党”，巩固执政基础。“统一俄罗斯党 ”是普京一手打造并扶植壮大的“政权党”，不仅掌控中央政权，还占据地方联邦主体一半以上的领导职位。普京新任总统后，建立党内民主遴选制度，清除有污点的党员；建立“官员财产申报和公开制度”等多项监督机制，严惩腐败官员。[①] 梅德韦杰夫针对效率低下与腐败严重的官僚体制问题，在 2009 年国情咨文中倡导“全面现代化”，推动俄历史上“首个以民主价值观和制度为基础的现代化进程”：主张增强议会在国家政治生活中的作用，包括降低政党进入议会的门槛，让议会政党“轮流上台执政”，增强各级议会对行政权力的影响；强调以反腐败为切入点，提高行政、司法部门的公开性与透明度，大幅裁减庞大的行政官僚队伍，“坚决把无赖清除出去”，保障司法独立；充分利用后工业化社会的知识资源，实现民主制度的现代化，“保障言论和集会这类基本的政治自由”，推

---

① 参见中国现代国际关系研究院：《国际战略与安全形势评估 2013/2014》，341 页，北京，时事出版社，2014。

进俄罗斯实施“全面现代化”。但同时强调“俄罗斯不会机械地照搬西方的民主模式”，“政治文化也不是简单模仿先进社会的政治习惯就能改变的”，在推进民主建设过程中“无权拿社会稳定来冒险”。[①] 其次，俄罗斯的权力核心——“梅普组合”对强势总统制高度认同。继续沿用普京式的权威政治治国方略，采取强硬与果断措施，对内强调稳定与秩序，对外强调民族主义与大国形象，真正实现俄罗斯的强国富民。普京明确表示：“从未来中期发展来看，俄罗斯需要的是强有力的总统政权。其他的形式我无法想象。”梅德韦杰夫也指出：“为了保持统一，在未来数十年，甚至数百年，俄罗斯必须保持总统制。”为了强化总统制在俄罗斯社会政治、经济生活中的核心作用，2008年底俄罗斯将总统任期从四年延长至六年。“超级总统制”成为俄罗斯权威主义政治的核心和支柱。

政治转轨20多年间，俄罗斯在借鉴西方模式，同时结合本国国情的基础上，政权体制、政党体制、联邦体制都发生了深刻变化，建立了独具特色的政治体制。

首先，政权体制逐渐过渡到以三权分立为基础的总统制。俄罗斯国家权力结构的根本变化是取消议行合一的苏维埃制度，遵循“分权与制衡”原则，确立了立法权、行政权、司法权各自独立而又互相牵制的局面。其中，总统拥有凌驾于议会、政府、法院之上的重要权力。因此俄罗斯的政权体制被认为是以三权分立为基础的“超级总统制”。其特点是：（1）总统高度集权。总统是国家元首，拥有保障宪法实施的权力。总统有权采取措施保卫国家主权，“国家总统决定内外政策，议会无法监督”；总统有权发布命令和指示，全国上下必须执行；国家人事大权掌握在总统手中，除任命政府总理需经国家杜马批准外，总统有权任命政府副总理和各部部长、组建联邦安全会议和总统办公厅、任免武装力量最高统帅部人员等。由此出现一种奇特现象，即在通过选举产生的议会中，少数派可以组织政府，多数派反而难以进入政府。这种情况，与实行议会制的西方国家是根本不同的。（2）立法机关的权力大大缩小。传统上属于议会的一系列权力，如修改、通过、补充宪法的权力，决定国家内外政策的权力，批准和废除国际条约的权力，都改变为议会与总统、政府共享的权力，或成为总统行使的权力。议会的立法权受到很大限制。宪法规定，国家杜马通过的法案，需先由联邦委员会（上院）通过，再由总统签署，才能颁布和生效；如果总

① 参见季志业：《从现代化战略看俄罗斯战略前景》，载《现代国际关系》，2010年庆典特刊。

统否决这一法案，则须由联邦委员会（上院）和国家杜马（下院）各占 2/3 以上的代表投票赞成，才算通过。这样，议会实际上很难通过被总统否决的法案，也很难监督政府、罢免总统。宪法规定，如总统“叛国或犯有其他重罪”，联邦委员会可以罢免总统，但罢免的程序十分复杂和艰难。（3）司法独立有名无实。俄罗斯宪法根据三权分立原则，将司法权完全授予了法院，法院是俄罗斯唯一的司法审判机关。俄罗斯的司法权主要包括：以法律为依据，依据诉讼程序解决社会中的各种冲突，审理各种宪法诉讼案，并在这一过程中保护公民权利不受侵犯。但在实践中，俄罗斯的司法独立更多停留在字面上，司法权很大程度上受制于总统。

其次，确立不同于苏联一党制的俄罗斯政党制度。俄罗斯政党制度也不同于西方发达国家的多党制，体现为强总统、弱议会的有限的政党政治，被称为“无执政党的多党制”。1993 年，《俄罗斯联邦宪法》明确规定多党制的法律地位，标志着多党制在俄罗斯的确立。但政党数量繁多，俄罗斯政党的权利、责任和活动规则都没有得到明确规定，俄罗斯的多党政治很不规范。为改变这种混乱局面，2001 年 7 月，俄颁布《政党法》，对政党的概念、创立目的、政党的组建、权利和义务等都作出明确规定。《政党法》的颁布实施，标志着俄罗斯政党政治体制运作步入新阶段。俄罗斯初步形成了以“统一的俄罗斯党”为代表的亲总统的中派政党（政权党），以俄共为代表的左翼政党，以“右翼力量联盟”和“亚博卢”为代表的右翼政党，以及以俄罗斯自由民主党为代表的极右翼民族主义政党等主流政治派别，形成“多党并存，一

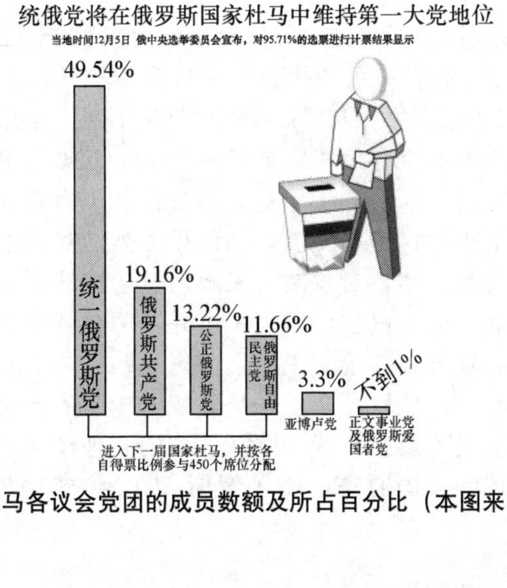

2011 年杜马各议会党团的成员数额及所占百分比（本图来自新浪网）

党独大”的政党格局。同时，由于俄实行以总统为核心的非均衡的三权分立体制，议会处于从属地位，议会多数党没有组阁的权力，总统候选人的提名也不一定要通过政党，这使主要依靠议会舞台的各政党的作用受到削弱，多数政党缺乏系统的思想观点和政策主张，也不具备稳定的组织体系和广泛的群众基础，无法发挥联系人民与政权的纽带作用。由于主客观条件的限制，一些政党组织纪律涣散松懈，分化组合十分频繁；还有一些政党是精英政治的产物，如果领袖人物因某种原因离开政治舞台，这些政党将不复存在。俄罗斯的政党政治尚面临着许多问题。

再次，协商式联邦制有待完善。俄罗斯是世界上实行联邦制国家中联邦主体最多、类型最复杂的国家。它由 89 个联邦组成，这些联邦主体又分为 21 个共和国、10 个自治专区、1 个自治州、6 个边疆区、49 个州和 2 个直辖市共 6 种类型。俄罗斯联邦境内的 120 个民族处于大民族与众多小民族混杂而居、个别民族聚集而居的状态。历史上形成的这种独特的联邦结构为俄罗斯调整中央与地方的关系设置了重重障碍。俄罗斯联邦同样面临着独立运动的冲击，车臣和鞑靼斯坦共和国都明确提出独立的要求。为防止国家解体并巩固政权的统一，俄罗斯确立了以国家宪法为主，辅之以双边条约协调中央与地方关系的联盟体制，也称宪法—条约联邦制。按照契约建立起来的联邦国家，地方与中央经常为修订契约条款发生争执，因此常常出现不稳定的情况。俄罗斯联邦国家结构复杂，是宪法和契约两种原则的混合，导致法律环境的混乱，使得俄联邦常常要面对地方分离主义、政治离心倾向等严峻挑战。

最后，“可控民主”是普京以后俄罗斯政治体制的重要特征。“可控民主”既含有民主因素，又具有集权的特点，因此又被称为“法律专政下的民主”。俄罗斯推行“可控民主”的原因是多方面的。其一，是国家面临生存危机时的唯一选择，反映了俄罗斯社会的现实需要。俄罗斯民众经历了十年的政治混乱、国力衰退和民众生活恶化，又经历了十年的稳定与发展，在前后强烈的对比下，对西方所鼓吹的民主政治持有反感，对权威主义政治普遍持认同与肯定的态度。俄罗斯民众坚信：自由民主、无序民主并不适合俄罗斯的国情，俄罗斯应实行一种有领导的、有秩序的、有权威的“可控民主”，即权威主义政治。其二，俄罗斯有漫长的集权与专制的历史传统，缺乏民主自由熏陶，形成了崇尚权威、顺从强权的心理倾向，再加上俄罗斯民族的民族意识和大国心态，使俄罗斯人在困难时期普遍希望有个“铁腕人物”来拯救国家，这成为普京推行“可控民主”、恢复俄罗斯大国地位的社会基础。其三，美国对独联体国家的渗透，威胁俄罗斯传统势力范围，也促使俄罗斯运用强制或半强制性手段加强中央集权，以强大的国家力量和国家权威来保持国内稳定和经济增长，以改变本国在世界力量格局中的不利地位。俄罗斯的实践证明，在社会转型时期，“威权民主”比西方式自由民主更能维护社会的稳定，符合俄罗斯国情，从而也更能促进经济的发展，是俄罗斯政治发展的必然选择。当然，建立稳定和完善的现代民主制度仍是俄罗斯政治今后的发展方向。

6.3　追求大国地位的俄罗斯外交

俄罗斯独立后，其对外政策经历了不断调整的过程，从一开始对国际形势、自身利益和国家实力缺乏认识，到逐渐理顺俄罗斯与西方大国的关系，认清俄罗斯的国际地位，从而制定了基本符合本国实际的国际战略和对外政策。

6.3.1　外交政策的构建及调整

俄罗斯外交政策的实施和调整大体经历了两个阶段。

第一阶段，“一边倒”的外交政策及其修正。俄罗斯独立后，继承了戈尔巴乔夫外交新思维亲西方的路线，采取了所谓“一边倒”的政策，即俄罗斯为争取西方经济援助和政治支持，对外关系的重点转向发展与西方国家的关系，在国际事务中追随西方的一种外交政策。它在实践中具体表现为：在对外关系上，俄罗斯领导人在 1992—1993 年间几乎遍访西方大国，宣布同它们建立各种伙伴关系，同时按西方价值观处理与他国关系，如取消对古巴、朝鲜等共产党执政国家的援助，接见古巴反对派代表，以“人权”为借口干涉一些国家的内政等。在地区热点问题上，按西方意愿行事，如支持对南联盟的制裁、参与在伊拉克南部建禁飞区的工作等。在核裁军问题上，采取与美国合作、迁就西方的方针。在东欧撤军、波罗的海问题上向西方让步。在制度转轨和经济发展上，向西方学习，请求西方援助。俄罗斯政府要员一再呼吁西方对俄实行“新马歇尔计划”和扩大投资，声言如果俄罗斯改革中断，共产主义就会再占上风，那时国际社会将不得不付出远比现在援助俄罗斯高得多的代价。

“一边倒”政策遭到了国内民族主义势力的强烈反对，同时这一政策的实施也给俄罗斯国家利益造成重大损害。其一，俄罗斯国际地位严重下降。西方大国口头上声称俄罗斯是“平等伙伴”，实际上并没有把俄罗斯作为平等伙伴看待，而是在解决事关俄利益的国际问题上排斥它，经常抛开它独自行事。西方国家甚至利用俄在经济政治上有求于西方的局面，干涉俄内政并向俄罗斯的传统利益范围渗透。“一边倒”政策的实施还使俄的传统盟友与它疏远。其二，俄安全环境明显恶化。苏联解体和俄军事力量撤除东欧已经使俄西部防线向东退却了 1 000～2 000 公里，俄罗斯的一再退让以及西方北约东扩的态势及其向独联体的渗透，进一步对俄安全环境构成威胁。俄同美国不对等的核裁军结果，实现了美国削弱和防范俄国的目的。其三，俄国内局势不稳。叶利钦追随西方，按照西方开列的药方进行激进经济改革并没有导致俄罗斯富强，相反致使经济混乱、国力下滑、人民生活水平下降。西方对俄许诺的经济援助总是说多做少①，难以兑现，俄罗斯在一味乞求和退让中沦为“超级乞丐大国”、“国际社会二等公民”和“西方大国的小伙伴”，从而引起俄社会的普遍不满。

1992 年 5 月，俄开始对“一边倒”进行修正，提出了东西方兼顾的“双头鹰”外交政策。1994 年到 1995 年，民族主义、中左派势力在杜马和政府中地位上升，要求重新定位俄罗斯与西方关系，重新思考俄罗斯的国家利益所在。俄罗斯继续调整外交政策，逐步明确了以确保大国地位为核心的俄罗斯外交。1996 年 1 月，叶利钦解除亲西方的外交部长科济列夫及政府中其他激进民主派的职务，任命普里马科夫为外交部长。同年 12 月俄罗斯的激进民主派在杜马选举中惨败，其主要人物没有进入议会。俄罗斯亲西方的外交政策由此得到转变。1997 年 12 月，俄总统正式批准《俄罗斯联邦国家安全构想》，标志俄全方位外交政策的形成。

第二阶段，实施“多极化外交”政策。1996 年 1 月普里马科夫出任俄罗斯外交部长后，奉行独立自主的外交政策，践行多极化外交思想。他以世界多极化趋势为客观依据，以俄罗斯争当多极世界中独立的一极为目标，以恢复俄罗斯大国地位、维护传统势力范围为核心，全方位开展对外关系，以最终实现俄罗斯的政治、经济和安全利益。多极化外交思想抛弃了外交政策中原有的意识形态色彩，更清晰地把

① 1992 年，西方曾提出 240 亿美元的援俄计划，实际兑现 150 亿美元；1993 年，西方又提出 430 亿美元的援助计划，实际落到俄国人手里的只有 50 亿美元。

握和处理俄罗斯与世界大国的关系，确保其国家利益。普里马科夫认为，冷战结束以后，俄罗斯“一边倒”外交政策与其大国地位不符。俄罗斯“仍然是国际舞台上的主要角色，没有俄罗斯的参与，世界上任何一个重大事件都解决不了”，俄罗斯应当奉行独立的外交政策，不能扮演跟在长机后面的僚机角色。因此，俄罗斯决心致力于推动世界多极化，奉行积极的“全方位外交”方针，提倡以各国间平等伙伴关系作为世界新秩序的基础，反对向西方一边倒，反对美国单极霸权。其具体外交措施包括以下几方面：

第一，以发展同独联体国家的关系为战略重点。俄独立之初，由于面临严重的政治经济问题，对独联体其他国家抱有“甩包袱”思想。北约实施向东扩展计划，继而介入独联体事务的行动引起了俄罗斯的警惕，遂调整其对独联体的政策，把发展与独联体国家关系作为俄罗斯外交的优先目标，积极推进独联体国家经济、政治和军事的一体化。

第二，与西方既合作又抗争，谋求建立平等关系。俄罗斯采取亲西方政策的时候，美国等西方国家对俄罗斯抱有强烈戒心，采取了一种既合作又防范、既援助又遏制的政策。西方的做法导致俄罗斯对西方政策的调整，在同西方国家发展关系时，表现出既妥协又独立、既合作又抗争的特点。俄在许多国际问题上都坚持自己的原则立场，同西方损害俄罗斯利益的行为进行抗争。与此同时，俄罗斯谋求与法国、德国建立特殊伙伴关系。1997 年 10 月，叶利钦在欧洲委员会首脑会议期间提出欧洲人自己管理欧洲的“大欧洲”思想，并建议俄、法、德三国领导人建立年度会商机制，得到法、德赞同。俄罗斯的目的就是要利用欧洲国家与美国的利益差异，拓展俄罗斯在欧洲的外交空间，削弱霸权国美国的影响。

第三，加强与亚太国家及第三世界国家的友好合作关系。俄罗斯改变“一边倒”政策后，亚太地区在俄外交战略中的地位明显上升。俄罗斯希望通过实施东方外交，参与亚太事务，扩大在亚太地区的影响；并借重亚太国家力量制衡美欧，减轻外交压力。在经济上，俄希望寻求更多的援助，使国家经济尽快摆脱困境。中国是其东方外交的重点，1996 年 4 月两国宣布建立面向 21 世纪的战略协作伙伴关系，并建立了定期互访和对话机制以及边境地区军事领域相互信任机制等。日本也是其东方外交的重点，1997 年 11 月，俄日双方签署了《叶利钦—桥本计划》，俄日关系明显升温。此外，俄政府还积极恢复和发展同传统盟友印度、越南的关系，发展同东盟国家的关系，1997 年 11 月俄正式加入亚太经济合作组织。

叶利钦时代的“多极化外交”克服了“一边倒”政策存在的缺陷，但也存在一些问题。主要是俄罗斯过高的自我国际定位，过高的心气和对外目标，与严重下降的国力形成较大反差。俄罗斯谋求与美国等西方大国平起平坐，并试图联合其他国家制衡超级大国美国，这些想法因缺乏实力保障而难以达到目的。这也导致俄罗斯政策多变，在事关俄美利益、矛盾和冲突的问题上，如北约东扩和科索沃问题，俄开始时总是调子很高，显示出不妥协姿态，但最后均以俄方妥协而告终，从而给俄罗斯在国际上的形象带来立场多变的负面影响。

6.3.2 务实、积极的强国外交

进入 21 世纪后，普京、梅德韦杰夫政府的外交政策定位日趋明确，外交手段更为灵活。在国际国内形势发生巨大变化的背景下，俄罗斯抛开帝国外交的浪漫主义幻想，以更加务实的态度，对外交政策进行必要的调整，形成务实、积极，以维护俄罗斯国家利益、捍卫大国地位为核心的俄罗斯外交政策。

第一，俄罗斯推行服务于国内经济和安全、旨在重振大国雄风的强国外交。俄罗斯对外战略的基本目标是确保大国地位。普京明确指出，俄罗斯唯一现实的选择是做世界强国，做强大而自信的国家。俄罗斯国际地位的衰落使俄罗斯的民族尊严受到极大伤害，并激发了俄罗斯人历史上形成的大国情结、强国追求。几百年来俄罗斯已经习惯于被当做一个世界强国来对待，强国情结在俄罗斯人的心中根深蒂固，追求世界强国的地位、发挥强国作用依然是当前俄罗斯始终不渝的战略目标。广大民众迫切要求加强国家权威，使国家摆脱经济和社会的窘境，进而维护俄罗斯在国际事务中的地位，这种渴望的迫切程度甚至超越改善物质生活的需要。普京的强势外交迎合了民众与精英一向具有的民族自尊和大国情结。2007 年 7 月民意调查显示，74%的民众高度评价普京捍卫国家利益的做法，希望普京执政期间所制定的政策方针能够延续。普梅权力交接后，俄罗斯外交“既定方针”没有重大改变。俄罗斯的强国外交也并非无源之水，不断增强的综合国力是其政策的物质基础。苏联解体后的俄罗斯国力衰微，影响下降。而今天随着经济实力的提升，俄罗斯在对外政策方面的自信心日益增强，在国际舞台上的行动日趋积极。俄经济自 1999 年出现恢复性增长后，连续 8 年以 7%速度增长，经济发展速度之迅猛是 1960 年以来所未有的。巨额债务曾使西方对俄颐指气使，而今俄摆脱对西方的财政依赖，彻底

改变了受制于人的状态，提前偿清原苏联外债。目前俄罗斯已进入世界十大经济体之列。俄罗斯以迅速提升的经济实力为支撑，加强亚太外交，积极介入国际热点问题，决心在国际舞台上发挥更大作用和影响。

第二，俄罗斯实施务实性外交政策。务实是指能够全面、客观认知国家实力、国家利益，理性选择外交政策目标和手段，其外交政策体现了为国内经济发展服务和“国家利益至上”的原则。俄罗斯外交的务实性表现为：（1）对俄罗斯在国际社会中的定位保持清醒认知。承认俄罗斯不属于当代世界最高经济和社会发展水平的国家，国家正处于数百年来一个困难的历史时期，首次真正面临成为世界二流抑或三流国家的危险。这一定位更激发了俄罗斯要重振大国雄风的决心。（2）明确外交为经济建设服务。一国最核心的国家利益是确保主权和领土完整，而当前俄罗斯外交的主要目标是为国内经济发展创造最佳外部环境。普京曾强调，经济是 21 世纪俄罗斯最基本的国家利益所在，为国内经济发展创造最佳外部环境是俄罗斯实现强国目标的前提条件。梅德韦杰夫则正式将俄罗斯实现现代化作为国家未来十年的任务和目标，提出外交为实现现代化服务。这决定了普梅时期外交的基本任务是，建立稳定安全的国际环境，最大限度地集中力量和资源发展国内经济。因此，俄罗斯对外政策的主要变化就是确立“国内目标高于国外目标”原则，突出外交为发展国内经济和现代化战略服务的思想。（3）强调军事安全的重要性，实施旨在实现武装力量“高质量现代化”的改革。普京明确提出，核武器是当前保障国家安全、维护其大国地位的重要武器，是外交的坚实后盾。普京批准通过的新军事条约宣称，俄可首先使用核武器。在“核威慑”战略指导下，俄杜马在批准通过《全面禁止核试验条约》和《第二阶段削减战略武器条约》的同时，还批准一项动议，即如果美国继续其导弹防御系统计划，俄总统可以全权废除所有武器条约。这极大地牵制了美国部署国家导弹防御体系（NMD）和战区导弹防御体系（TMD），使俄在双边及多边裁军领域中争取到主动，外交回旋余地增加。俄同时加快国家战略力量现代化进程，优先发展具有战略意义的国防工业，如造船、航空、电子通信等，更新军队武器装备，建立现代化的后勤和物质技术保障、情报和通信体系。（4）根据国家实力“有选择地参与国际事务”。改变叶利钦时期“作秀式”的“积极参与”，转而实行收缩战线政策，将外交资源主要集中于涉及其切身利益的方向和领域。有所为，有所不为，其实质就是集中精力于国内的改革和发展，而在外交上减少付出、保持克制和避免麻烦，重点是在周边地区建立睦邻带，根本目的是为国内建设赢得时间。

第三，俄罗斯实施积极的全方位外交。在坚持对外政策目标和原则不变的情况下，俄罗斯外交策略和手段不断调整，积极谋求国家利益的实现，在主要战略方向上 取得了重大突破，并在突破中重拾大国自信。俄罗斯始终没有放弃成为世界性大国的雄心，它利用自身经济实力不断增强、西方国家相对衰落的有利时机，通过调整手段和策略，优化国家利益，提升国际地位，为其全面现代化战略谋求有利国际环境。俄对外政策的积极性与“全方位”体现在：（1）在国际热点问题上能够抓住时机，利用矛盾，把握主动，获取利益。梅普当政下的俄罗斯高调介入中东和阿富汗事务，保持俄地区影响力。在“阿拉伯之春”中担当“和平调节者”，既反对西方对利比亚和叙利亚干预，又敦促两国当局作出适当让步，扮演协调者的角色。2014年，在俄积极斡旋下，叙利亚“化武危机”暂时平息。俄利用伊朗核问题、阿富汗等国与美国的矛盾，显示俄罗斯在解决世界热点问题中的价值，同时借机扩大在中亚、中东地区的影响，开拓外部市场，与美在中亚等热点地区展开利益角逐。（2）正确处理与霸权国关系，有进有退，且进退有度。美国在世界经济中占有重要地位，它客观上决定着全球安全和稳定。俄仍视美国为战略重点，但在发展同美国关系时，尽量通过磋商、对话与合作建立新的“游戏规则”，避免简单地采用反对或者无效的恐吓恶化关系。特别是2008年以来美国实力相对衰减，在新核裁军条约的签署、伊朗核问题、阿富汗反恐问题、部署欧洲反导系统等重大问题上，都不能抛开俄罗斯。俄抓住这一时机，讨价还价，要求在平等基础上参与欧洲导弹防御系统，“激活”俄美民用核能合作协议，要求加入世贸组织，谋求国家利益的最大化。（3）同所有愿与俄罗斯开展建设性合作关系的国家友好往来，全力打造“世界一极”地位。俄罗斯把发展同独联体国家的关系作为战略依托，把发展同欧洲国家的关系作为战略优先，重视加强亚太外交，加大对中、日等亚太大国的外交力度，同时也重视同亚非拉发展中国家发展关系。2010年6月，俄欧宣布启动现代化伙伴关系倡议，希望欧盟国家能够向俄罗斯提供资金、新技术和管理经验，并在其支持下于2011年正式加入世贸组织。但是俄与西方的矛盾不可能真正消除，俄罗斯仍然面临着“北约”、“欧盟”双东扩的压力。俄罗斯积极介入亚太地区安全事务。俄认为，以中、印、韩为代表的“新亚洲”正在崛起，俄罗斯应当成为亚太地区和欧洲地区间沟通的桥梁。以中俄关系为龙头，其亚洲外交取得了积极进展。在美国重返亚洲之时，俄总统、副总理等高官先后高调视察南千岛群岛，威慑日本；参与朝鲜天然气开发，推动东亚峰会多边安全对话，加强在东亚地区的存在；与中国建立“全面战略协作伙伴关系”，进行“全方位、立体型、深层次”合作。在俄中关系方面，中俄高层保持密切接触，建立元首、总理及部门间合作机制，双方在联合国、二十国集团、上海合作组织、“金砖国家”、俄中印等多边机制框架内保持了经常性的沟通与协调；在气候变化、能源安全、粮食安全、可持续发展、防扩散等全球性问题上不断加强配合；在朝核、伊朗核、叙利亚等重大问题上保持了定期对话，体现中俄关系的高水平和特殊性。俄罗斯同东盟关系也日趋紧密，同南亚国家关系进一步加强，传统的俄印关系恢复和巩固。此外，俄罗斯在中东、非洲等多个地区主动出击，展示其强硬外交姿态。

俄罗斯独立以来，外交政策多次调整，历任政府都把复兴俄罗斯大国地位作为其外交政策的目标和追求。随着时间的推移，俄罗斯对自己所面临的国际形势、国家利益、外交定位的认知日益清晰，外交战略体系也不断完善。近年来，俄罗斯国内政局稳定，经济持续发展，综合国力提升，对世界格局的影响力日益增强。在遏制美国的单边主义、推动世界格局的多极化进程中，俄罗斯发挥着不可替代的重要作用。当然，目前俄罗斯外交的支点仍旧是捍卫国家主权和国家利益，通过政治和外交途径解决矛盾和冲突，并不富有进攻性和冒险性。追求大国地位、经济优先和实用主义是当下俄罗斯理性的选择，也是俄罗斯今后一个时期不断完善对外战略体系的重要内容和特征。

阅读书目

1. 许新主编. 叶利钦时代的俄罗斯（经济卷）. 北京：人民出版社，2001

2. 范建中等. 当代俄罗斯政治发展进程与对外战略选择. 北京：时事出版社，2004

3. 冯绍雷，相兰欣主编. 普京外交. 上海：上海人民出版社，2004

4. 徐向梅主编. 由乱而治：俄罗斯政治历程（1990—2005）. 北京：中央文献出版社，2006

5. 庞大鹏. 观念与制度：苏联解体后的俄罗斯国家治理 1991—2010. 北京：中国社会科学出版社，2010

6. 孙壮志主编. 独联体国家“颜色革命”研究. 北京：中国社会科学出版社，2011

分析与思考

1. 为什么说俄罗斯采用“休克疗法”进行经济转轨并不成功?

2. 根据俄罗斯进行政治转型后政治体制、政党制度、联邦制发生的变化，分析“可控民主”产生的原因及影响。

3. 试分析俄罗斯与独联体的关系及其发展走势。

4. 试分析当前俄美关系的发展走向及特点，并阐述理由。

第 7 章

应对挑战和机遇的发展中国家

要论提示

● 发展中国家的发展呈现出明显的不平衡性，经济发展面临着严峻的挑战；发展中国家的政治发展道路和政治体制呈现多样性；西亚、北非乱局给发展中国家以启示。

● 南南合作有了新进展，南北关系也在经济全球化和世界多极化趋势下有所改善。发展中国家的分化改组深刻影响南北关系。

● 印度、巴西、南非等发展中大国成为正在崛起的重要力量，备受国际社会关注。

关键词

发展不平衡　南南合作　南北关系　发展中大国

发展中国家作为一支重要力量，在当今世界经济与政治的发展中起着举足轻重的作用。没有发展中国家的和平与发展，就不可能有全世界的和平与发展。经济上，发展中国家内部的发展呈现出明显的不平衡性，各国发展水平和经济实力存在巨大差异，一些国家被债务负担沉重、粮食短缺、人口过快增长等严峻问题所困扰。政治上，发展中国家的政治体制呈现出明显的多样性，一些国家还面临政局不稳以及严峻的民族和宗教冲突等问题。进入 21 世纪以来，发展中国家的总体实力不断增强，特别是中国、印度、巴西、南非等发展中大国成为正在崛起的地区性重要力量，备受国际社会关注。

7.1 发展中国家的经济与政治

发展中国家的经济发展虽然取得了很大成就，但内部呈现出明显的不平衡性，在当前的经济发展进程中还面临着诸多问题。发展中国家的政治体制和政权形式多种多样，几十年来发展中国家的政治发展取得了一些成效，但也要看到发展中国家政治发展的艰巨性。西亚、北非乱局被认为是 21 世纪以来最具影响的国际政治事件，剖析其根源和启示对许多发展中国家都有现实意义。

发展中国家是亚非拉和其他地区原属于殖民地半殖民地而后争得民族独立的国家的总称。1964 年，在联合国第一届贸易和发展会议上，七十七国集团首次正式提出“发展中国家”这一术语。由于发展中国家绝大多数位于南半球，因而也常常被称作“南方国家”。发展中国家拥有当今世界总人口的 80%、国家总数的 80%、土地总面积的 70%。发展中国家之所以能形成一种类型的国家群体，是因为它们有着基本的共同点：历史上都曾经沦为殖民地、半殖民地或附属国；与发达国家相比，生产力水平较低，经济落后，国力较弱；在国际政治经济中处于不平等的被动无权地位，建立国际政治经济新秩序是其共同需要；面临着摆脱贫穷落后、建设现代化国家和反对强权政治、霸权主义的共同任务。

7.1.1 经济发展的不平衡及主要问题

发展中国家政治独立后，在争取经济独立、发展民族经济过程中，做出了不懈的努力，取得了巨大成就。其经济实力有所增强，畸形的单一经济结构发生了很大变化，人民生活水平得到较大改善，在世界经济中的比重有所上升。但由于发展中国家数量众多，各国的自然资源条件、社会政治条件、经济技术的原有水平存在差异，加之各国政府所奉行的经济发展战略和经济政策不同，因而

最不发达国家：1971 年联合国大会正式通过了把“最不发达国家”作为国家类别的 2678 号决议。当时联合国把 24 个成员国列为最不发达国家，即所谓“最穷国”。

目前有 48 个国家被联合国确定为“最不发达国家”。确定最不发达国家的标准是：第一，收入低下，人均国内生产总值低于 750 美元；第二，人力资源薄弱，其中包括预期寿命、人均卡路里摄入量、中小学综合入学率以及成人文化水平比较低；第三，人口不超过 7 500 万；第四，经济多样化程度低，其中包括制造业在国内生产总值中所占比例、劳动力在工业中所占份额、商业能源人均年消耗量以及经济多样化指数。一个国家同时符合这些标准将被列入名单。

在发展中国家内部，经济发展呈现出明显的不平衡。目前，世界上 150 多个发展中国家，按人均国民生产总值的高低可以分为五类：其一，高收入的石油出口国，主要是中东和其他地区的 20 多个国家；其二，中上收入的新兴工业化国家和地区，如亚洲的韩国、新加坡，拉美的巴西、墨西哥等；其三，中下收入的国家和地区，这类国家占发展中国家的大多数；其四，最不发达国家，主要分布在非洲撒哈拉沙漠以南的地区；其五，中国、印度、巴西等崛起的发展中国家，这些国家经济增长速度较快，经过几十年发展，具有了较为雄厚的工业基础，基本掌握了电子技术、原子技术、航天技术、生物技术等现代科技，出口产品 90%以上为制成品，甚至能出口一些成套设备和高新技术产品，虽然目前人均 GDP 还较低，也不属于世界经济强国，但已跨入世界经济总量大国行列，且市场潜力巨大，发展前景看好。

发展中国家在经济发展进程中，面临着许多困难和问题，目前尤为严重和普遍的问题主要有：

第一，债务负担沉重。发展中国家在经济发展进程中，需要大量资金，而内部积累又十分有限，因此，吸引外资和举借外债就成为获得资金的必然途径。但是，如果债务过重，超过承受能力，以致不能按期还债，就会引发债务危机。1980 年，发展中国家累计外债为 6 300 多亿美元，1991 年增加到 1.32 万亿美元，2000 年则达到 2.53 万亿美元。偿还外债对许多发展中国家来说早已是一个巨大的负担，债务危机成为长期困扰发展中国家经济发展的一个普遍性问题，特别是在撒哈拉以南的非洲国家和拉丁美洲的重债务国。其中，拉美国家在世界银行划分的 17 个重债务国中占了 12 个。许多重债务国的负债早就超过其国内生产总值。为了还本付息，这些国家需要支付大量资金，一些国家的还债额甚至高达其当年出口收入的一半。巨额的还债压力，迫使本来就缺少资金的发展中国家不得不减少投资、压缩进口，从而导致生产停滞甚至衰退。这样，许多债务国陷入了债务危机和经济衰退的恶性循环之中。多年来，尽管国际社会做出了种种努力，但沉重的债务负担仍然是发展中国家经济发展道路上的严重障碍。

第二，严重的粮食短缺。发展中国家大多为农业国，但长期以来农业发展缓慢，粮食产量增长不快，跟不上人口增长速度，除中国等少数国家外，许多国家粮食严重短缺，不得不依赖进口。目前，有几十个发展中国家缺粮，其中最严重的是 48 个最不发达国家，有近 10 亿人吃不饱饭，有 2 亿多儿童长期营养不良。为了吃饭，不发达国家不得不花费大量宝贵的外汇从发达国家购进粮食。没有饭吃，生存就没有保障，经济发展更无从谈起。为了引起世界对缺粮国家的高度重视，1996 年 11 月在罗马举行了世界粮食首脑会议，提出到 2015 年要把全世界营养不良的人口减少一半。然而，发展中国家解决粮食短缺问题的前景并不乐观，落后的农业技术、耕地面积减少、土地肥力下降、特别是人口的高增长率等难题都难以在短期内解决。

“饥饿的小女孩”（这张照片获 1994 年普利策新闻奖的“特写新闻摄影”奖/凯文·卡特摄）

第三，过快的人口增长。发展中国家独立后，一方面，伴随着经济的发展、生活水平的提高、医疗卫生事业的进步，人口死亡率下降；另一方面，人口出生率却依旧保持高水平，于是便出现了历史上从未有过的人口高增长率，一些国家的人口自然增长率高达 30‰甚至 40‰。目前，发展中国家人口占世界人口的比重已从二战后的 65%升至 80%，而且还有继续升高的趋势。过快的人口增长，严重阻碍了发展中国家经济发展：生产性投资和教育投资难以增加，粮食短缺更加严重，人均自然资源量减少，生存环境不断恶化，失业现象更为普遍…… 避免过快的人口增长，处理好人口和经济发展之间的关系，是发展中国家必须面对的重大挑战。

据联合国统计，西亚、北非地区人口在 1980 年约为 2.3 亿，到 2010 年增加到了 4.4 亿，其中 24 岁以下的人口超过了 50%。例如，1980 年埃及人口 4 400 万，现在则达到 8 400 多万。埃及政府人口委员会 2009 年统计，30 岁以下的青年人占埃及总人口的 2/3，90%没有稳定的工作。

第四，严峻的环境问题。工业化、城市化进程给广大发展中国家造成了巨大的环境压力。环境是关系到人类生存和可持续发展的重大问

<<<

环保时代日益高昂的经济发展成本使发展中国家处于两难境地。1992 年联合国环境与发展大会通过的《21 世纪议程》和 2002 年约翰内斯堡“地球峰会”通过的《执行计划》都预示着环保时代的到来，保护地球、治理环境，实现人类的可持续发展，已成为当今世界的普遍共识。无论是发达国家还是发展中国家，都把可持续发展作为国家宏观经济发展战略的重要选择。然而，环保对于发展中国家的经济发展也意味着更高的技术门槛、更高的经济成本和起点的不公平。环保与发展使发展中国家时常处于两难境地。

>>>

题。当前最突出的环境问题有 8 类：物种灭绝加剧、生物多样性消失；臭氧层耗损；温室效应与全球变暖；酸雨危害加重；森林锐减、水土流失；草原退化、土地荒漠化；大气、水质、土壤污染；有毒、有害物质的随意处置与越境转移，垃圾污染。[①] 这些环境问题当前主要发生在发展中国家，对它们的危害也最大。

应对这些严峻的问题，必须有科学的认识和正确的对策，形成符合本国实际的发展战略。

7.1.2　政治体制的多样性及主要问题

发展中国家获得独立以后，选择了不同的发展道路。少数国家走上社会主义道路；大多数发展中国家由于国际和国内的原因，选择了资本主义发展道路；还有一些国家继续保留着旧的传统，在既非资本主义亦非社会主义的道路上运行。一些发展中国家在选择自己的发展道路上，经历过曲折过程。独立之初，受社会主义力量的影响，它们选择了具有某些社会主义色彩的道路，反映了这些国家对社会主义的向往。20 世纪 90 年代初苏联解体后，国际力量对比向西方倾斜，这些发展中国家又走上资本主义发展道路，这是国际国内多种因素作用的结果。

社会制度和发展道路的多样性，加上其他因素，导致了发展中国家的政治体制和政权形式多样化。随着经济发展和阶级关系的变化，以及民主化进程的推进，其政治状态还处在不断变动之中。总体说来，发展中国家的政权体制有下列几种类型：

第一，共和制政体。发展中国家多数实行这种政体，该政体是从西方发达资本主义国家移植或仿效而来。具体形式一般有两种：一种是议会共和制，它以议会为国家政治的中心，掌握国家最高权力，政府对议会负责，选举产生的总统只是国家元首，如印度、新加坡等；

① 参见俞正梁等：《全球化时代的国际关系》，212～213 页。

另一种是总统共和制，总统既是国家元首又是政府首脑，掌握国家最高行政权力，政府不对议会负责，如巴西、墨西哥等。

第二，君主制政体。这种体制有三种情况：一是绝对君主制，即君主拥有绝对的权力，“朕即国家”，没有议会，也没有宪法，如沙特阿拉伯等；二是议会君主制，议会是国家的最高立法机关，内阁由议会产生并向议会负责，君主没有实权，如马来西亚、泰国等；三是二元君主制，君主为国家元首，议会为立法机关，内阁向君主或同时向议会负责，君主的权力虽受到宪法和议会的制约，但国家实权主要掌握在君主手中，如科威特、约旦等国。

第三，政教合一的神权制政体。这种体制是政权和教权合二为一，或政府首脑兼掌宗教大权，或宗教领袖兼掌政府的权力。伊朗目前就是实行这种政体。伊朗虽然有作为国家元首的民选总统，但国家的最高领导人不是总统，而是宗教领袖。宗教领袖统率全国的武装力量，有权罢免总统。

第四，酋长制政体。这种体制最典型的是阿拉伯联合酋长国。该国由七个酋长国组成，各酋长国具有一定的独立性和自主权，酋长联席会议选举产生国家总统，成立联合内阁，各酋长国也有自己的内阁。

发展中国家过去大多是西方的殖民地、半殖民地，独立后建立的新政权难免受西方政体的影响，但同时也必然会带有各国历史、文化的烙印。伴随着经济社会的不断发展，发展中国家的政治体制也会不断变革。

战后几十年来，发展中国家政治发展取得了一些成效，主要表现为：在政治上摆脱了殖民地半殖民地时期被压迫被奴役的地位，获得了民族的独立和解放，成为了国际舞台上主权独立的民族国家；它们在不断探索着与本国国情相适应的发展模式和道路；政治参与的民主化程度不断提高，集权体制逐步向民主体制发展；大多数发展中国家实行了比较正确的民族政策，正在化解种族、部族、民族矛盾，和平稳定的发展环境正在形成；绝大多数国家政局稳定，保持着良好的政治环境，为社会经济的发展、为世界和平与发展作出了积极贡献。

但是，也应该看到发展中国家政治发展的艰巨性。当前，发展中国家政治发展中存在的主要问题有：

第一，政局不稳。政局不稳是指政权不巩固，政治活动无章无序，政治领导集团互相争斗，政府的路线、方针、政策无法贯彻执行。据统计，从1960年到1976年，在亚非拉地区约有30个国家发生了40次成功的军事政变。在拉美地区，除墨西哥外，几乎所有的国家都发生过军事政变。而非洲则被认为是创造了各大陆军人治国的世界纪录。"据统计，从1957年至1997年的40年中，由内部冲突导致非洲国家政府'非宪'更迭共78次，88位国家元首和政府首脑被推翻"①。

第二，民族问题。民族问题是基于民族差别而产生的民族关系问题。在冷战时期，影响发展中国家政治经济发展的民族问题主要是西方国家推行新老殖民主义与民族独立国家发生的民族利益矛盾。冷战后，被两极格局遏制的泛民族主义和一些国家内部各民族的矛盾问题凸显出来，有的还发展成民族冲突甚至民族战争。民族问题严重影响着一些发展中国家的政治稳定。如整个阿拉伯民族与犹太民族为争夺生存权而进行的斗争；土耳其、叙利亚、伊朗、伊拉克等国的库尔德民族问题；印度和巴基斯坦在克什米尔问题上的冲突；斯里兰卡泰米尔人的反政府武装斗争等。在非洲大陆的绝大多数国家，民族问题则表现为极其复杂的部族矛盾和部族冲突。如在索马里、卢旺达、肯尼亚、多哥、刚果（布）、刚果（金）、塞内加尔等国都曾发生过部族之间的对抗和冲突。由民族问题而产生和引发的民族冲突和民族战争严重影响了这些国家的政治稳定和经济发展，影响了国家间正常关系的发展乃至世界的和平与安宁。

第三，宗教冲突。宗教冲突一般有两种情况，一种是不同宗教之间的冲突，如基督教与伊斯兰教、伊斯兰教与印度教、印度教与锡克教之间的冲突；另一种是同一宗教中不同派别之间的冲突，如伊斯兰教什叶派与逊尼派之间的冲突，其他宗教中正统派与非正统派之间的冲突。发展中国家的宗教形形色色，许多国家多种宗教并存，教派林立，使宗教矛盾难以避免。如果处理不当，就会爆发宗教冲突，影响有关国家政治的稳定和发展。由于发展中国家同时又是多民族国家，宗教冲突与民族冲突常常交织在一起，使问题更加复杂化，更难以解决。

第四，民主与法制问题。尽管发展中国家在民主和法制建设中也取得了不少成就，但就整体而言，发展中国家政治体制的人治色彩仍然浓厚。在一些国家，世袭的国王、酋长、贵族掌握政权，民众对国家政治生活的参与渠道、参与程度非常有限；而另一些国家则法规不健全，或者干脆法律形同虚设，有法不依，致使社会秩序混乱。所有这些都表明，发展中国家要建设现代政治文明，还有很长的路要走。

---

①　李景治主编：《当代世界经济与政治》，156页，北京，中国人民大学出版社，2004。

7.2 加强南南合作，改善南北关系

南南合作在经历了几十年的风风雨雨之后又有了新的进展，区域性南南合作步伐加快，南北关系也在经济全球化和世界多极化趋势的影响下进入了一个新阶段。发展中国家群体呈现新的分化组合并对南北关系的未来产生深刻影响。

7.2.1 南南合作的发展

发展中国家之间的合作，简称“南南合作”。南南合作的主要目的是，通过合作，实现经济互补，促进发展中国家经济的共同发展；通过合作，增强发展中国家的整体自我发展能力，逐步改变在资金、技术、市场等方面对北方国家的严重依赖局面；通过合作，依靠联合的力量，逐步改变发展中国家在南北力量对比中的不利处境，为建立公正合理的国际新秩序创造条件。

南南合作的发展经历了以下几个阶段。第一阶段，起步阶段（二战后至20世纪60年代）。1955年万隆会议揭开了南南合作的序幕，但这个时期的南南合作规模不大，形式比较单一。20世纪60年代，不结盟运动的兴起和七十七国集团的建立，标志着整体性的南南合作的开始。此阶段各种形式的南南合作组织纷纷建立，南南合作的成果主要表现在政治领域。第二阶段，扩大影响阶段（20世纪70年代）。进入20世纪70年代以后，绝大多数殖民地都已获得了独立。已经建立起各种南南合作组织的发展中国家，迫切需要有自己的纲领和行动计划，为此，它们开始探讨并提出了联合斗争的纲领和策略。它们确立了南南合作的奋斗目标是建立国际经济新秩序，明确了南南合作的基本方针是集体自力更生。第三阶段，向区域一体化发展阶段（20世纪80年代以来）。20世纪80年代以来，发展中国家经济面临严重困境，南北对话陷入僵局，南方国家更加重视南南合作，并寻找多种合作形式。石油输出国组织、东南亚国家联盟等都是南南合作的成果。

南南合作的主要形式包括：（1）区域性的经济合作。成员国相互减免关税，实现商品自由流通、统一关税和共同市场；实行共同的税收管理，协调成员国的财政、工业、农业、运输方面的政策，实现经济一体化以及协调成员国对外政策等。（2）贸易合作。针对西方的贸易保护主义，发展中国家的一些区域合作组织在本区域内部和区域之

间采取相互减免关税等措施来促进贸易发展。七十七国集团还在建立发展中国家全球贸易优惠制、建立发展中国家间贸易组织和建立发展中国家多国销售企业等三个方面进行了合作。(3) 货币金融合作。为了便于发展中国家国际贸易合作，解决国际收支方面的困难，各经济共同体建立了为经济服务的金融机构。阿拉伯国家的一些货币金融组织还向发展中国家提供低息或优惠贷款。(4) 技术合作。发展中国家之间在相互转让出售专利、技术咨询和培训、交换科技情报等方面取得了不少成绩。特别是在农业和卫生方面，成效比较显著。发展中国家还通过合资经营、提供技术服务和劳务等方式发展互利的技术合作。

近年来，南南合作在广度、深度和多样性等方面均有较大发展。一方面，新的地区经济合作组织不断出现，原有地区经济合作组织不断开展新的合作。在亚洲，东南亚的经济一体化进展较快。中国—东盟自由贸易区于 2010 年 1 月 1 日正式全面启动。在南亚地区，尽管印度与巴基斯坦在克什米尔问题上冲突不断，但南亚区域合作联盟仍在重重困难中寻求加强经济合作的方法，为建立南亚自由贸易区创造条件。在中东地区，海湾六国经济一体化的步伐有所加快，海湾合作委员会 2003 年建立了海合会国家关税联盟。在拉美，目前已形成以南方共同市场、安第斯共同体、加勒比共同体、中美洲共同市场等为核心的地区集团化结构，并在各地区集团之间表现出互动和互融的势头。在非洲，地区经济一体化的势头也方兴未艾，2002 年 7 月非洲联盟的成立，标志着非洲联合自强步入新的发展时期。与此同时，非洲还正式出台了“非洲发展新伙伴计划”，决心进一步加快非洲经济一体化进程，在非洲次地区经济一体化组织进一步发展的基础上，建立非洲经济共同体。

另一方面，南南合作的领域越来越广阔。21 世纪以来，发展中国家之间除继续在传统的工农业及其他经济领域进行广泛的合作外，在科技与信息领域也进行了合作。一些发展中大国，如中国、阿根廷、巴西、南非、印度等，科学技术相对发达，进行南南合作具有较好的基础。南南科技合作的形式已从主要由政府主导向多种成分参加的合作方向发展，合作方式更趋于多样化。21 世纪安全问题的全球化趋向使发展中国家进行南南安全合作显得更加重要。发展中国家需要通过合作，建立国际安全合作机制，使发展中国家的地区冲突得到国际社会应有的重视，同时争取在国际安全问题上有更大的发言权。近年来，发展中国家自主处理地区冲突的能力有所增强。各地区性组织都强化了安全机制，通过派驻军事代表团、观察团和调解团，以及直接派遣维和部队等方式，强化了地区维和作用。

南南合作发展，还有一个重要表现，就是不结盟运动和七十七国集团重新趋于活跃。冷战后，不结盟运动和七十七国集团这两大全球性南南合作组织的影响力一度有所下降，前途迷茫。当时，作为冷战时代产物的不结盟运动处境被动，其成员一度思想混乱，拉美大国阿根廷甚至退出了不结盟运动。七十七国集团在促进发展中国家经济合作方面也显得力不从心。由于发展中国家之间经济发展不平衡，面临的问题各异，如亚洲国家更关注贸易问题，拉美国家最关注债务问题，非洲最关注粮食问题和难民问题，因而相互间凝聚力减弱，南南合作受阻。然而，不结盟运动和七十七国集团所倡导的基本原则和宗旨并未过时，建立公正合理的国际新秩序仍是广大发展中国家的共同目标。特别是经济全球化的加速发展，使发展中国家面临严峻挑战，因此加强南南合作成为广大发展中国家有效应对挑战的现实需要。根据现实的变化，不结盟运动与七十七国集团调整了战略重点，共同确立了新时期的奋斗目标：在经济发展问题上，反对将多数发展中国家排斥在世界经济主要决策过程之外，要求实行国际经济关系民主化；在世界和平与安全问题上，通过和平协商的形式解决种族、宗教、政治和社会争端，特别是历史性争端，主张全面无歧视地实现裁军；在人权问题上，反对将人权作为政治施压的工具，强调各国人民生存权和发展权的重要性；在建立国际新秩序问题上，提出以和平、公正、平等、民主和完全尊重国际法准则为基础，建立无缺陷、无担忧、能兼容并蓄的世界新秩序。经过调整，发展中国家加强了在全球范围内的合作，不结盟运动和七十七国集团又重新趋于活跃。

南南合作具有十分重要的意义。首先，南南合作是促进发展中国家经济发展的重要措施。在国际经济旧秩序没有根本改变的情况下，发展中国家要真正发展起来，就必须加强相互合作，走集体自力更生的道路。其次，发展中国家之间经济上的密切合作，必然推进它们在政治、外交上的一致性，有利于整个发展中国家用一个声音说话，这对于反对强权政治、霸权主义和维护世界和平将产生重要的影响。再次，发展中国家之间加强团结，精诚合作，可以壮大这些国家的力量，提高它们在南北对话中的地位，从而进一步推动不合理的国际经济秩序的变革。

当今世界正在发生深刻变化，经济全球化趋势深入发展，科技进步突飞猛进，生产要素优化重组，产业转移加快进行，各国相互依存日益加深，这为发展中国家发挥比较优势、参与国际分工和合作、推进经济社会发展带来了历史性机遇。但是，国际经济秩序中的不公正不合理因素依然存在，经济全球化也加剧了世界范围的经济、科技竞争，贸易保护主义抬头，经济和金融风险增大，南北差距进一步拉大，这些不利因素给发展中国家经济社会发展带来了较大风险，一些发展中国家在经济全球化进程中甚至面临被边缘化的危险。广大发展中国家为迎接机遇、化解困难、应对挑战，努力推进南南合作，取得了令人瞩目的成绩。在国际舞台上，发展中国家以各种合作组织为依托，加强团结与合作，维护自身的合法权益。与此同时，发展中国家之间的交流与合作也取得了丰硕成果，相互间经济往来更加频繁。南南合作从内容到形式，从机制到手段，都在不断丰富、完善和更新。21 世纪的世界是一个相互依赖不断加深的世界，在全球化条件下，经济、政治、社会和文化关系日益超越国界，发展中国家要想取得更好更快的发展，在国际舞台上扮演更加积极和重要的角色，南南合作成功与否将至关重要。

7.2.2　在经济全球化进程中改善南北关系

南北关系是指发展中国家与发达国家间的经济政治关系。因为发展中国家大多数位于南半球，发达国家大多数位于北半球，故称南北关系。南北问题的核心是发展问题，它反映了发达国家和发展中国家之间经济发展的不平衡、经济关系的不平等。发展问题既是一个经济问题，也是一个政治问题。

南北关系主要表现为国际经济领域里的对抗与对话，国际政治领域里的控制与反控制、干涉与反干涉的斗争。因此，南北关系不仅是发展中国家与发达国家之间的经济关系问题，而且也反映了发展中国家与发达国家的政治关系。冷战时期，美苏对抗威胁着世界和平，所以和平问题成为世界政治的头等大事，而南北政治关系则处于从属地位。冷战结束后，南北关系出现了不同以往的变化。

第一，发达国家将“人权”问题的矛头转向发展中国家。冷战后，人权问题已成为南北政治关系中的重要问题。发达国家特别是美国对发展中国家发动咄咄逼人的“人权”攻势，它们所采用的主要手段有：一是把“人权”作为提供经济援助的条件。凡达不到它们要求的发展中国家，就会受到停止援助的惩罚，甚至是经济制裁和封锁。二是利用大众传媒宣传西方的价值观，促使发展中国家实行政治多元化、政治自由化改革。以美国为首的发达国家利用包括学术和文化交流在内的人员往来，培植亲信，进行思想文化渗透。发达国家还通过信息网络对南方国家进行政治宣传、文化渗透和文化侵略，传播西方的价值观念。三是不惜动用武力，进行直接干涉。“人权高于主权”、“实行人道主义干预”常常成为推行霸权主义、强权政治、新干涉主义的借口。

第二，发达国家把发展中国家作为安全和军控的重点。在安全和军控问题上，美国《1992年度国防报告》提出以“全球威慑，应急反应”为核心的新防务战略，主张把安全战略的重点从对付原苏联、准备打一场世界大战转到对付发展中国家和地区的局部战争，并准备打击对美国重大利益进行挑战的国家和地区力量。发达国家认为，核生化等大规模毁灭性武器和导弹技术在发展中国家的扩散，是对其安全利益的最大威胁。

核子（Nuclear）、生物（Biologic）、化学（Chemical），这三种武器统称为NBC武器，或称为WMD，即大规模毁灭性武器。

第三，南北经济矛盾更加尖锐，南北差距继续扩大。冷战结束后，由于中国、印度、巴西等发展中大国经济有较大发展，从整体经济规模看，南北差距有所缩小，但并未发生质的变化，穷国愈穷、富国愈富的现象仍在继续。“知识经济”的出现，更加剧了南北国家的分化。新技术革命及其带动下的信息产业的繁荣，使发达国家能够集中大量人力、物力、财力向高技术领域急速推进，巩固和提升经济优势；而发展中国家的经济贫困和技术落后相互制约，使它们和发达国家之间的“数字鸿沟”急剧拉大。在知识经济发展过程中，高技术的智力密集性和能源、自然资源的低投入，也使发展中国家具有的人力资源和自然资源的巨大优势迅速弱化，高技术产品和初级产品之间的价格剪刀差越拉越大。此外，发达国家的市场机制完善，竞争活跃，形成了有利于高技术发展的社会和经济环境；而发展中国家的市场发育不全、竞争乏力，难以在短期内形成激励高技术及其产业发展的有利环境。南北方经济差距的扩大使得占全球人口20%的发达国家所拥有的全球生产总值和出口市场份额都在80%以上。

第四，出现了区域南北合作新形式。亚太经济合作组织、北美自由贸易区、亚欧会议等区域合作组织中，既有发达国家，也有发展中国家，全球性的南北关系变成了区域内部或集团内部的南北关系，这标志着南北对话与合作关系的发展进入了一个新阶段。

进入21世纪以来，伴随经济全球化趋势的深入发展，南北关系较之前呈现相对和缓的趋势，这主要是因为：

第一，南北相互依存的加深制约了南北矛盾的发展。现阶段，一方面，南北间的分歧和矛盾依然客观存在，有时还相当激烈，发展中国家强调在环境保护问题上不应要求发展中国家放弃发展的权利，在人权、裁军以及制止毒品等问题上要尊重发展中国家的主权和领土完整，反对干涉内政等；但另一方面，经济全球化的发展又加深了南北之间的相互依存关系，发展中国家经济作为世界经济不可分割的一部分，与发达国家之间的利益关系纵横交错，相互影响日渐增大。没有发展中国家的各种资源和广阔市场，发达国家的繁荣也就无从谈起。南北相互依存关系的加深，会促进南北合作关系的发展，从而对南北矛盾产生制约。因此，相互妥协以避免两败俱伤是南北双方在经济全球化时代的现实选择。

第二，南北贫富悬殊问题已开始引起国际社会的重视。南北贫富悬殊不利于世界的发展和稳定。在全球化时代，如果任由南北贫富悬殊继续扩大，受损的就不仅是南方穷国，北方富国也无法独善其身。这是因为：贫困迫使发展中国家为了维持生存和起码的发展需要而过度开采自然资源，使得本已十分脆弱的生态环境进一步恶化；贫困既导致穷国外债不断增加又削弱其对富国的偿债能力，南方国家沉重的外债负担可能引发债务危机；贫困使发展中国家政府调控经济发展和维护社会秩序的能力减弱，诱发各种极端主义思潮，这是国际恐怖主义滋生和蔓延的重要根源之一；贫困必然引发移民潮和难民问题，要想把贫穷和落后长期锁定在一个特定的空间是很难办到的。所有这些，都必然威胁到全世界的发展和稳定。世界银行前行长沃尔芬森曾说过，“一个不公正的世界，是一个危险的世界”。南北关系不改善，南北差距不缩小，对穷国不利，对富国无益，世界和平与稳定也无法保障。为了地球这个人类共同的家园，矫治失衡经济，改善南北关系，应该是各国共同面对的问题。在国际社会的呼吁下，南北贫富悬殊问题已引起广泛重视。第三届联合国最不发达国家会议通过了《2001 年至 2010 年十年期支援最不发达国家行动纲领》。欧盟于 2001 年宣布向所有最不发达国家开放市场，并决定减免全部最不发达国家的债务。世界银行号召高收入国家尽快达到联合国制定的 0.7%的经援目标，多数高收入国家已经同意以此作为目标，增加向发展中国家的经济援助。南北双方只有保持和谐、平衡的发展，才能创造人类的幸福。

第三，可持续发展正在成为改善南北关系的纽带。在经济全球化时代，一方面，可持续发展正在成为人类的共同追求。这种新的发展观，不仅关注经济增长，而且强调经济、政治、文化、精神等人类社会生活的各领域协调发展；不仅追求一国的利益和发展，而且强调全球的整体利益和共同发展。另一方面，世界各国各地区共同面临的全球性问题也越来越多，这些问题正在对全人类的生存和可持续发展构成巨大挑战。全球性问题的解决，已经不是一国或几国、南方或北方自身所能为之，而必须依靠世界各国的共同努力。可见，南北关系在今天已经成为关系到全人类可持续发展的战略性问题，为了实现人类的可持续发展，南北双方必须携手合作。

第四，发达国家与发展中国家出现了政治上由“主从关系”向“伙伴关系”过渡、经济上由不平等往来转向对等合作的迹象。现在，美国虽然是世界上唯一的超级大国，但随着世界多极化趋势的发展，其对国际事务的干预能力大大下降。目前不仅殖民时期的“主仆关系”早已改变，而且冷战时期的盟国关系也逐渐为“伙伴关系”所代替。国际社会普遍认为，发展中国家已成为世界经济的独立“增长源”，“金砖国家”的发展前景更是被普遍看好。面对这一现实，欧美等原殖民地宗主国多次宣称要同亚非拉国家建立平等的合作关系。美国多次宣称要与拉美国家建立“长久的伙伴关系”。欧盟则于2000年6月与“非洲、加勒比海和太平洋地区国家集团”77个成员国签署了为期20年的新合作协议——《科托努协定》，取代了原来的《洛美协定》，这标志着南北双方“努力建立一种新型的合作伙伴关系”。欧盟强调非洲与欧洲在21世纪的伙伴关系具有新的战略上的重要意义。日本也多次召开东京非洲开发会议，认为日本要想寻求21世纪的稳定和繁荣，面向非洲是必然趋势。

冷战结束初期，在发达国家看来，由于发展中国家不再具有原来“中间地带”的意义，不再是独立于两大集团之外的第三种力量，对北方国家的“利用价值”大大下降，因而它们不仅对改善南北关系态度冷淡，而且对发展中国家施加巨大的政治经济压力。但很快，随着经济全球化和世界多极化趋势的发展，北方国家从自身经济利益和全球战略利益出发，又发现了南方国家新的“使用价值”，于是纷纷改变过去的冷淡态度，开始加强与南方国家的合作。而且在合作中突破南北间经济发展水平和社会政治制度的差异，组建了既有南方国家又有北方国家参与的区域经济集团。

国际关系的现实告诉我们，在经济全球化和世界多极化趋势的推动下，南北关系得到了一定程度的改善，南北关系的发展也进入了一个新阶段。不过在可预见的将来，北方国家在世界上的主导和支配地位不会改变。南北方之间控制与反控制、干涉与反干涉的斗争仍将存在。南北关系的根本改善不可能一蹴而就，这将是一个合作与斗争相交织的发展变化过程，需要南北双方长期的不懈努力。

7.3　正在崛起的发展中大国

发展中国家在二战后的崛起是促进世界格局多极化趋势的重要原因。进入 21 世纪以来，不仅发展中国家的总体实力在不断增强，影响力在上升，而且亚非拉的中国、印度、巴西、南非等发展中大国正在崛起，成为全球和地区的重要力量。发展中大国的崛起，对世界和平、稳定和发展，有着极为深刻的影响。

7.3.1　崛起中的印度、巴西、南非

1. 印度的迅速崛起

印度国土面积约 297.5 万平方公里（不包括中印边境印占区和克什米尔印度实际控制区等，印度政府称其领土为 328.78 万平方公里），居世界第 7 位；人口 12 亿（2011 年），居世界第 2 位。早在印度独立以前，尼赫鲁对印度的未来地位就已做出了明确的阐述，印度“是不可能在世界上扮演二等角色的。要么就做一个有声有色的大国，要么就销声匿迹”。印度经过独立后半个多世纪的努力，其经济、军事、IT 业等领域已毫无争议地跻身于世界大国之林，成为公认的继中国之后崛起的“东方雄狮”。布热津斯基、基辛格、亨廷顿等人均认为，在 21 世纪的国际体系中，印度将同美国、欧洲、中国、日本、俄罗斯一起，成为世界 6 大力量中心之一。

印度是世界四大文明古国之一。公元前 2000 年前后创造了印度河文明。约在公元前 14 世纪，原居住在中亚的雅利安人中的一支进入南亚次大陆，并征服了当地土著。约公元前 1000 年，当地开始形成以人种和社会分工不同为基础的种姓制度。公元前 4 世纪崛起的孔雀王朝开始统一印度次大陆，公元前 3 世纪阿育王统治时期疆域广阔，政权强大，佛教兴盛并开始向外传播。中世纪小国林立，印度教兴起。自 11 世纪起，来自西北方向的穆斯林民族不断入侵并长期统治印度。1526 年建立莫卧儿帝国，成为当时世界强国之一。1600 年英国侵入，建立东印度公司。1757 年开始沦为英殖民地，1849 年全境被英占领。1857 年爆发反英大起义，次年英国政府直接统治印度。1947 年 6 月，英将印度分为印度和巴基斯坦两个自治领。同年 8 月 15 日，印巴分治，印度独立。1950 年 1 月 26 日，印度共和国成立，为英联邦成员国。1950 年的印度宪法规定，印度为联邦制国家，是主权的、社会主义的、世俗的民主共和国。印度采取英国式的议会民主制。

自1947年宣布独立以来，印度的社会经济发生了巨大变化。

第一，印度现在已成为世界上经济增长最快的国家之一，经济规模位居世界前列。2010—2011财年，印度的经济增长速度8.5%，印度国内生产总值达到1.6万亿美元（2010年）。

第二，高科技产业开始在国际上显露头角。目前，印度在原子能研究与应用、空间技术、计算机及软件、生物、太阳能应用和前沿科学等方面居发展中国家前列。印度已建立起从核燃料勘探、开采、提炼、重水生产、反应堆到核废料处理的完整生产体系；已成为世界第六空间技术大国；计算机及软件技术的发展享誉世界，近十多年来印度的计算机软件产业以年均50%的速度成长，印度成为世界第二大软件服务出口国；印度的生物技术也从传统的酿造、食品加工、药品生产向现代遗传工程、动植物细胞合成、酶的应用、生物冶金和克隆技术等方面发展。

<<<

在印度的GDP中，其服务业所占的比重近50%，近年来印度经济能够较快增长也主要归功于服务业的持续快速增长。印度这样的经济结构跟一些发达国家相似，再加上印度有大量优秀且成本低廉的技术人才，因此有人预言印度将在未来成为“世界的办公室”。实际上，印度如今已成为世界主要研发中心之一。

>>>

第三，跨入世界军事大国的行列。随着国力的增强，印度军事力量迅速崛起，已发展成为一支兵力庞大、兵种齐全、装备先进、训练有素、实战能力较强的军队。目前，印度军队兵力总数127万，居美国、俄罗斯和中国之后，号称世界第四军事大国。

第四，加速推进全方位大国外交战略。印度作为不结盟运动创始国之一，历届政府均强调不结盟是其外交政策的基础，努力与所有国家发展关系，力争在地区和国际事务中发挥重要作用。冷战结束后，印度政府推行全方位务实外交，积极创造有利于自身发展的持久和平稳定的地区环境。近年来，印度在保持与俄罗斯传统友好关系的同时，大力发展与美、日、欧等发达国家的关系，努力改善对华关系，同时坚强与东南亚国家的关系。为提高国际地位，印度积极参与联合国维和行动，宣传改革联合国和扩大安理会的主张，宣称自己不仅应当成为常任理事国，而且“已经做好了担任常任理事国的各项必要准备”。

毋庸讳言，印度在发展的道路上仍面临诸多问题和挑战：印度人口约12亿，而且还在以较快的速度增长，年新增人口和劳动力都在1 500万以上，贫困问题和就业问题将更加严重；IT业的兴旺与30%以上的文盲率同在，地区发展不平衡、城乡差距扩大和贫富悬殊等社会两极分化问题仍很严峻；作为一个多民族、多语言、多宗教、多种姓的多元复合社会，印度常爆发民族冲突，宗教矛盾常酿成严重骚乱；与巴基斯坦在克什米尔地区存在巨大争端等。但是，由于印度经济发展已经具有了雄厚基础，在自然资源、人力资源、科学技术、资本要素和商品、服务市场方面拥有巨大潜力，今后印度还将继续保持较快发展的趋势。

2. 巴西的快速发展

巴西是西半球最大的发展中国家。绿色和黄色是巴西的“国色”，绿色象征森林，黄色象征矿藏和资源。巴西幅员辽阔，人口 1.9 亿（2010 年），领土面积达 850 多万平方公里，占南美洲的 47.3%，位居世界第 5 位。巴西是世界资源和能源大国，工业发展必不可少的铁、锰、镍、锡、铀等矿产资源丰富，已探明的铁矿蕴藏量为 480 亿吨，位居世界第一；铀储量达 24 万吨，位居世界第六；石油储量居世界第 14 位，占世界石油总储量约 8%。此外，巴西拥有世界上最大的热带雨林——500 多万平方公里的亚马孙热带雨林。由于雨林面积大，巴西拥有全球 12% 的淡水。地大物博、潜力巨大的巴西，成为 21 世纪新兴工业国家的代表之一。

<<<

1500 年 4 月 22 日，葡萄牙航海家佩德罗・卡布拉尔到达巴西。16 世纪 30 年代葡派远征队在巴建立殖民地，1549 年任命总督。1808 年拿破仑入侵葡萄牙，葡王室迁往巴西。1821 年葡王室迁回里斯本，王子佩德罗留巴任摄政王。1822 年 9 月 7 日，佩德罗王子宣布独立，建立巴西帝国。1889 年 11 月 15 日，丰塞卡将军发动政变，推翻帝制，成立巴西合众国。1964 年 3 月 31 日，军人政变上台，实行独裁统治，1967 年改国名为巴西联邦共和国。1985 年 1 月，军人还政于民。

>>>

巴西拥有拉美最为完善的产业体系，经济实力居拉美首位。2010 年巴西国内生产总值约 2.02 万亿美元。历史上巴西曾经一度是单一农业经济国家，蔗糖、咖啡等为其主要经济作物。在不到 100 年的时间里，巴西从一个落后的农业国变成了一个新兴工业大国、农业强国。2006 年初，巴西的专家、学者和政府官员云集圣保罗，举行了巴西大国战略研讨会。他们得出这样一个结论：现在是“巴西在国际事务中发挥作用”的时候了，巴西应开展全方位外交，完成从拉美头号强国向全球大国的角色转换。

目前，巴西是世界农牧业生产和出口大国，除小麦等少数作物外，主要农产品均能实现自给并大量出口。咖啡、甘蔗、柑橘产量居世界第一，大豆产量世界第二，玉米产量世界第三，稻谷产量居世界第七位。巴西畜牧业较发达，早在1980年就实现人均一头牛，为世界主要肉类出口国之一。现在是世界第二大养牛国和第二大牛肉出口国。巴西的农业在世界上有着非常重要的地位，同时也具备巨大的发展潜力，“21世纪的世界粮仓”已成为巴西的代名词。巴西拥有世界上最大量的可耕地储备，可耕地面积为8亿公顷，目前的利用率仅为7.5%。随着世界人口的剧增和由此引发的耕地资源的不足，巨大的耕地储备量使得巴西在国际农业领域有着日益重要的战略地位。

巴西工业实力和工艺均居拉美首位，主要工业部门有钢铁、汽车、造船、石油、水泥、化工、冶金、电力、飞机制造、建筑、纺织、制鞋、造纸、食品等。特别引人注目的是飞机制造业异军突起，巴西飞机制造公司一跃成为世界第四大飞机制造公司和巴西第一大出口企业。巴西还是世界第六大产钢国，并跻身于世界十大汽车生产国行列，汽车工业已成为巴西工业的重要支柱性产业。巴西的电子、通信工业发展迅速，90%的通信技术实现了现代化，其卫星通信、数字化网络、移动通信等均领先于拉美其他国家，接近世界发达国家的水平。

巴西的国民经济结构较为合理。服务业产值在巴西国内生产总值中所占比重位于国民经济三大产业之首，2004年该行业总产值占国内生产总值55.7%。服务业部门主要包括银行金融业、电讯产业、不动产、旅游、保险、广告、传媒等。巴西地理统计局所公布的数字显示，巴西农业、工业和服务业三大产业占国内生产总值的比重基本符合世界中等收入国家三大产业的平均比例。

在国际舞台上，巴西政府奉行独立自主、不干涉内政、尊重主权与领土完整、和平解决争端、友好共处的对外政策。反对单极世界和霸权主义，主张世界向多极化和民主化方向发展。积极参与国际事务，支持联合国改革，谋求成为安理会常任理事国。重视国际合作，承诺并积极倡导世界和平与安全、核不扩散和裁减军备。在人权问题上，认为尊重人权首先是尊重维护和改善生活的权利，反对利用人权干涉别国内政。巴西是里约集团创始国，是南方共同市场、七十七国集团、15国集团成员国，以及不结盟运动观察员。20世纪90年代之前，巴西的外交重点总体而言是开展与发达国家的关系；自20世纪90年代开始，开展多元化外交逐渐成为其外交特色，在此过程中，与发展中大国加强合作在其外交事务中日显突出。

巴西同美国保持着传统、密切的关系，主张在平等和相互尊重的基础上，同美国建立平等的“负责任的伙伴”关系。巴西与欧盟政治、经济、文化关系密切。欧盟作为一个整体，是巴最大的贸易伙伴和对巴直接投资的最大来源地。巴西积极发展同欧盟国家的关系，认为欧盟是巴外交重心的“不可替代的组成部分”。巴西奉行睦邻友好政策，把发展与拉美国家的关系、推动本地区政治团结和经济一体化进程作为其外交工作的重点。主张拉美各国之间加强磋商和协调，通过地区一体化在国际事务中发挥更大的作用。在巴西的积极推动下，拉美一体化，特别是南美一体化，得到了全新的发展，尤其是 2004 年底成立的南美共同体更是实现了拉美一体化的设想。建立南美共同体是巴西政府把“扩大同发展中国家的关系作为外交工作的重点”的重要内容，同时也是巴西外交战略的基础所在。巴西努力改善同古巴的关系，反对美国对古巴的经贸、投资的封锁。巴西认为东亚和东南亚是当今世界最具经济活力的地区，日益重视发展同亚洲国家，尤其是与中国、日本、印度、韩国和东盟国家的政治和经贸关系，并希望进一步密切同亚洲的地区性组织之间的联系，积极推动召开“东亚—拉美合作论坛”。巴西与非洲有种族和文化渊源，与非洲葡语国家关系特殊，强调重视发展与非洲特别是南部非洲国家的关系。

巴西能否成为真正的世界大国，不仅取决于巴西能否发挥出自己的潜能，而且更为关键的因素在于它是否能克服自己国内的制约因素。这些制约因素主要表现在：

首先，巴西的经济对外依赖性仍然很强。国内消费对经济的拉动不足，外国投资仍是巴西融资的主要途径。外贸结构单一，外贸绩效高度依赖国际市场和初级产品价格。从巴西贸易结构来看，出口的大宗产品多为农、矿初级产品，受国际产品价格和国外市场等因素的影响很大。此外，金融体制不健全，巴西仍是国际游资和投机性资本所青睐的市场。

其次，巴西在经济发展的同时，贫富差距也在迅速拉大，在世界范围内仅次于斯威斯兰、尼加拉瓜和南非，居世界第 4 位。巴西有 3 615 万贫困人口（2006），而占人口 1%的富人却拥有 50%以上的国民收入。社会分配制度的不公，引发了诸如饥饿、失业和暴力犯罪等许多社会问题，这严重阻碍了巴西国家经济和社会的发展，也不利于巴西塑造世界大国的形象。

另外，巴西虽然在实现地区一体化方面做了很多努力，但在与周边国家的关系上仍无法消除邻国的不信任感，特别是墨西哥、阿根廷等大国更是认为巴西只注重自身利益，而没有尽到作为地区第一大国的责任，甚至反对巴西成为联合国安理会常任理事国。因此，巴西应在地区和国际范围内正确权衡本国和本地区的利益，在谋求本国利益的同时，适当照顾本地区其他国家的利益，只有这样巴西才能赢得周边国家的认同。

3. 南非的变革与发展

南非国土面积为 122 万平方公里，人口 5 059 万（2011 年）。南非矿产资源丰富，是世界五大矿产国之一。黄金、铂族金属、锰、钒、铬、钛和铝硅酸盐的储量均居世界第一位，蛭石、锆居世界第二位，氟石、磷酸盐居世界第三位，锑、铀居世界第四位，煤、钻石、铅居世界第五位。南非是世界上最大的黄金生产国和出口国，黄金出口额占全部对外出口额的 1/3，因此它被誉为“黄金之国”。

南非属于中等收入的发展中国家，是非洲经济最发达的国家，国内生产总值占非洲国内生产总值的 20%左右。矿业、制造业、农业和服务业是南非经济四大支柱，深矿开采技术在世界处于领先地位。南非的制造业门类齐全，技术先进，主要包括钢铁、金属制品、化工、运输设备、食品加工、纺织、服装等。制造业产值占国内生产总值的近 1/5。南非的电力工业较发达，拥有世界上最大的干冷发电站，发电量占全非洲的 2/3。

南非最早的土著居民是桑人、科伊人及后来南迁的班图人。17 世纪后，荷兰人、英国人相继入侵并不断将殖民地向内地推进。19 世纪中叶，白人统治者建立起 4 个政治实体：两个英国殖民地，即开普、纳塔尔殖民地；两个布尔人共和国，即德兰士瓦南非共和国和奥兰治自由邦。1899—1902 年英布战争以英国人艰难取胜告终。1910 年 4 个政权合并为“南非联邦”，成为英国的自治领地。1961 年 5 月 31 日南非退出英联邦，成立南非共和国。南非当局长期在国内以立法和行政手段推行种族歧视和种族隔离政策。1989 年，德克勒克出任总统后推行政治改革，取消对黑人解放组织的禁令并释放曼德拉等人。1994 年 4—5 月，南非举行首次不分种族的大选，以非国大为首的非国大、南非共产党、南非工会大会三方联盟以 62.65%的多数获胜，曼德拉出任南非首任黑人总统。

1994 年，南非举行了第一次不分种族的全民大选，成立了以非洲人国民大会为首的南非民族团结政府，从而结束了种族隔离制度。新南非不仅以不流血的方式结束了全世界最黑暗的种族隔离制度，实现了种族和解，而且政治上保持稳定，经济上实现了持续增长，人民生活总体上有了较大提高，南非正呈现出欣欣向荣的景象。最令世人称道的是，南非政府一直奉行种族和解政策，使国家面貌发生了很大变化。南非人口中黑人占 85%以上，白人占近 10%。在种族隔离时期，白人拥有全国 95%的财富，完全掌握着国家政权和经济命脉；而黑人在政治上没有地位，经济上一贫如洗，不能和白人平等享有各项权利。但是，黑人政府上台后并没有对白人冤冤相报，而是在致力于改变黑人贫困和落后地位的同时，还注意维护白人的合法利益，注重发挥白人积极性，让他们主动帮助黑人脱贫。这一举措既达到了提高黑人生活水平的目的，也提高了白人的参与意识，使白人和黑人初步消除了敌对情绪，在感情上逐渐靠近。国际舆论认为，新南非的实践告诉世界，即使是那些相互仇恨的敌对双方仍可以通过真诚的和解之路来抚平历史的创伤。通过实行种族和解政策，新南非在政治上保持了稳定。

由于结束了种族隔离制度，新南非一改白人种族政权时期面临的国内巨大压力和国际社会制裁的局面，获得了有利于发展的国内政治环境和国际环境。1994 年前，南非经济增长一度出现了停滞，但自从新南非建立以后，南非一直保持宏观经济的稳定。近年来南非经济平稳增长，2011 年国内生产总值达 4 081 亿美元，比上一年增长 3.1%。[①]随着经济的增长，南非广大民众的生活水平与以前相比有了较大提高。政府还为来自贫困家庭的儿童建立了完善的营养供应体系，在普及教育方面也取得了重大进展。

新南非奉行独立自主的全方位外交政策，主张在尊重主权、平等互利和互不干涉内政的基础上同一切国家保持和发展双边友好关系。其外交政策的支柱是：保证人权；在全世界促进自由、民主；尊重公正原则及国际法；维护世界和平，参加解决冲突的国际机制；在国际舞台上维护非洲利益。新南非迅速重返国际社会，对外交往日益活跃，国际地位不断提高。南非是联合国、非洲联盟、英联邦等 70 多个国际组织的成员国。南非还积极参加联合国人权、裁军等领域的活动。作为非洲经济发展的“火车头”，南非视非洲为其外交立足点，并将维护南部非洲地区安全与发展作为其外交战略的首要考虑，积极倡导“非洲复兴”理论，希望在 21 世纪里使非洲实现振兴。南非还利用其在国际社会的重要地位，努力调解非洲一些国家的冲突，并取得了积极成果。

当然，南非目前还存在一些亟待解决的问题，如失业率和贫困率居高不下、社会治安状况恶化、贫富差距拉大、艾滋病蔓延等。不过可以相信，南非既然能够成功地化解复杂棘手的种族仇恨问题，也一定有能力解决这些社会发展问题。

① 数字来源于美国中情局网站。

7.3.2 发展中大国的崛起对世界的影响

发展中大国的崛起，对世界和平、稳定和发展有着极为深刻的影响。

在强烈的危机感和使命意识的激励下，更为积极地参与国际社会游戏规则的制定，力争在一个新的国际秩序中占据更有利的地位，成为发展中大国制定新战略的着眼点。印度为实现大国梦想，历届政府始终进行着不懈的努力。巴西、南非一直毫不掩饰欲在本大陆发挥“火车头”作用的愿望。国际秩序的重塑和国际规则的调整蕴含着巨大的利益空间，争夺在国际体系中的主导权和影响力成为发展中大国战略角逐的重要内容。围绕世贸组织多边谈判、地区政治与经济合作、国际安全机制建设、反恐及防核扩散等重大问题，发展中大国积极争夺话语权和决策权，并将推动联合国改革作为其在国际舞台上占据更为有利战略地位的着力点。巴西、印度、南非都已强烈表达出成为联合国安理会常任理事国的愿望。

为了追求本国长远利益的最优化，发展中大国均注重既综合又灵活地制定和实施长期发展战略，意识形态色彩更加淡化，务实色彩更为突出。发展中大国均与美国有着斗争和抗衡的一面，但又都从各自的战略利益出发，尽可能留有充分的回旋余地，保持着斗而不破的局面。各国都在努力营造和平、稳定的周边安全环境，与此同时，经贸、能源等事关发展的问题在各国战略中的地位更为突出。发展中大国都在根据本国的实际情况，尽可能灵活地把握长远战略与眼前利益之间的关系，盘活潜在战略资源，突破各种瓶颈性因素的制约，以争取更大的发展空间和更有利的国际地位。在加紧进行战略利益争夺的同时，发展中大国间相互依存的纽带意识明显增强，各国在战略调整中积极谋势。印度、巴西、南非等国首先注重在各自所在的区域合作中扮演核心角色，理顺周边国际关系，维护地区稳定，保障战略利益。它们以区域合作为依托和筹码，更为积极地从事跨地区的交往合作，进行战略关系的重新组合。

在“民族复兴”目标的激励下，发展中大国根据自身利益决定内外大政方略的意志显著增强，与西方强权政治和某些“普世价值”碰撞增多。无论是中国，还是印度、巴西、南非，几乎都以“民族复兴”为旗帜。在这面旗帜下，发展中大国对内努力振兴民族经济，对外则推行务实的全方位外交。任何一个民族国家的崛起或复兴，势必对现有国际秩序产生巨大的影响，因而必然引起现有国际秩序既得利益者们的警觉和反应。对于正在发奋图强的发展中大国而言，原有的国际政治经济秩序在很大程度上束缚其发展的脚步，对这种旧秩序日见突出的不合理和不公正因素有着本能的抵制和强烈的改变和完善意识。从这个意义上讲，崛起的发展中大国对于现存国际秩序的挑战和对强权政治的抗争是不可避免的。

发展中大国的崛起有助于平衡和制约单极霸权的肆虐，为世界的和平与稳定提供坚实的基础。在相互依存和相互斗争的矛盾运动中，更为多样性的力量组合、更为公正的利益均衡化将有利于构建更为合理的多极格局，从而为推进世界的和平与发展提供有利条件。整个世界格局中单极与多极、单边与多边的较量依然是大国关系发展的主线。在发展中大国与西方大国关系中，传统的意识形态和政治联盟色彩继续淡化，各国围绕重大利益的分化组合与斗争协调全面展开，方式更加灵活，手段更加多样。随着利益格局的多元化和战略竞争的复杂化，各国更加倾向于针对具体问题和不同利益诉求结成各种类型的伙伴关系。依存与制衡并重，斗争与合作并存，这一态势有利于发展中大国制约单极霸权，为本国的发展和崛起进一步拓展战略空间。战略利益上的相互依存和制衡将成为大国关系的基本特征，求同存异成为大国之间的共识。这一格局客观上对维护世界的和平稳定起着积极作用。

发展中大国的发展对世界经济发展有着积极的推动作用，其可持续、稳定、健康的发展对其他发展中国家起到了示范和带动作用，也为整个世界提供了新的发展机遇。但发展中大国自身存在的发展瓶颈使其在发展过程中具有一定的不确定性，也为世界的发展带来了不确定因素。在发展中大国崛起或民族复兴的道路上仍然荆棘载途，任重而道远。

阅读书目

1. 彭树智，黄倩云. 第三世界的历史进程. 北京：中国青年出版社，1999

2. 畅征，刘青建. 发展中国家政治经济概论. 北京：中国人民大学出版社，2001

3. 孙文杰，王文奇. “金砖四国”之路　印度——阔步向前的巨象. 长春：长春出版社，2010

4. 孙兴杰. “金砖四国”之路　巴西——翩翩起舞的桑巴. 长春：长春出版社，2010

5. ［加］库珀，［波］安特科维茨主编．全球治理中的新兴国家．上海：上海人民出版社，2009

分析与思考

1. 如何解决发展中国家经济发展中的主要问题?
2. 试说明南北差距的拉大会引起世界的动荡、阻碍世界和平与发展。
3. 试分析在经济全球化条件下改善南北关系的有效途径。
4. 试分析发展中大国崛起的国际影响。

第 8 章

走和平发展道路的中国

要论提示

- 新中国成立后，虽然外交政策多次调整，对外关系历经波折，但始终坚持了独立自主的和平外交方针。
- 冷战后，中国提出了一系列外交新理念，中国对外关系有了新发展。
- 中国将成为维护世界和平、促进共同发展的不可或缺的重要力量。

关键词

外交政策　独立自主　和谐世界

中华人民共和国的建立结束了中国人民遭受外来侵略和压迫的历史，中国从此由羸弱走向强盛，不仅维护了国家的生存与发展、独立与安全，并且为人类的进步事业作出了很大贡献。新中国外交揭开了独立自主的新篇章，开始了其不平凡又不平坦的崭新历程。

8.1　独立自主的和平外交政策

8.1.1　毛泽东时代的中国外交战略及其调整

从新中国成立至 20 世纪 70 年代后期，毛泽东、周恩来作为新中国的缔造者和第一代领导人，在领导中国人民自力更生、奋发图强、进行社会主义建设的同时，也成为了新中国外交的奠基者和决策者，为新中国外交战略的制定和调整作出了卓越贡献。在毛泽东时代，中国外交战略大体上经历了以下三个发展阶段：

第一阶段：捍卫独立，争取有利的国际环境。

二战后，世界政治格局呈现出以美国为首的资本主义阵营与以苏联为首的社会主义阵营相互对立的状态。在两大阵营中，美国等西方国家拒不承认新中国政权，并在经济上对中国实行全面的禁运和封锁，在军事上从朝鲜、台湾地区、印支地区三条战线进逼中国，企图将新中国扼杀在摇篮里。而苏联共产党早就对中国共产党提供过帮助，虽然它在中国革命问题上犯过错误，但毕竟两党具有相同的意识形态，且苏联对中国革命和建设事业给予了道义和物质上的大力援助。苏联是第一个与新中国建立外交关系的国家，以后东欧和亚洲的社会主义国家也相继与中国建交。现实情况决定了中国只有站在社会主义阵营一边，即实施“一边倒”外交战略，才能得到政治、经济、军事等各方面的支持。需要指出的是，中国采取这一方针并不意味着中国放弃独立自主原则，正如周恩来总理指出的，我们对外问题有一个基本立场，即中华民族独立的立场，独立自主、自力更生的立场，任何国家都不能干涉中国的内政。外援如果有利于中国当然要，但不能依赖，即使对于苏联及各人民民主国家，我们也不能有依赖之心。

中国通过一段时间内采取“一边倒”的对外政策，摆脱了孤立地位，捍卫了自己的独立与安全，保证了社会主义建设事业的顺利进行。中国在加入社会主义阵营的同时，还注重同发展中民族主义国家关系的开展，参加了具有重要历史意义的亚非会议，提出求同存异的方针，为会议的成功作出了积极贡献。中国建国初期在外交上取得的业绩表明，中国已站稳脚跟并开始走向世界。

> 亚非会议又称万隆会议（Bandung Conference），1955 年 4 月 18 日至 24 日在印度尼西亚万隆举行，是二战后亚非国家第一次自主召开的、没有西方殖民国家参加的国际会议。周恩来总理率中国代表团出席了会议。会上针对有的国家因不了解中国而发表攻击中国言论的情况，周总理在讲话中提出“求同存异”的方针，赢得了与会代表的普遍赞扬。会议就有关亚非国家共同关心的重大政治经济问题达成一致，通过了《亚非会议最后公报》，并在和平共处五项原则基础上提出了著名的万隆会议十项原则。会议所反映的亚非人民团结一致、反对帝国主义和殖民主义、争取和维护民族独立、保卫世界和平、促进各国人民友谊的精神，被称为“万隆精神”。

当然，事物总是一分为二的。由于中国奉行“一边倒”外交战略，因此中国在处理对外事务时，不可能不受到以苏联为首的社会主义阵营总体外交方针的制约，从而缩小了中国外交的回旋余地。今天看来，“一边倒”战略并不是完美无缺的，甚至有很大的局限性和弱点，但在当时的历史条件下，它确实是一个合乎国际政治和中国国内政治逻辑的战略选择。[①]

第二阶段：顶住美苏压力，维护国家主权。

进入 20 世纪 60 年代后，中国所处的国际环境发生了变化，其中最为重要的是中苏两国由盟友变为敌手。20 世纪 50 年代后期，中苏战略利益需求出现差异，对国际共产主义运动的一些基本理论问题也有了不同的看法，加上苏联提出一系列有损中国主权的主张，试图迫使中国将自己的外交政策纳入苏联的全球战略轨道，导致中苏关系日趋紧张直至严重对立，形成对中国安全的直接威胁。与此同时，西方国家依然继续执行敌视中国的政策。美国在继续支持台湾进行分裂中国的活动的同时，又发动了对越南的侵略战争，进一步加剧了中美之间的对立。苏美两国的对华政策分别影响着各自的盟国，致使中国面临着十分恶劣的安全和建设环境。为应对这一局面，中国外交战略的主要内容从“一边倒”转向了“反帝、反修”、“两面开弓”。由于当时国内极左思潮的影响，中国在外交上还提出了以“世界革命”为“当然任务”的口号，反映出当时中国领导人在主观认识上的严重偏差。既反帝又反修，与两个超级大国同时为敌，在树立了中国不畏强权、独立自主的鲜明形象的同时，也导致中国在国际社会中树敌过多，处境孤立，给中国的外交工作造成极大困难，对中国外交产生了消极的影响。尤其是“文化大革命”的进行，不仅使得中国的对外活动大幅减少，而且导致多起外交纠纷，中国的国际形象和国际地位受到严重损害。直到 1968 年以后，在毛泽东和周恩来的亲自干预下，中国外交才逐渐走上正轨。

这一时期，中国外交的重大突破在于，与法国在 1964 年建立了正式的外交关系，与日本的关系则由民间往来进入半官半民阶段。中国积极支持亚非拉民族独立运动，同亚非拉国家的友好合作关系有了新进展。中国还同邻国达成了一系列边界协定和条约，解决了一些历史遗留问题。中国提出了援助弱小国家的行动方针，促使较多的亚非国家同中国建立了外交关系。

第三阶段：推动国际联合，反对苏联霸权。

20 世纪 70 年代世界政治格局形成了不同以往的力量对比关系，多

---

① 参见曲星：《中国外交 50 年》，56 页，南京，江苏人民出版社，2000。

极化趋势日益明显。美国超级大国的地位遭到严重挑战，先是深陷越南战争，后又为侵略战争后遗症困扰，经济和社会危机此起彼伏，大大牵制了美国的全球行动能力。西欧、日本由于自身力量的恢复和增强而日益注重外交上的自主性，西方阵营的分化现象越来越明显。同期苏联的力量有了较大的发展，战略态势上逐步由劣势向均势转变，导致了美苏争霸出现苏攻美守的态势。为扭转这一不利局面，20世纪60年代末尼克松上台后，采取了一系列重大的政策调整措施，其中之一就是改善中美关系，以增强美国抗衡苏联的能力。由此，僵持了20多年的中美关系出现转机。

对中国来说，“两面开弓”战略使自身承受了来自两个超级大国的双重压力。而苏联在中苏、中蒙边界加强军事部署，并鼓励和支持越南侵柬反华，还出兵阿富汗，形成了针对中国的环行包围带。1969年中苏边境又爆发了武装冲突，这些都使中国领导人逐渐将苏联视为自身安全的最大威胁。针对新形势，中国对外交战略再次进行了调整，以毛泽东的“三个世界”理论为依据，确定了联美抗苏的“一条线”战略，即团结一切可以团结的力量，包括美国、日本、欧洲等，建立最广泛的国际反霸统一战线，侧重反对苏联的霸权主义。

“一条线”战略的确立和实施，使得中美关系由敌对走向缓和，进而两国关系实现了正常化。中美关系的解冻不仅有利于中国战略安全环境的改善，而且带动了中国与世界上许多国家，特别是与西方国家关系的全面发展。1971年，中国恢复了在联合国的合法席位。1972年中日邦交实现了正常化。据统计，1970年底同中国建交的国家还只有66个，到1980年底已增加到124个。正是在这一时期，中国同所有西方大国建立了正常的外交关系，并开始参与一系列国际组织的多边外交活动，中国成为世界舞台上一支不可忽视的政治力量。

“一条线”战略是特定形势下的产物，在对抗苏联对中国的安全威胁和打开中国与整个西方世界的关系方面有着十分积极的作用，但这一战略也存在着明显的局限性。一是这一战略不可能化解中美之间业已存在的根本利益分歧，随着美苏战略态势的变化，中国从中获得的益处逐渐减少直至消失；二是这一战略对苏联威胁的估计过于严重，在实施过程中，特别是处理与第三世界国家的关系时，存在着“以苏划线”现象，制约了中国处理国际事务的行动自由。这一切使得中国外交战略的再次调整势在必行。

8.1.2　邓小平时期中国外交战略的转变及内涵

20 世纪 70 年代中后期，毛泽东等中国第一代领导人先后去世。1978 年，中国共产党召开了十一届三中全会，在总结以往经验教训的基础上，提出了一系列新的方针政策，随之中国外交也开始了一次战略性的质的飞跃。这一时期，中国外交战略的重大变革及其内涵突出体现在以下几方面：

第一，对外开放，外交政策大调整。

进入 20 世纪 80 年代，两极格局受到强有力的冲击，世界多极化趋势进一步明朗。在科学技术不断进步的大背景下，国家间的竞争日益转向综合国力的较量，军事力量的强弱不再是评价国家实力的唯一标准。不过，大国在国际关系中依然发挥着主导作用，强权政治和霸权主义依然存在，南北差距继续扩大，国际经济矛盾加剧，不同社会制度和意识形态之间的斗争仍很尖锐，这一切使得国际局势呈现出缓和与动荡相互交织的复杂局面。就中国而言，邓小平作为中国第二代领导人，明确提出“加紧社会主义现代化建设，争取实现包括台湾在内的祖国统一，反对霸权主义，维护世界和平，是我国人民在八十年代的三大任务。这三大任务中，核心是经济建设，它是解决国际国内问题的基础”①。由此，中国开始实行改革开放，把工作重心转移到社会主义现代化建设上来，集中精力发展社会生产力。

根据这一时期国际局势的新发展和国内任务的需要，自 1982 年前后，中国在外交战略上进行了两个方面的重大调整：其一，转变了对战争与和平的看法，就国际形势做出了在 20 世纪内直到 21 世纪的相当长的时间里有可能防止世界大战发生的科学论断。以前，中国较为注重强调战争的危险性，认为世界大战不可避免。经过长期观察，中国认为由于超级大国争夺世界霸权，世界大战的危险依然存在，但制约战争的因素也在发展，世界和平力量的增长超过战争因素的增长，通过世界上各种和平力量的努力，维护世界和平是有希望的，从而为中国将工作重心转移到经济建设上来提供了科学依据。其二，转变了 20 世纪 70 年代针对苏联威胁的“一条线”战略，突出强调中国要贯彻执行独立自主的和平外交政策。独立自主是新中国成立以来一直坚持

---

① 《邓小平文选》，1 版，第 3 卷，3 页。

的外交基本原则，在20世纪80年代这一原则又被赋予了新内涵，这就是坚持不结盟，即中国不同任何大国结盟或建立战略同盟关系。对于国际事务，中国将从中国人民和世界人民根本利益出发，根据问题本身的是非曲直，决定自己的立场和对策。

中国外交战略大调整的内容表明，经过多年的实践活动，中国外交已具有了高度的自信心并日益走向成熟，在更深层次上则反映出中国国力的增强以及中国领导人在观念上的变化。中国清醒地认识到自己在国际社会中的分量和责任。中国作为一支不可忽视的政治力量，不论靠向哪一边，都可能影响世界战略力量的均衡状态，不利于国际局势的稳定和世界和平的维护。中国坚持不结盟的方针，成为独立于东西方两大政治、经济、军事集团之外的一支重要力量，大大增加了中国在国际事务中的回旋余地。调整后的中国外交，积极致力于为国内经济建设营造一个长期的、良好的外部环境，取得了丰硕的成果。

第二，韬光养晦，冷静应对国际局势的巨变。

20世纪80年代末90年代初，东欧剧变，苏联解体，延续多年的两极格局土崩瓦解，世界局势发生了近半个世纪以来最深刻最重大的变动，世界各种政治力量重新分化组合，“一超多强”成为世界政治格局的新特点。

世界局势的这一变化对中国的影响是复杂的、多方面的。世界局势的走向与国内政治因素结合互动，引发了中国国内一场严重的政治风波。西方国家借此集体对中国进行制裁、停止贸易、中断往来，一时间，中国显得非常孤立，外交压力骤增。对此，邓小平提出了“冷静观察、稳住阵脚、沉着应付、韬光养晦、善于守拙、决不当头、有所作为”的方针，为外交工作的开展指明了方向。

面对国际共产主义运动遭受的重大挫折，中国不惊慌，不动摇，依据本国的实际情况，继续坚持中国特色的社会主义道路，但不寻求取代苏联在国际共产主义运动中的那种领导地位。中国在国际事务中具有举足轻重的作用，但绝不当第三世界的头。邓小平明确指出：“我们千万不要当头，这是个根本国策。这个头我们当不起，自己力量也不够。当了绝无好处，许多主动都失掉了。中国永远站在第三世界一边，中国永远不称霸，中国也永远不当头。”① 在有关国家主权和国家根本利益的问题上，中国不会因为任何国家的压力而退缩让步，但中

① 《邓小平文选》，1版，第3卷，363页。

国不寻求与西方国家的对抗，也不同苏联等原社会主义国家进行论战，中国尊重各国人民的自主选择。无论何种制度的国家，中国都本着和平共处五项原则的精神，超越意识形态因素与他们发展友好关系。此外，在一些与中国没有直接关系的国际问题上，中国也采取了较为超脱的立场和态度。中国在国际局势骤变的情况下处变不惊，经受住了严峻的考验。

第三，和平共处，开拓全方位外交新局面。

冷战的结束为中国外交提供了前所未有的机遇。中国政局迅速恢复了稳定，经济继续发展，外交上呈现出全方位、立体式、多层次的可喜局面。中国积极与世界各主要国家及组织构筑战略伙伴关系，改善和调整了大国关系框架。中国坚持睦邻友好政策，妥善处理与邻国的领土和海洋权益的争端，既维护了中国的正当权益，又稳定了周边环境，进而深化了同发展中国家的团结与合作。1997 年香港回归祖国和 1999 年澳门回归祖国，使得中国统一大业迈出了历史性的一步。中国政府还积极推动海峡两岸关系的发展，同台湾当局制造分裂的活动进行了坚决的斗争。这一时期，以联合国为中心的多边外交活动是应对人类共同挑战的有效途径，中国以开放的姿态参与了联合国等全球性多边组织的一系列活动，参与和主导了多形式多渠道的地区对话与合作，在国际事务中发挥着越来越重要的作用。

中国外交战略和政策的调整是对变化了的国际局势，特别是中国与两个超级大国关系的现实反应。冷战时期中国基本上每十年就要大幅调整一次外交战略，使其呈现出明显的阶段性特征。冷战后中国外交战略的阶段性不似冷战时期那样突出，连续性和稳定性更为明显，但独立自主的和平外交政策没有改变，这一政策得到了国际社会的广泛赞誉。

8.1.3　21 世纪以来中国外交政策的新理念

进入 21 世纪后，中国妥善地处理了一系列外交上的重大事件，积极构建总体稳定、互利共赢的大国关系框架，促进形成机遇共享、共同发展的周边合作局面，巩固并加强了同发展中国家的传统友谊和团结合作，对外工作愈加成熟务实，体现出新时期中国外交政策的新思路和新理念，主要表现为：

第一，顺应历史潮流，维护全人类的共同利益。中国在外交上谋求与时代前进的方向保持一致，与历史发展的潮流保持一致，与世界上大多数国家和人民的愿望保持一致。一个对人类共同利益采取不负责任的态度的国家是无法取信于国际社会的。因此，中国的外交战略不仅要考虑本国的利益和发展，同时也要更多地把自身利益同全球整体利益结合起来，真正同国际社会融为一体，为世界和平与发展作出更多贡献。中国愿与国际社会共同努力，积极促进世界多极化，推动多种力量和谐并存，保持国际社会的稳定。中国主张促进经济全球化朝着有利于各国共同繁荣的方向发展，趋利避害，使各国特别是发展中国家都从中受益。中国愿与国际社会一道，共同应对人类发展所面临的全球性问题。这种外交政策取向既反映了中国“亲仁善邻”的对外交往传统，也是由中国社会主义制度的性质决定的；既体现了当今中国与时俱进的外交风格，也使中国在国际社会拥有更加广泛的支持基础。

第二，推动建立更加公正合理的国际新秩序。现存的国际政治经济秩序还有多方面的不合理之处，无法满足和实现全人类共同利益。国际社会早就出现了建立新的公正合理的国际秩序的强烈呼声，中国也一直在为此而努力。中国认为各国在政治上应该相互尊重，共同协商，而不应将自己的意志强加于人；经济上应该相互促进，共同发展，而不应造成贫富悬殊；文化上应相互借鉴，共同繁荣，而不应排斥其他民族的文化；安全上应该相互信任，共同维护国际和平与稳定，通过对话与协商解决争端，而不应诉诸武力或以武力相威胁。为了贯彻这一理念，中国旗帜鲜明地反对各种形式的霸权主义和强权政治，反对一切形式的恐怖主义，主张加强国际合作，消除产生这些有害因素的根源。中国站在历史的高度，将和平手段作为应对各种挑战、处理对外关系的优先选择，并向世界表明，中国将承担相应国际义务，发挥建设性作用，推动国际秩序朝着更加公正合理的方向发展。

第三，维护世界多样性，提倡国际关系民主化和发展模式多样化。各国文明和发展模式的多样性是人类社会的基本特征，也是推动世界文明进步的重要动力。世界上各种文明、不同的社会制度和发展道路应该彼此尊重，在竞争比较中取长补短，在求同存异中共同发展。世界大多数国家都有着强烈的平等参与国际事务的意识，坚决反对任何国家垄断国际事务、损害别国主权。他们依据本国国情制定自身的发展模式，通过国际合作争取本国和国际社会的共同发展，由此构成国际关系民主化的强大推动力量。中国将同这些国家一道，反对单边主义和霸权主义，坚持联合国宪章的宗旨和原则，开展多边外交，为国际关系的民主化和法制化贡献力量。

第四，以人为本，外交为民。中国领导人强调“以人为本，执政为民”的理念，强调群众利益无小事，要重视满足社会公众的需求。而外交是内政的延伸，将内政中的这一理念延伸到外交领域，在外交工作中倡导树立“以人为本，外交为民”的观念。近年来，在中国外交工作日程中，中国公民的海外利益与境遇受到越来越多的关注。目前，遍布全球的海外华人不下 3 000 万，每年出境的中国人近一亿人次，在海外的中国企业也已有两万多家。保护海外中国公民和华人的人身和财产安全，为他们提供必要的服务，已成为中国外交系统的一项重要工作。中国外交部制定“公众开放日”，外交部领导和发言人通过网络与公众进行交流，外交部部分档案对外开放，这一系列措施也都是“以人为本”观念在外交工作中的体现。“以人为本，外交为民”理念在中国外交工作中的确立，是中国社会进步的反映，表明中国政府对人权的进一步重视，意味着公民的利益和价值正成为中国外事工作关注的重要内容。正如王毅外长在 2014 年 3 月 8 日举行的记者招待会上所指出的：“外交只有植根人民、造福人民，才能立于不败之地。我们愿意为每一位怀揣梦想，走出国门的同胞遮风挡雨，成为大家可以依靠的坚强后盾。”①

第五，倡导构建和谐世界的理念。2005 年 4 月，中国国家主席胡锦涛在印尼召开的亚非峰会上，提出了中国对世界发展的根本性、长远性的认识与主张，即建立和谐世界。9 月 15 日，胡锦涛同志在联合国成立 60 周年首脑会上发表了《努力建设持久和平、共同繁荣的和谐世界》的演讲，正式阐述了“坚持包容精神，共建和谐世界”的思想。中国领导人提出这一不同以往的新观念主要有两方面的因素：其一，外交与内政是相互衔接的，构建和谐世界思想是中国政府构建和谐社会的执政理念在中国外交领域里的自然延伸。中国作为一个持续快速发展的大国，在现代化发展进程中不可避免地呈现出种种矛盾和困难。为解决这些矛盾、克服这些困难，中国需要协调好社会各方面的利益关系，在尽可能公平正义的前提下逐步实现利益的均衡化。为此，中国确立了构建和谐社会的思想，并在此基础上拓展为构建和谐世界的理念。其二，当今世界在全球化浪潮的冲击下凸显众多消极因素，对世界和平与发展形成威胁。因此，世界的和平与发展也需要协调各国

① 《外交部长王毅记者会文字直播》，见 http://gb.cri.cn/42071/2014/03/08/5951s4454630.htm，2014-03-08。

的利益关系，协调各方面的发展。

中国提出的和谐世界观反映了对平等价值理念的追求，同时保留了对国家主体地位的肯定，是对和平共处五项原则的继承和发扬，也是中国文化传统中的和谐思想的结晶，昭示了中国外交战略的基本走向。中国提出构建和谐世界，并不是主张完全消灭国际社会存在的差异性，也不等于不讲是非，而是要有原则的“和而不同”。对于国际关系中的消极因素，特别是影响中国国家核心利益的消极因素，中国必须讲究外交策略与效果，采取多种外交手段加以化解和消除，以实现中国国家利益的最大化，并维护国际社会的共同利益。中国是构建和谐世界的倡导者，也将是这一理念的实践者。

8.2 日臻成熟的中国外交

8.2.1 不断发展的中国对外关系

中国外交是全方位的外交，中国积极开展与发达国家、周边国家、发展中国家的外交往来，并取得显著成果。截至2011年7月31日，有172个国家与中国建立了正式的外交关系，中国的朋友遍天下。

第一，中国与发达国家的关系。

中美关系 中美关系是中国对外关系中十分重要的一对双边关系。中美关系有着曲折的发展历程。20世纪50年代和60年代，中美两国相互隔绝和对立，双方关系处于僵持状态。美国对新中国采取了政治孤立、经济封锁、军事威胁的政策，中国则立足于社会主义阵营，坚决捍卫自己的国家安全、独立与主权，双方几乎没有什么直接往来。这一时期中美关系的对抗性实际上折射出东西方阵营之间的对立和冷战。20世纪70年代是中美关系正常化时期。在这一时期，国际形势的变化和双方利益的需求使中美关系出现转机。1972年，美国总统尼克松访华，中美双方在上海签署《中美联合公报》，亦称《上海公报》，结束了两国长达20多年的敌对状态，启动了中美关系正常化的进程。1978年经过多轮会谈，中美两国发表了建立外交关系的联合公报，亦称《建交公报》，宣布两国自1979年1月1日起正式建交。从此，中美关系翻开了新的一页。

正常化后的中美关系出现了十年的迅速发展时期，其间美国把中国列为友好的非盟国，双方的政治、经济、文化、贸易、旅游、学术交流以及军事交往活动日趋活跃。但有损两国关系发展的障碍依然存在，其中最为严重的是台湾问题。中美建交后不到 100 天，美国国会就通过了干涉中国内政的“与台湾关系法”，使中美关系的发展蒙上了阴影。1982 年 8 月 17 日，经过艰苦谈判，中美发表了指导中美关系发展的第三个联合公报，又称《八一七公报》。美国在公报中申明，它“准备逐步减少对台湾的武器出售，并经过一段时间导致最后的解决”。在双方的共同努力下，中美关系在一段时间里得以平稳发展。

冷战后，中美关系出现了多次波折和摩擦。究其原因，最主要的是美国成为世界上唯一的超级大国，唯我独尊的心态恶性膨胀，这种心态也反映到了中美关系上，加之两国关系改善的基础——共同对付苏联威胁的战略需求已不复存在，双方的利益契合点发生变化，致使中美关系出现大起大落，陷入极不稳定状态。“9·11”事件后，国际反恐形势使中美关系出现转机。双方高层交往和战略对话加强，贸易往来保持着旺盛的发展势头，民间和学术交流不断增多。2013 年，习近平主席和奥巴马总统在美国安纳伯格庄园实现历史性会晤，双方就新型大国关系达成共识。中美新型大国关系的核心是不冲突、不对抗、相互尊重、合作共赢，这是双方共同确定的努力方向，是两国向世界发出的一个积极的战略预期，也是两国对国际社会作出的郑重承诺。

中美双方在诸多国际问题上存在着分歧，在历史、文化传统以及社会制度和意识形态方面存在巨大差异。然而，两国间也有着广泛而重要的共同利益。展望未来，随着双方实力差距的缩小，中美之间深层矛盾会逐步暴露，合作也会同时日趋加强。中美之间如何在现有国际体系内凝结共识、消除纷争或潜在冲突将不断考验两国决策者及民众的智慧。①

中日关系　中国和日本是一衣带水的邻邦，中日关系在中国对外关系中占有重要位置。两国人民有着友好交往的历史，也有着不愉快的经历。新中国成立后的一段时间里，面对两国官方关系一时难有进展的情况，中国积极开展民间外交，为两国关系正常化奠定了基础。“民间先行，以民促官”是当时中日关系的显著特征。20 世纪 70 年代，随着国际形势的变化和中国国际影响的扩大，日本国内恢复日中邦交的呼声日益强烈。1972 年，日本首相田中角荣访华，双方经过认真坦

---

① 参见秦亚青主编：《大国关系与中国外交》，320 页，北京，世界知识出版社，2011。

率的会谈，于当年9月29日发表了两国政府的联合声明，宣布两国从即日起正式建立外交关系。

中日邦交正常化揭开了两国关系史上的新篇章。两国关系发展迅速，贸易额逐年增加，日本成为中国最主要的贸易伙伴之一。1978年"中日和平友好条约"签订，进一步巩固了两国关系发展的政治基础。双方领导人的高层互访已成惯例，两国还建立了政府成员会议制度以及定期的外交事务协商机制。双方的文化交流更是出现了多渠道多层次的可喜局面。1989年，日本参与西方国家对中国的制裁行动，中断了对华援助，致使中日关系一度出现倒退。但时隔不久，日本即率先采取重大步骤，首相访华，恢复第三批对华日元贷款，促使中日关系很快得以恢复并踏上了友好合作的一个新台阶。

20世纪90年代后的一段时间里，中日关系的发展出现经贸关系与政治关系发展的不平衡现象，经贸关系的"热"与政治关系的"冷"形成较为鲜明的对比。中国是经济快速增长的发展中大国，日本是拥有雄厚实力的世界经济大国，双方经济的互补性很强，互有需求。而在政治方面，随着冷战期间面临的军事威胁的消退，两国关系的共同利益基础弱化，现实利益矛盾和问题逐渐突出出来，两国政治摩擦不断，对中日关系产生了相当大的负面影响，进而形成了"经热政冷"的特点。近年来，面对中国的快速发展，日本国内出现不适应的心理状态，日本国内右翼政治势力活动猖獗，日本领导人则采取了一系列有悖中日复交精神的言行，加之在中日两国国内目前都存在着某种民族主义情绪，因此中日双方在领土、历史、经贸、安全等问题上的摩擦加剧，双方不信任感凸显，关系日趋紧张，双边关系具有较大的不确定性。

中日友好是东亚稳定的关键，是东亚发展的巨大动力。从长远来看，中日两国发展睦邻友好合作关系既符合两国人民的根本利益，也有利于亚洲和世界的和平、稳定与发展。中日关系的发展是机遇与挑战并存，竞争与合作同在，需要双方共同的不懈努力，才能排除障碍，跃上更高层次。

中欧关系 新中国成立之初，东西方两大阵营正在激烈较量，欧洲也分裂为东欧和西欧两大部分。中国作为一个社会主义国家，很快与东欧的社会主义国家建立并发展了友好合作关系，但与西欧各国的关系不尽如人意，只有瑞典、丹麦、瑞士、芬兰和挪威与中国建立了正式的外交关系，英国及荷兰与我国建立了代办级外交关系。20世纪50年代末至70年代，中苏关系的恶化导致中国与东欧国家的交往处于低迷状态，甚至出现停滞和倒退。与此同时，中国与西欧国家的双边关系却有了重大的突破。1964年，中国与法国建立了大使级外交关系。法国是第一个同中国建立这一级别外交关系的西方大国。进入20世纪70年代，由于中美关系的改善和中国在联合国合法席位的恢复，中国同西欧国家的关系有了极为迅速的发展。到20世纪70年代末，除安道尔、列支敦士登、摩纳哥和梵蒂冈外，中国与所有的西欧国家及欧共体都建立了正式的外交关系。

20世纪80年代，中苏关系的松动及走向正常化，促使中国与东欧国家的关系有了改善与发展。当东欧各国在20世纪80年代末政局发生剧变时，中国及时在各种场合阐明自己的原则和立场，采取了超越意识形态和价值观念差异的态度，保持了与东欧各国的正常交往与合作。同期，中国与西欧国家的关系无论在广度还是深度上都有了新发展。特别是1984年和1987年中国分别就香港问题和澳门问题同英国和葡萄牙达成协议，为妥善解决国家间历史遗留问题提供了范例。20世纪80年代末中国国内的政治风波导致中国与西欧国家的关系一度出现波折，但不久即逐步得以恢复和改善。高层往来不断，各个领域的合作趋向于加强。

进入21世纪，国际形势更趋复杂，中国与欧洲国家关系的发展面临着新的机遇和挑战，中欧关系的关键词是“合作”，中欧作为当今世界两大力量、两大文明和两大市场，双方之间的合作理应是全方位和战略性的。尤其是在中国加快转变发展方式，启动全面深化改革的进程当中，欧洲是中国极具潜力和空间的战略合作伙伴。中欧在发挥联合国的主导作用、安全与反恐、全球综合治理、和平与发展、文明多样性等国际战略问题上有着基本一致的观点和立场；在建立多极世界还是单极世界这个根本问题上有着基本共识；为提高各自在国际舞台上的地位和分量，双方需要互相借重与加强合作。这些都为中欧深化伙伴关系奠定了坚实的政治基础。中欧之间的经贸与科技合作是双方关系发展的主要驱动力之一。目前欧盟是中国先进技术与设备的最大供应者，是向中国提供各类援助的最大援助方，是中国第一大贸易伙伴。中欧经贸需求及合作潜力、互补性都很大，有着广阔的发展空间。不过，中欧关系呈现出一种双轨制的形态：既有单个国家之间的双边关系，也有中国与欧盟组织之间的关系。后者以前者为基础，又对前者具有指导意义，两者不能混为一谈，从而导致了中欧关系的复杂性，增加了双方协调立场的难度。另外，中欧关系涉及的是两个具有独立传统的文明之间的交流，存在着政治制度、意识形态及文化上的差异，存在着美国因素的掣肘、残余的冷战思维的干扰，这些都给双方在国际事务上的合作带来了一些负面影响。就经贸关系而言，中欧经贸关系在很大程度上是由一些大项目所推动的，比较容易受到政治因素的干扰。欧洲一体化进程的深化，使欧洲国家的经贸往来内倾化，对区域外国家的排斥效应会对中欧经贸关系造成一定的消极影响。中欧经贸关系的发展还遇到了贸易壁垒日益增多等问题。因此，中欧关系虽不像中美关系那样大起大落，但依然存在着不少有待解决的事宜。

目前，中国与欧洲国家没有地缘政治问题和历史遗留问题，没有重大利益冲突。“万物相形以生，众生互惠而成”，只要中欧双方在互信、互利、平等的基础上求同存异，完全可以形成一种新型的战略合作模式，分享互利共赢的合作成果。

第二，中国与周边国家的关系。

中国是世界上邻国最多的国家之一，其中直接接壤的国家就有 15 个，周边地缘环境十分复杂。中国与周边国家的关系大体上可以划分为四个阶段：（1）新中国成立至 20 世纪 50 年代末，中国与周边国家的关系同东西方两大阵营对抗的世界总体格局密切相关。（2）整个 20 世纪 60 年代，中国与周边国家的关系受到“反帝、反修”、“两面开弓”的中国外交以及中国国内政治的决定性影响。（3）20 世纪 70 年代至 80 年代中期，中国将苏联视为最主要的安全威胁，因此联合美国及其在中国周边地区的盟友共同对付苏联及其在中国周边地区的盟友，成为中国与周边国家发展关系的重要内容。（4）20 世纪 80 年代末至今，中国坚持“以邻为伴，与邻为善”的周边外交指导方针，加强区域合作，营造良好的周边环境。

随着中国自身的发展及国际形势的变化，周边外交在中国外交全局中的地位日益重要。中国将更积极地践行亲诚惠容的理念，让周边国家和人民更多分享中国改革开放的红利，更好地理解中国坚持走和平发展道路的决心。“对于我们同一些国家存在的领土和海洋权益的争议，我们愿意在尊重历史事实和国际法的基础上，坚持通过平等协商谈判，以和平的方式妥善处理，这一点今后也绝不会改变。我们绝不会以大压小，但也绝不接受以小取闹。在涉及领土和主权的问题上，中国的立场坚定而明确：不是我们的，一分不要；该是我们的，寸土必保。”①

---

① 《外交部长王毅记者会文字直播》，见 http://gb.cri.cn/42071/2014/03/08/5951s4454630.htm，2014-03-08。

中国周边国家众多，变化纷繁复杂，限于篇幅，难以一一描述。本部分仅就中国与俄罗斯的关系、中国与印度的关系、中国与东盟国家的关系进行简要评析。

中俄关系　苏联解体后，俄罗斯成为中国最大的邻国，共同边界长达 4 000 多公里。在两国的共同努力下，两国的双边关系一直较为平稳，保持着积极的发展势头，主要体现在：其一，两国已基本解决了影响双边关系发展的历史遗留问题，中俄漫长的边界成为两国人民友好合作的纽带。其二，两国建立和巩固了战略协作伙伴关系，政治互信逐步加强。其三，两国间在安全方面的合作取得丰硕成果。以中、俄为核心，哈萨克斯坦、吉尔吉斯斯坦、塔吉克斯坦、乌兹别克斯坦为成员的上海合作组织，是中国致力于探索构建新型国家关系、推动建立国际新秩序的重大成果，也是中国同俄罗斯及中亚邻国友好关系史上的重要篇章。其四，两国经贸关系向战略层面发展，金融与能源合作不断深入。其五，两国在诸多国际事务上达成广泛共识，并进行了卓有成效的合作。此外，两国间的文化、体育等领域的民间交流十分频繁，加深了双方的相互了解。中俄两国关系的发展不但体现了以互信、互利、平等、协作为出发点的新型国家安全观，更顺应了新时期人类和平与发展的要求，符合中俄两国人民的根本利益和长远利益，对促进公正合理的国际新秩序的形成具有深远意义。

当然，中俄双方关系尚存在着不尽如人意之处。如两国经贸发展的潜力有待进一步挖掘，战略互信有待进一步加强，国际事务方面的合作有待进一步深化等。但这些问题都是两国关系向前发展中的问题，只要两国共同致力于建设平等互利、相互支持、共同繁荣、世代友好的全面战略协作伙伴关系，两国关系会有更为广阔、美好的发展前景。

中印关系　中国与印度之间的关系经历过戏剧性的变化，走过了一条不平坦的道路。中印两国在 1950 年建立了正式的外交关系，1954 年双方共同倡导了和平共处五项原则，开创了中印人民是兄弟的友好关系。20 世纪 60 年代初的中印边境冲突导致两国关系的长期冷淡。1976 年双方恢复互派大使，两国关系逐步得到改善和发展。1998 年印度进行核试验并宣称此举是为了应对中国的威胁，导致双方关系再度陷入低谷。1999 年印度外长访华，双方达成共识，即中印互不构成威胁是双方恢复和发展关系的前提，和平共处五项原则是两国恢复和发展关系的基础。此后，两国的双边关系有了一定进展。两国贸易额持续增加，印度是中国在南亚的最大贸易伙伴，双方的经济合作已成为中印关系中的一大亮点。中印在维护世界和平、反对霸权主义、建立公正合理的国际政治经济新秩序方面有着一致的立场，在应对恐怖主义、人口激增和环境污染等非传统安全威胁方面，有着广泛的共识和相似的利益需求。

目前，双方在边界问题上仍存在着重大的分歧，在西藏和印巴关系等问题上还有着不同的看法，双方的某些思维习惯，尤其是印度对中国的偏见依旧存在。近年来，随着两国经济发展的加快和世界影响力的增强，双方都表示愿意通过谈判与协商，探讨解决边界问题的框架；通过交流，加深了解；通过合作，巩固双方的联系纽带，这是中印关系的希望之所在。中国和印度是世界上人口最多的两个发展中国家，睦邻互信、友好合作，不仅有利于中印两国未来的发展，也有利于南亚和亚太地区的稳定与发展，有利于世界的和平与繁荣。

中国与东盟国家关系 冷战时期，中国与东盟国家之间存在着不少分歧，加上外部因素的干扰，发展相互关系的条件一直不是很好。冷战后，中国领导人频繁出访东盟国家，做了大量的工作，让东盟国家更多地了解和信任中国，促使双方关系的发展渐入佳境。1996 年中国成为东盟国家全面对话伙伴国。1997 年江泽民主席与东盟领导人举行首次会晤，确定双方建立面向 21 世纪的睦邻互信伙伴关系。在东南亚金融危机期间，中国以负责任的态度，坚持人民币币值稳定，并向有关国家伸出援助之手，对遏制危机的蔓延作出了贡献。

进入 21 世纪，中国与东盟形成了“10＋1”机制，中日韩三国与东盟形成了“10＋3”机制。中国与东盟签署了《中国东盟全面经济合作框架协议》、《南海各方行为宣言》、《关于非传统安全领域合作联合宣言》和《中国东盟面向和平与繁荣的战略伙伴关系联合宣言》等一系列重要文件，为中国与东盟国家发展各个领域里的友好合作关系奠定了法律和政治基础，推动双方关系走向深化。2010 年中国与东盟组建的自由贸易区正式全面启动。该自贸区涵盖 11 个国家、19 亿人口，GDP 达 6 万亿美元，是目前世界人口最多的自贸区，也是发展中国家间最大的自贸区。自贸区的创立和运行是南南合作的一次有益实践。2011 年中国与东盟贸易额创历史新高，达 3 629 亿美元，较 2010 年增长 24%。中国与东盟之间已形成多层次、多领域的对话和交流机制，“合作关系的纽带越织越紧，越织越密，合作规范已成为双方关系的应有之义，中国与东盟的相互认同也日益加强”①。简言之，加强合作、互利共赢已成为中国与东盟关系的大势与主流。

① 秦亚青等：《国际体系与中国外交》，91 页，北京，世界知识出版社，2009。

第三，中国与其他发展中国家的合作。

中国是发展中国家，一贯重视与发展中国家的友好合作关系。新中国成立后至 20 世纪 60 年代，中国与发展中国家关系主要侧重于支持发展中国家反对帝国主义、殖民主义和种族主义，争取和维护民族独立的斗争。20 世纪 70—80 年代，中国与发展中国家的合作突出表现在，中国在各种国际场合，支持发展中国家为维护自身权益、发展民族经济、反对霸权主义、建立国际经济新秩序而进行的努力。冷战后，中国的改革开放政策不断深入，全方位外交日趋活跃，与发展中国家的关系更为密切，高层互访频繁，合作领域拓宽，合作方式多样化，在国际事务中的相互协调和支持进一步加强。进入 21 世纪，推动巩固同发展中国家的关系仍然是中国外交战略的基点。中国根据国际形势的发展变化，更加灵活和注重实效地处理与不同地区、不同发展程度的发展中国家的关系，在内容上展现出传统安全与非传统安全并重、政治经济关系交互作用的多样性，在机制上呈现多边与双边关系并行不悖、多边外交制度化的态势。①

中国“将继续积极增强同第三世界的团结与合作，增进相互理解和信任，加强相互帮助和支持，拓宽合作领域，提高合作效果”②。中国的发展需要世界，世界的发展也离不开包括中国在内的广大发展中国家的发展与繁荣。中国愿在平等、互利的基础上，不断拓展与发展中国家的交流往来，积极探索新形势下开展南南合作的有效途径。中国与发展中国家的合作将使多元化的国际合作模式更为丰富、更为精彩。

8.2.2　积极开展多边外交，在国际社会中发挥建设性作用

所谓“多边外交”是相对于“双边外交”而言的，一般是指通过国际组织、国际会议进行的外交活动和国际合作。在历史上，大规模战争后，交战各方常常召开和会，订立条约，重建国际秩序，从而形成了多边外交的萌芽和雏形。第二次世界大战后，由于殖民体系瓦解，国际政治行为主体不断增多，各国间的联系日益密切，全球性问题凸显，促使

① 参见刘青建：《21 世纪初中国与发展中国家关系的特点》，载《现代国际关系》，2005 (6)。

② 江泽民：《全面建设小康社会，开创中国特色社会主义事业新局面》，见《十六大报告辅导读本》，43 页，北京，人民出版社，2002。

多边外交演化为一种普遍性、经常性和日益制度化的外交方式。

中国作为国际舞台上的一支重要的政治力量，多边外交活动是中国外交的重要组成部分。新中国成立早期，国力有限，国际环境恶劣，加上政策因素，难以全面融入国际社会，虽然在力所能及的范围内进行了一些多边外交活动，如1955年4月中国代表团在亚非会议上有过出色的表现，但总的来看，这一时期中国多边外交活动的范围有限，影响不大。20世纪70年代，中国恢复了在联合国的合法席位，开始参与联合国组织的各项活动，并逐步加入其他一些国际组织和国际会议，但由于经验不足和受“左”的思潮的影响，中国在多边外交活动中，抽象谈论原则多、实际参与少。直到20世纪80年代，中国的多边外交才真正进入了活跃时期。1986年，中国首次在政府工作报告中，将多边外交明确列为中国外交的重要内容之一。到1990年，中国已进入政府间多边外交的几乎所有重要领域。

随着中国更深入更广泛地融入国际社会，中国与世界各国友好合作关系持续发展，中国的多边外交也进入了一个新的发展时期，取得了一系列令人瞩目的成就。中国多边外交活动大致在三个层次上展开：

第一个层次为各类全球性政府间国际组织、各种全球性国际会议及国际机制，其中以联合国系统最为重要。联合国是重要的国际讲坛和开展多边外交的重要场所。中国积极参加以联合国为中心的多边外交活动，全面阐述自己对国际问题的原则立场，使世界更好地了解中国政府和人民的主张，扩大了中国的国际影响。同时，中国借助这一国际讲坛，倾听来自世界各地的呼声，对各国的立场和观点都有了较为准确的把握及理解，有利于中国在纷繁复杂的国际事务中作出正确的外交抉择。在其他世界性国际组织中，中国积极开展多边合作活动，承担了更多的责任。2001年12月，经过艰苦谈判，中国加入世界贸易组织的愿望终于成为现实，表明中国成为了世界经济体系中的一员。中国在全球层次上的多边外交活动使世界更了解中国，也加快了中国走向世界的步伐。

第二个层次为区域性的政府间组织、有关国家参加的地区国际会议及区域性合作机制。中国的经济建设需要一个良好的国际环境，特别是需要一个相对稳定的周边环境，这就要求中国关注周边和近邻国家的区域性组织，同周边和近邻国家建立良好的协调合作机制。中、俄、塔、哈、吉共同创立的上海合作组织，既促进了中国同这些邻国的睦邻友好合作关系，也为探索冷战后新型区域合作途径提供了有益的经验。在有关东亚安全的朝鲜问题上，中国积极推动六方会谈，寻求朝鲜问题和平解决的途径。中国在亚太经合组织、亚欧会议及其他区域或跨区域多边外交活动中发挥了建设性的作用。

第三个层次为非政府组织及各类国际论坛。20世纪90年代以来，非政府组织发展迅猛，已成为国际政治中一支不可忽视的力量。同时，为应对全球化带来的新问题、新挑战，各国外交的内涵和形式趋向于扩大和多样化，各类非政府组织、社会力量等对各国外交行为的影响日益明显。中国日益重视国际非政府组织的作用，越来越多地参加国际非政府组织的各种活动。不过，由于非政府组织的性质十分复杂，因此中国对参与有关活动采取了相对谨慎的态度。与前两个层次比较，这是中国多边外交需要加强的一个领域。中国还积极组织或参加各类国际论坛，如中非论坛、中阿论坛、中欧论坛等，这些多边平台促进了中国多层次外交的拓展。①

中国多边外交活动明显地表现出以下特征：第一，作为发展中国家的一员，中国的国家利益与发展中国家的共同利益有着很大程度上的一致性，因此中国在多边外交活动中，特别重视和注意加强与发展中国家的相互合作与支持，为发展中国家应享有的权益而呼吁和斗争。第二，经济外交在中国多边外交中占有越来越重要的地位。这是由于，其一，“经济优先已成为世界潮流，这是时代进步和历史发展的必然”②。中国必须顺应历史潮流，才能在国际范围内最大限度地实现自己的国家利益。其二，改革开放以来，强国富民成为中国国家利益的核心内容。中国多边外交把经济问题置于重要位置正是为了更好地保障和实现中国的国家利益。第三，方式多样，涉及领域愈来愈广泛。中国进行多边外交的层次从多边首脑外交到多边民间外交应有尽有，类别囊括各种国际性和区域性的政府间和非政府的组织与论坛，各种多国间的活动等，涉及的领域日益广泛，从政治、经济、安全到文化、教育、卫生、体育等社会各个方面，专业化倾向逐渐加深。

应该看到，中国在多边外交领域中能否顺应形势变化，抓住机遇，使自己的多边外交活动对国际事务产生更大的影响力，关键有两点：第一，中国自身实力的发展，正如邓小平所说，“中国解决所有问题的关键是要靠自己的发展”③。中国只有继续以经济建设为中心，进一步

① 参见秦亚青等：《国际体系与中国外交》，203页。

② 《江泽民在亚太经合组织国家领导人非正式会议（雅加达会议）上的讲话》，载《人民日报》，1994-11-16。

③ 《邓小平文选》，1版，第3卷，265页。

增强综合国力，中国的多边外交才有坚强的后盾和坚实的国内基础。第二，中国必须始终如一地坚持独立自主的和平外交政策，发展同世界各国的友好合作关系。没有独立自主的外交方针，人云亦云，不能成为一支独立的政治力量，无法发挥自己独特的影响力；没有和平友好的外交方针，制造国家间的矛盾和冲突，甚至搞霸权，只会遭到国际社会的唾弃。同世界上大多数国家建立友好合作关系，是中国多边外交的国际基础。缺乏国内和国际这两项基础，中国的多边外交会成为无源之水，无本之木。

一般来说，实力相对弱的国家在多边外交活动中受到的外部压力比双边外交活动受到的压力相对要小，活动余地则大得多。多边外交的议程较为确定，讨论和活动具有较大的公开性，参与各方拥有平等的发言权。中国应尽可能地利用多边合作机制，调整同其他大国间的关系，减小自身受到的战略压力，缓解由于不可避免的政治、经济和安全等方面的某种程度的主权让渡而带来的消极作用。中国在多边外交活动中，不能仅充当国际多边论坛的旁听者，更要成为具有举足轻重作用的论坛发言人，在国际规范和国际制度的制定与完善过程中发挥更具建设性的作用。随着中国综合国力的提高及在国际事务中影响力的增大，各种利益的摩擦和“中国威胁论”的出现也是显而易见的现实。[①] 中国需要在更大范围，发出更强有力的声音，拿出更有说服力的行动，增信释疑。相比双边外交而言，多边外交领域有着更广泛的活动空间和更多的参与行为体。中国可以利用多边外交渠道，更有效地加强与各国的沟通和信任，减少和缓解中国强国之路上的外在阻力，树立起中国建设性和负责任的大国形象。毋庸置疑，作为一个全面走向世界的大国，中国多边外交任重而道远。

8.3 和平发展是中国外交的战略抉择

8.3.1 一以贯之的中国外交基本原则

中国推行的是以和平与合作为核心的外交，中国外交政策的具体措施和做法随着国际形势的变化而发生变化，不过中国制定政策所遵

① 参见王逸舟：《面向21世纪的中国外交：三种需求的寻求及其平衡》，见杨福昌主编：《跨世纪的中国外交》，301页，北京，世界知识出版社，2000。

循的基本原则并未因事而非，具有延续性和继承性，主要有：

第一，维护世界和平、促进共同发展是中国外交的宗旨。

和平与发展是综合经济、政治、社会等内容的含义广泛的概念。和平，与战争相对，一般指非战争状况。发展，主要指各国经济、社会的共同繁荣，其中以发展中国家的经济社会发展为重点。和平与发展是不可分割的、相辅相成的两个重大问题。

中国是一个发展中国家，经济和社会的总体发展水平与西方国家相比还有很大差距。中国以经济建设为中心，致力于四个现代化的实现，不仅需要一个长期稳定的国内政治环境，而且需要一个和平的国际环境。只有在和平的条件下，中国才能专心致志搞建设，一心一意谋发展。因此，党的十六大明确提出，维护世界和平、促进共同发展是中国外交政策的宗旨。这符合中国人民的根本利益和历史发展的客观要求，也是世界各国人民的根本利益之所在。中国是世界上最大的发展中国家，是联合国安理会的常任理事国，维护和平、促进发展是中国义不容辞的责任。

第二，独立自主是中国外交的根本原则。

独立自主是指依靠自己的力量，自主决定本国的方针、政策。邓小平在中国共产党第十二次全国代表大会上致开幕词时宣布："独立自主，自力更生，无论过去、现在、和将来，都是我们的立足点。"① 独立自主是中国人民经过长期艰苦卓绝的奋斗得来的根本权利。中国曾经历了 100 多年的外来入侵，深受丧权辱国之苦，今天中国人民终于赢得了独立与新生。中国人民珍惜来之不易的独立自主权，中国的事情必须由中国人民自己做主，不容许其他国家的干涉。任何外国不要指望中国做他们的附属，不要指望中国会吞下损害我国利益的苦果。

第三，和平共处五项原则是中国处理国际关系的准则。

所谓"和平共处"，是指中国要与世界上一切国家友好相处，超越意识形态，一切以国家利益为最高准则。和平共处的外交思想，最早是由列宁为处理苏维埃俄国与资本主义制度国家的关系而提出的。20 世纪 50 年代，中国接受并发展了这一思想，在 1954 年先后与印度、缅甸政府共同宣布，以和平共处五项原则作为处理国家间关系的基本原则。五项原则的内容为：互相尊重主权和领土完整，互不侵犯，互不干涉内政，平等互利，和平共处。五项原则紧密相连，不可分割，

① 《邓小平文选》，1 版，第 3 卷，3 页。

构成了一个统一的有机整体。

中国既是和平共处五项原则的倡导者，又是忠实的执行者。这五项原则已被作为中国外交的基本准则而载入中国宪法，在中国与世界上 100 多个国家的建交文件中都确认五项原则为指导国家间关系的准则。它还为诸多国际文件所接受，已成为国际社会公认的处理国际关系的普遍原则。实践证明，和平共处五项原则符合现代国际关系提倡的民主精神，反映了新型国际关系的本质特征，在风云变幻的国际合作与斗争中具有强大的生命力。

第四，加强与发展中国家的合作是中国外交的立足点。

发展中国家是指历史上受过西方殖民统治与压迫，后取得民族独立，经济发展相对落后的亚非拉国家。发展中国家在人口、地域、资源等方面都占世界的大多数，从整体上看，是维护世界和平、促进人类进步事业的重要力量。中国是发展中国家，同其他发展中国家有着相似的历史遭遇、斗争经历，面临着相同的现实任务。中国和其他发展中国家均在为建立公正合理的国际新秩序而努力。中国的命运与发展中国家的命运紧密相连，根本利益是一致的。在国际事务中，同广大发展中国家相互支持与合作，是中国开展对外交往的政治基础，是中国外交的立足点。

中国一贯重视同发展中国家的团结与合作。过去支持他们争取民族独立和解放，现在支持他们平等参与国际事务，维护自身正当权益，共同反对霸权主义和强权政治，支持他们积极探索适合本国国情的发展道路和为发展本国经济所做出的努力，并本着“平等互利、讲求实效、形式多样、共同发展”的精神，积极发展同它们的经贸往来和科技交流。中国倡导通过友好协商，和平地解决彼此之间的矛盾和争端，反对外部势力插手和干涉发展中国家的内部事务。中国的这一公正立场得到了广大发展中国家的普遍好评，许多发展中国家将中国视为“可信赖的朋友”。

8.3.2 当前国际环境与中国的国家利益

冷战结束以来，中国所处的国际环境正发生着深刻的改变，从总体来看，机遇和挑战并存，希望和困难同在，需要认真对待。

从经济方面看，经济全球化加速发展，国际贸易激增，跨境资本流通量大幅增加，跨国公司数量和规模迅速增长和扩张，以跨国公司、全球性金融机构、世界性经济组织为核心的全球经济运作机制初露端倪，世界经济越来越成为一个不可分割的有机整体。经济全球化为置身于这一潮流中的国家提供了新的经济获益和发展机遇，特别是给发展中国家和转轨中国家带来了许多贸易机会，带来了大量外国投资。但同时经济全球化也增大了各国、尤其是发展中国家经济运行的风险，进一步拉大了各国、各地区的发展差异。因为经济全球化遵循的是市场经济的游戏规则，市场经济规则是不怜惜弱者的，所以结果并非是所有的国家、地区或社会群体都能从中获益。中国的改革开放日益深化，中国经济同世界经济的联系日益密切，对国际资本、技术、资源、市场等方面的依赖程度加大，从而比以往更容易受到世界经济波动的影响，如 2009—2012 年的金融危机就对中国的金融业及各个经济领域产生了较大的冲击。简言之，中国同世界各国一样也面临着经济全球化这把双刃剑带来的各种机遇、风险和考验。

从政治方面看，世界格局的多极化趋势更加明显。欧盟进一步扩大，协调加强，虽然其在一体化进程中遭遇到不少的困难与障碍，但其谋求在国际政治、经济和安全领域中发挥更大作用的指向不会改变。俄罗斯已初步实现政治稳定，经济增长，重现大国雄风的进程困难不少但潜力巨大。日本正在进行政治经济调整，谋求联合国常任理事国的席位，加快成为政治大国的步伐，国际影响力不可低估。中国和一些新兴的发展中国家持续发展，国际地位空前提高，特别是中国的快速发展令世界瞩目。一些地区性大国和集团依托地缘优势，加强经济与安全合作，提升自身对国际事务的影响力。国际机制的作用日益突出，国际关系领域中相互依存观念深入人心，和平与发展已成为时代的主题，世界主要力量的主要竞争方式将是和平的，主要竞争手段是经济、科技、体制等“软实力”的竞争，这为进行现代化建设的中国提供了一个相对宽松有利的外部环境。但世界主要大国之间的力量对比在短期内不会出现拐点。始于美国的金融危机并没有改变美国唯一超级大国的地位，美国依然拥有远远高于其他国家的综合实力，从而形成了当今“一超多强”的国际力量对比态势。中国在一段时期内对国际事务的影响力也会受到来自美国方面的种种牵制，这也是中国支持多极化趋势的重要原因。中国认为，多极化趋势有利于维护世界和平，抑制霸权主义和强权政治对国际社会的危害，有利于改善中国社会发展的外部环境。

从安全方面看，大国关系保持着相对稳定，各主要力量之间时有摩擦但避免了对抗，互有竞争又注重合作，新的世界大战打不起来，世界总体局势基本维持稳定，一些地区的武装冲突及热点问题得到一定程度的控制，争取以政治和外交途径解决国际争端和冲突成为国际社会的主流愿望。但强权政治和霸权主义依然存在，美国等西方国家推行的新干涉主义对世界和平产生了严重的消极影响，“颜色革命”造成了许多国家的动乱和不稳定。各国加快军备扩张的势头也给国际安全带来隐患，恐怖主义、大规模杀伤性武器的制造与扩散、走私贩毒、环境污染等非传统安全问题日益突出。这一切都可能引发国际局势的动荡不安，对国际和平与稳定造成威胁。就中国来说，目前中国并没有面临直接军事入侵的威胁，周边地区正形成相对稳定的力量结构，但钓鱼岛争端、南沙群岛争端、极端民族和宗教势力的恐怖活动、尚未解决的边界问题、台湾问题、经济贸易摩擦、生态安全等因素，依然使得中国的安全受到多方挑战。

中国面临的国际环境状况直接关系到中国国家利益的实现。现阶段中国国家利益的关注点主要有以下几个方面：

第一，完成社会主义现代化建设任务。中国是一个发展中国家，正处于并将在较长时间内处于社会主义初级阶段，国内的建设任务十分繁重。中国需要实施可持续发展战略，积极稳妥地推进政治民主化和法治化建设，铲除腐败现象的根源，提高人民生活水平，增进国家的综合实力。为此党的十八大提出“实现社会主义现代化和中华民族伟大复兴”是我国建设中国特色社会主义的总任务，并指出要确保到2020年实现全面建成小康社会的宏伟目标。这是中国自立于世界民族之林的不可缺少的物质基础。

第二，尽可能以和平的方式，维护中国的领土完整和国家主权不受侵犯。新中国成立以来，已经通过和平协商的方式，与大部分邻国和周边国家解决了领土争端以及诸多的历史遗留问题，但一些涉及主权和领土完整的棘手问题依然存在。其中，解决台湾问题完成祖国统一大业是最重要的任务。中国同印度的边界争议尚在谈判之中，中国与日本在钓鱼岛问题上的争端时有发生，牵涉到与东南亚众多国家关系的南沙群岛问题也未解决。随着中国开放程度的不断加深，国际交往的增多，与其他国家的经济摩擦和纠纷时有发生，海外利益保护也提上了议事日程。在解决这些问题的过程中，中国既要有效地捍卫国家利益，又要尽可能避免引发外部冲突和大的震荡，以免干扰国内经济建设的大局，给中国的现代化进程带来不必要的障碍。

第三，在发挥地区性大国作用的同时，争取在国际社会和国际合作机制中有更大影响力。随着中国综合国力的增强，融入国际社会的步伐加快，中国有必要从更高层次上对自身国际角色进行重新认识和定国家利益是指一个国家内有利于其绝大多数居民的共同生存与进一步发展的诸因素的综合。国家利益是可以进行划分的，有安全利益、政治利益、经济利益、文化利益等不同类别的划分，也有发展利益、主权利益、责任利益等不同层次的划分，还可以采用其他的划分方法。国家利益始终处于动态形成与调整过程中，不同时期的国家利益有着不同的内容。（宋新宁、陈岳：《国际政治学概论》，115 页，北京，中国人民大学出版社，2000）

位，以更为积极的态度参与国际合作机制的建设，渐进地和更有效地推动现有国际秩序的改造，使之更加符合世界大多数国家的利益和人类进步的方向，并得以最大程度地维护和体现中国的国家利益。

国家利益需要通过国家的外交和国际战略得到体现。实现中国现阶段的国家利益是中国外交的责任和任务。如何达到这一目的，是中国外交面临的重大而紧迫的课题。

8.3.3 走和平发展之路，做负责任的大国

进入 21 世纪，中国面对的国际环境和自身地位都在发生变化。中国国家安全的稳固性与建国之初不可同日而语，与改革开放之初相比也大为增强。中国的综合国力明显上升，GDP 已跃居世界第二位。多年来中国一直是世界上经济增长速度最快的国家之一。中国在新世纪之初的 20 年的奋斗目标是全面深化改革开放，集中力量全面建成小康社会。届时，中国经济更加发展，民主更加健全，科教更加进步，文化更加繁荣，社会更加和谐，人民生活更加殷实，综合国力将有更大的提升。中国是一个发展中大国，中国的进一步发展无疑会产生世界性影响，引起国际社会的广泛关注。

从历史上看，以往大国的崛起常常伴随着弱肉强食的扩张活动，大国的兴衰常常与战争和动荡密切相连。一个或一些大国的崛起必然会打破原有的国际关系力量结构状态，启动新一轮国际关系体系中的国家权力和利益的再分配进程。这个进程绝大多数情况下是通过武力手段实现的。因此，国际社会对中国选择什么样的发展道路，有着什么样的发展目标，有着不少的疑虑。对此，中国明确郑重地向世界宣示，中国将始终不渝地走和平发展的道路。中国“走和平发展道路是中国政府和人民继承中华文化的优秀传统、根据时代发展潮流和中国根本利益作出的战略抉择，是中国发展的内在需要”①。

① 国务院新闻办公室：《中国的和平发展》白皮书，见新华网，2011-09-06。

中华民族历来崇尚和睦，其优良传统之一是以“和”为贵。我国先秦思想家就提出了“亲仁善邻，国之宝也”的思想，表明自古以来中国人民就希望同各国人民友好相处。中国人民曾饱受外来欺辱之苦，己所不欲勿施于人，历史上饱受帝国主义欺辱的中国绝不会重复以往大国崛起的旧辙。在全球化趋势的推动下，今天的世界已成为一个休戚与共的“地球村”，不同制度、不同类型、不同发展阶段的国家相互依存、利益交融，形成“你中有我、我中有你”的命运共同体。无论哪一个国家，都无法自我孤立地实现发展，也不可能单打独斗地解决各种全球性问题。国际社会必须携手应对世界和平与发展所面临的重大挑战。中国走和平发展的道路正是顺应了国际社会求和平、谋发展、促合作的时代潮流。30多年的改革开放已使中国与各国形成了利益共同体，任何单方面的一意孤行都会造成对自身利益和他国利益的损害。作为国际社会的重要成员，中国将更多地扮演国际秩序的建设者和改革者，而非破坏者和造反者的角色。当前，以和平与发展为主题的国际大环境为中国的和平发展提供了重要的机遇，中国完全可以通过全面参与经济全球化进程，参与国际合作和竞争，来实现新世纪的发展目标。中国选择和平的方式来达到发展自身的目的，并谋求以自身的发展来促进世界和平。中国的现代化建设必将带来中国社会的稳定和繁荣，而拥有十几亿人口的中国的长治久安，则是世界和平与稳定的重要组成部分。中国选择这样的发展道路既造福于中国人民，符合中国的国家利益，也造福于世界的发展，符合人类的共同利益。中国的发展是一个长期艰难的攀登过程，必须克服众多的困难和挑战，才能实现自身的崛起。这一发展的重心和基点在内部，即依靠自身力量实现既定的发展目标。同时，中国的进一步发展，需要一个和平的国际环境，需要自身更积极地融入世界，加强国际合作，以借鉴和吸收其他国家的文明成果。正如邓小平所说，中国的发展离不开世界。

科学发展、自主发展、开放发展、和平发展、合作发展、共同发展是中国选择的发展道路所具有的特征，它显示出丰富的科学内涵和鲜明的时代意义；它将给国际社会提供一种崭新的、非强权道路的发展理念和模式；它决定了中国在外交上将一如既往地坚持独立自主的和平外交政策，倡导互信、互利、平等、协作的新安全观，奉行睦邻友好的地区合作观，促进同世界各国在政治上平等互信，在经济上互利共赢，在文化上交流借鉴，在安全上对话协作，推动和谐世界的建设。高举“和平、发展、合作”旗帜的中国外交表明中国现在是，将来仍是一支维护世界和平、促进共同繁荣的重要力量。

中国走和平发展道路，建设繁荣富强的国家，有利于世界的发展。中国积极参与国际体系的变革和完善，参与全球治理，维护世界的和平与稳定。中国尊重公认的国际关系准则，认真履行国际义务，承担国际责任，积极参与国际多边事务，为解决全球性问题和热点问题发挥建设性作用，切实维护国际公平正义，推动国际秩序朝着更加公正合理的方向发展。这一切展示了中国作为一个和平、负责、公正的大国的国家形象。在未来的国际舞台上，走和平发展道路的中国，将与国际社会一道，共同分享发展机遇，共同应对风险挑战，共同谱写人类发展进步的新篇章。

阅读书目

1. 曲星. 中国外交五十年. 南京：江苏人民出版社，2000
2. 王逸舟. 全球政治和中国外交. 北京：世界知识出版社，2003
3. 叶自成. 中国大战略. 北京：中国社会科学出版社，2003
4. 张小明. 中国周边安全环境分析. 北京：中国国际广播出版社，2003
5. 阎学通等. 中国崛起及其战略. 北京：北京大学出版社，2005
6. 王逸舟等主编. 中国外交六十年. 北京：中国社会科学出版社，2009
7. 秦亚青等. 国际体系与中国外交. 北京：世界知识出版社，2009
8. 秦亚青主编. 大国关系与中国外交. 北京：世界知识出版社，2011

分析与思考

1. 试分析我国坚持独立自主和平外交的历史与现实意义。
2. 试阐述中国外交战略的调整及其国内外背景。
3. 为什么说中美关系是中国对外关系的重中之重？
4. 试析新时期中国和平发展的背景、途径及意义。
5. 请结合教材所学习的内容，就下述观点谈谈自己的看法。

中国学者王逸舟认为：“不论中国也好，许多发展中国家也罢，唯有自强才能不息，不断改革才会立足世界；对中国民族国家利益的最大威胁，主要不是来自外部，不取决于某个超级大国，而是出自自身的某些痼疾和它们的溃疡扩散。所谓‘自强’，不光是器物层面的发展壮大，不光有 GDP 等数量指标或更加先进精准的武器系统，更应包含体制和观念层面适应时代特点的变革；只有国家实力壮大和内部体制理顺这样两个条件都具备的时候，发展中国家才会有效抵制外部不公正、不合理的干涉，成功维护主权尊严和国家利益。简言之，国家的安全性与社会的进步性之间有一种正比关系，国家利益的外生变量和内生变量不可以截然分开看待和处置。”

——王逸舟《全球政治和中国外交》，8页，北京，世界知识出版社，2003

第9章

日趋活跃的国际组织

要论提示

● 国际组织作为世界政治经济与国际关系发展到一定阶段的产物，是重要的非国家行为体之一。

● 二战后国际组织发展迅速，在国际社会中发挥着不可或缺的重要作用，但与主权国家相比，其作用具有局限性。

● 联合国是当今世界最具普遍性和权威性的政府间国际组织。它是现实世界秩序的反映，其自身也随着国际形势的发展不断进行着自我改良和创新。

关键词

国际组织　非政府组织　联合国

国际组织是世界经济政治与国际关系的独立参与者，体现了国际交往的高级形式。二战后至今，国际组织发展极为迅猛，对世界政治经济及国际关系的影响日趋强化，其在国际社会中不可替代的重要作用令世人瞩目。

9.1 关于国际组织的若干基本问题

9.1.1 国际组织的概念、特征及分类

国际组织的概念有着广义和狭义之分。就广义来说，凡是两个以

上的国家，或其政府、政党、民间团体、个人基于特定的非营利性目的和任务，以一定的协议或法律形式而建立的各种常设机构，都可以称为国际组织。而狭义的国际组织仅指政府间国际组织。它是由两个以上的国家组成的一种国家联盟或国家联合体，是由其成员国政府，为谋求符合共同利益的特定目标，通过符合国际法的协议而创立的一种常设体系或机构。这一概念指的是严格的国际法意义上的国际组织。①

一般说来，国际组织有着以下几方面的特征：

第一，多国性。这一点主要体现在两个方面：一是成员的构成具有多国性。国际组织的成员可以是国家政府，也可以是民间团体，还可以是个人，其成员的法律地位可能存在着巨大差异，但无论何种类型的国际组织，其成员的来源必定涉及两个或两个以上的国家，不可能都来自一个国度。二是活动领域和作用范围一般涉及两个或两个以上的国家，具有跨国性。国际组织是一种以国际理解与合作为宗旨的跨越国界的机构，世界大舞台是其开展活动、发挥作用的主要空间。

第二，工具性。国际组织是本组织成员实现其共同利益和目标的工具。来自不同国家的身份、地位差异极大的组织成员之所以倡导、创立、加入国际组织，是因为它能服务于相关的共同利益，有利于共同目标的实现，这是国际组织存在的根本意义。国际组织成员通过制定组织文件，设定了组织宗旨、职能和活动范围，赋予了组织以权力和行动能力。如果国际组织达不到其成员所预期的利益要求，该组织只能趋于消亡。由于国际组织的行动能力是本组织成员授予的，且国际组织一般不具备实施其主张的直接物质手段，因此国际组织的活动能力和作用范围都是有限的，必须依据本组织成员的意愿来确定。即使是享有国际法主体资格的政府间国际组织，也只是在国际无政府状态下建立在主权制度上的非等级制机构，而不是世界政府。

第三，非营利性。国际组织在活动中，虽然也可能进行一定的经营活动，但这类活动大多是为了弥补经费的不足或满足一些特殊要求，而不以营利为目的。比如，联合国就进行出售邮票和出租一些场地的营利性活动，但这并非联合国宗旨和职责之所在，联合国的任务是维护和平、促进国际合作与经济社会的发展。这是国际组织与跨国公司

① 参见王铁崖主编：《国际法》，521页，北京，法律出版社，1995；刘金质、梁守德等主编：《国际政治大辞典》，31页，北京，中国社会科学出版社，1994；蒲傅：《当代世界中的国际组织》，17页，北京，当代世界出版社，2002。这些著作对有关“国际组织”的概念作了较为详尽的梳理和论述。

最本质的差异。

第四，制度化。国际组织不同于多边国际会议，不是一种临时性的权宜之计。它必须根据本组织的章程，履行组织所确定的职责，以达到成立该组织的目的。这就需要国际组织建立一系列能够承担持续职责的常设机构，以便通过制度化的途径，使组织成员所追求的共同利益和目标得到稳定的有保障的实现。

第五，一定的独立性。国际组织一旦成立，就拥有了自己的法律人格和单独意志。它的一整套制度化的机构系统和独立的决策程序使其在一定程度上拥有了自主权和独立行动的能力。它不是某个特定成员的代表，它反映的是组织内各成员的共同利益，具有独立的本体地位和一定的超国家色彩。

对国际组织进行分类是认识和研究国际组织的一个重要途径。国际组织名目繁多，宗旨不一，组织结构和活动程序各不相同。依据不同的标准可将国际组织划分为不同类型。

若按照基本性质和职能来划分，可分为一般性国际组织和专门性国际组织两大类。一般性国际组织具有较广泛的宗旨和职能范围，其活动涉及政治、经济、军事、文化等国际社会生活的多个方面。两次世界大战期间的国际联盟和二战后成立的联合国是这类国际组织的典型代表。专门性国际组织宗旨较为单纯，活动范围受到特定的专业技术限制，职能局限于某个专门领域，如科技、经济、军事、文化、体育、卫生等。世界贸易组织、世界卫生组织、世界气象组织、石油输出国组织等都属于这类组织。多国教会和宗教机构组成的国际机构，以及多国政党组成的国际机构也属于这类组织。

若按照地域的特点来划分，可分为世界性组织与区域性组织两大类。世界性国际组织对所有国家均开放，其成员没有地理条件上的限制。各组织的成员数量不等，最大的是联合国，目前拥有 193 个成员国。各种世界性的专门组织也属于这种类型。区域性国际组织一般只吸收特定地区的成员，职能范围也往往局限于该地区，如欧洲联盟、亚太经合组织、北美自由贸易区、独立国家联合体等。

若按照成员的法律地位来划分，可分为政府间国际组织和国际非政府组织两大类。政府间国际组织是国家的创造物，成员一般为拥有主权的国家。它们根据自身的需要，在一定范围赋予有关的国际组织以若干职权和法律行为能力，使政府间国际组织具有了国际法主体资格，在参与国际事务时能超越其成员的个别利益而采取有利于成员共同利益的行动，并能直接以该组织的整体形态来承担国际义务和权利，成为独立的国际关系行为体。联合国、欧洲联盟、非洲联盟、东南亚国家联盟等都是政府间国际组织。国际非政府组织则是由不同国家的民间团体或个人为一定目的而组织起来的常设机构，如国际奥林匹克委员会、国际红十字会、大赦国际等。由于成员法律地位的不同，国际非政府组织与政府间国际组织在行为能力与责任能力，以及组成、运作和作用上都存在着重大的差异。国际非政府组织的活动受到各国政府的影响和制约，主要是通过加强民间的国际交流，进而从各自的角度对国际关系发展进程施加间接影响。但在数量上，国际非政府组织远远超过政府间国际组织。在一定条件下，国际非政府组织有可能发展成为政府间国际组织。如1878年成立的国际气象组织，早期是国际非政府组织，在1947年该组织就转变为政府间国际组织——世界气象组织。

应该指出的是，在依据不同标准进行分类时，会出现重叠交叉的现象。因为这些标准本身就不是相互排斥，而是相互容纳的。一个国际组织可能会符合多个标准的要求。如联合国，它既是一个世界性组织，成员囊括了几乎所有的主权国家，又具有普遍性职能，活动领域涉及人类生活的方方面面。同时，国际组织自身也不是一成不变的，总是处于一种动态发展过程中。这些无疑给国际组织明确分类带来一定的难度。目前，由于将国际组织分为政府间组织和非政府组织这种分类方式简单易行，且便于对国际组织和国家行为体与世界政治经济发展之间的相互作用、相互影响进行分析，因而成为进行世界政治经济研究的学者常常采用的国际组织分类方法。

9.1.2 国际组织的形成与发展

国际组织是世界政治经济与国际关系发展到一定阶段的产物。“国际组织产生的先决条件是独立主权国家的多国家体系的形成与对国家间多边交往的需求，这两个条件到19世纪大致具备。”① 17世纪中叶，为结束三十年战争，欧洲国家召开了威斯特伐利亚会议。这次会议是一次具有代表性的多边国际会议，它开创了国家间通过多边国际会议的方式处理重大和紧迫的国际问题的先例，标志着主权国家的概念开始形成，由主权国家构成的国家体系也逐步显露端倪。随着科学技术和社会生产力的进步，国家间的交往日益增多，对于涉及多个国家的问题必须有新的协调方式。进入19世纪后，一方面，以国际会议方式协

① 饶国平主编：《国际组织法》，25页，北京，北京大学出版社，2001。

> “欧洲协调”是指以会议外交方式处理欧洲事务或与欧洲有关事务的一种定期协商制度，其特点是多边、高层次和大国操纵。“协调”一词系得自英、俄、普、奥四国先后与 1814 年 3 月签订的休蒙条约和 1815 年 11 月签订的四国同盟条约的条文。“海牙体系”出现在 19 世纪末到 20 世纪初，是指两次海牙国际和平会议在发展国际法、寻求和平解决争端、减少战争伤害等方面所取得的成就和随之而形成的体制。这一体系虽因世界大战的爆发而中断，但对后来国际组织的发展还有相当大影响。（李铁城主编：《联合国的历程》，3～4、8 页，北京，北京语言学院出版社，1993）

商处理重大国际问题的多边外交机制成为国际生活中的正常制度，会议所制定的一系列公约及所提出的一些新的议事规则和活动程序，特别是“欧洲协调”、“海牙体系”，为日后国际组织的创立提供了法律手段和可资借鉴的经验；另一方面，出现了若干为特定目的而设立的一些常设机构，1815 年成立的莱茵河航运中央委员会就是最早出现的这样的组织。此后，涉及关税、度量衡标准、邮政、公共卫生、版权、通信等事项的专门性、技术性国际组织陆续建立，如 1865 年的国际电报联盟（现更名为国际电信联盟），1874 年的邮政总联盟（后更名为万国邮政联盟）及 1875 年的国际度量衡组织等。这些组织是现代国际组织的雏形，具有两个主要特点：其一，宗旨较为单纯，协调的领域有限，是一些功能性的合作组织，因此被称为“国际行政组织”，如万国邮政联盟，其宗旨是组织和改善国际邮政业务，促进国际邮政合作的发展。显然该组织的活动局限于邮政领域里的跨国事务。其二，均有较为完善的常设机构和较为系统的组织程序，为后来的国际组织提供了比较成熟的组织模式。当然，这些组织的机构设置也经历了从简易到繁杂、从单一层次到多重层次的发展过程。

进入 20 世纪后，国际关系内容更加丰富，与之相适应，国际组织也日益兴盛，种类则从最初的专门性和技术性组织向一般性和政治性组织扩展。第一次世界大战后，人类历史上出现了第一个具有普遍性职能的国际政治组织——国际联盟。国际联盟是人们对和平的良好愿望以及协约国战时合作的产物，是 19 世纪国际组织发展的集大成者。它有着特定时代烙印，反映了当时的国际力量对比状况。1919 年 4 月，巴黎和会通过了《国际联盟盟约》，并将其作为条约的第一部分写入凡尔赛条约等和约之中。1920 年 1 月，国际联盟正式成立。国际联盟的主要机构有国联大会、理事会和秘书处。国联大会由全体成员国的代表组成，是所有国家均有权发表看法的国际大论坛，实际作用有限。理事会由常任理事国和非常任理事国的代表组成。《国际联盟盟约》规定，大会与理事会有权处理“属于联盟行动范围以内或关系世界和平之任何事件”，这两个机构决议的通过，除另有规定外，均“应得联盟出席会议之会员国全体同意”。秘书处则为辅助大会和理事会的事务性机构，由秘书长领导，负责处理国际联盟日常工作。此外，国际联盟还根据需要，设立了一些常设机构和辅助性机构。国际联盟所建立的组织结构和运作程序进一步发展与完善了国际组织的结构模式，在不少方面具有创新性。国际联盟将维护国际和平、制止侵略行为作为自己的主要宗旨，同时还将关心和处理国际范围的卫生、经济、社会等方面的问题作为本组织的应尽职责，并且付诸实践，大大地丰富了国际组织在国际关系中的作用。二战后国际联盟为联合国所取代。

联合国是第二次世界大战结束时建立的第二个世界性国际政治组织。它在借鉴国际联盟的经验、教训的基础上，发展成为当今世界最具代表性的国际组织，拥有国联从未有过的活力和权威性，开创了国际组织发展史上的新纪元。此后，国际组织蓬勃发展，数量急剧增多，国际组织的权威性不断提高，种类日趋复杂，活动领域不断拓宽，国际组织内部的运行机制也日臻完善。虽然如何设置本组织的内部结构和运行机制并不存在统一的标准，但各个国际组织可以依据本组织的宗旨和职责要求，自行设计和建立组织架构和运行机制。一般来说，如果把国际组织视为一个具有反应、决策和实施能力的机构，其内部结构基本上应有三个层次：(1) 最高机构，即“大会”或“理事会”，由该组织的全体成员派出代表组成，拥有决策权。最高机构一般定期举行会议。(2) 执行与主管机构，处理两次大会期间的有关事务、执行大会的决议；(3) 行政管理机构，承担日常的行政管理事务。此外，有些国际组织还将处理争端和纠纷的司法机构也纳入其组织机构里。国际组织在进行决策时，表决是决策程序的核心内容，一般遵循三种表决方式：第一，协商一致原则，即通过广泛协商，不经投票而形成一致同意的决议；第二，投票表决，全体通过原则，即一个成员一票，达成一致；第三，多数赞成原则，可再细分为每个成员一票的多数赞成制和一个成员数票的加权表决制等。国际组织的成长推动了国际社会向有序化和组织化方向发展，同时也反映了国际关系日趋复杂化，对国际组织职能的要求也越来越高。

9.1.3 国际组织的发展趋势

国际组织并不是当代国际社会的新生事物。在世界范围的国际关系体系形成之后，国际组织就一直程度不同地活跃在世界政治经济舞台上。第二次世界大战后，国际组织得到长足的发展。冷战结束以来，国际组织的发展更是日新月异，突飞猛进。毫无疑问，国际组织在未来多种因素的作用下，仍将得到持续发展。

第一，国际组织的数量和种类会继续增加，但增速将放慢。二战结束至今，国际组织的发展特征就在于数量和种类的大规模增加和扩展。据国际组织联盟统计，1909 年各类国际组织只有 213 个，到 1956 年其总数多达 1 117 个，及至 1990 年则惊人地猛增到 26 656 个，81 年间增加了 125 倍[①]，2003 年更增至 55 283 个，2011 年已增至 65 184 个。这一时期，国际组织不仅数量大增，而且种类也已遍及人类生活的各个方面，基本涵盖了当今国际事务的各个领域，以至于现在未受到国际组织触及的领域已是极少数了，也就是说，产生国际组织的空间已大大缩小。虽然新的国际组织依然会出现，但无论是数量上还是种类上都不会出现二战后一段时间里那样爆炸性的增长。在这两方面，国际组织将进入一个相对稳定的发展阶段。

第二，国际组织的活动范围有可能进一步宽泛。国际组织介入国际事务，除少数比较重要的政府间国际组织外，最初大多为一些体育、文化、经济、环保、教育等领域。这些领域不涉及关系到国家生存的根本问题，敏感度较低，被称为低政治领域。一般来说国际组织的介入可以给国家和民众带来更多的收益，因此国际组织在这些领域的活动更为普遍。而现在国际组织蚕食构成国家主权核心内容的高政治领域事务的迹象已十分明显。高政治领域指的是有关国家政治、军事和安全等问题的领域。随着国际环境的变化、科技的进步和国际组织自身力量的壮大，国际组织对高政治领域的影响将会进一步提升，同时在其他领域中，国际组织的活动将会进一步深入。

第三，各类国际组织之间的协调在一定程度上趋向于加强。如世界范围的国际组织正形成以联合国为协调中心的庞大的国际组织网络。但由于国际组织的种类庞杂，性质差异过大，因此很难在整体上形成有效的协调机制。目前，国际组织之间的协调活动主要存在于政府间国际组织之间，其协调活动的广度和深度都是很有限的。虽然它们之间的协调活动呈现出加强的趋势，但这一趋势的发展较为缓慢，会有较多的波折。而且对某些国际组织来说，它们是不可能与其他类型的国际组织建立关系的，更谈不上协调关系了。因此，国际组织之间

---

① 参见饶戈平主编：《全球化进程中的国际组织》，2 页，北京，北京大学出版社，2005。

的协调将会出现多类型、多层次、多途径、多色彩的复杂的发展态势。

第四，对国际事务的影响进一步增强。国际组织大量涌现，并积极有效地参与国际事务，涉足以前由国家行为体独享的领域，这已成为不争的事实。随着国际社会组织化的发展，以及各个国际组织内部职能的不断完善，国际组织将会拥有更广阔的活动空间，从更多方面和更深层次对国际事务的进程施加自身的影响力。

第五，国际组织在发展过程中会呈现较大的不平衡性。国际组织在地区分布上是不平衡的。西方发达国家的各类国际组织数量多、资金雄厚、技术手段先进、活动能量大。相比较而言，发展中国家的国际组织在总体水平上远远落后于发达国家。国际组织对国际关系的影响也是不平衡的。显然政府间国际组织的影响力要大于国际非政府组织，而大多数国际非政府组织的影响力只能局限于某一领域、某一区域，甚至只能触及某一专题。国际组织的这种不平衡性在未来的发展进程中只可能不断强化而不会消失。

9.2 国际组织在世界经济与政治中的作用

国际组织是国际社会朝着规范化、民主化方向发展的桥梁与纽带，它对国际关系的影响在广度和深度上呈现出不断加强的趋势。特别是冷战后，在经济全球化和政治多极化的大背景下，国际组织在国际关系的运行过程中表现极为活跃，发挥着主权国家无法替代的重要作用。

9.2.1 政府间国际组织的作用

政府间国际组织的作用主要体现于以下几个方面：

第一，充当多边外交场所和国际论坛，为世界各国进行国际交往提供活动空间。国际组织的存在使得世界各国有了举行会晤、进行交流、表明立场、提出问题、消除分歧、化解矛盾、增进了解的畅通渠道。在形形色色的国际组织中，每个成员不论大小、强弱，都可以发出自己的声音，阐述自己的看法，为国际社会在全球性问题和一些热点问题上达成共识奠定舆论基础。在这方面联合国发挥了极为突出的作用，如在抨击国际政治经济旧秩序，呼吁建立公正合理的国际新秩序方面，广大发展中国家在这一重要论坛中，进行了坚持不懈的斗争，取得了积极的成效。

第二，进行世界范围的信息收集和交流活动，并协调各成员国的行动。国际社会从形成的那天起，就基本上处于无政府状态，主权国家和其他行为体各行其是。但国际社会的成员之间也存在着共同的利益需求，要实现这些利益需求就必须对国际社会成员的行动进行协调。这种协调需要畅通的信息和一定的组织框架来保障，国际组织可以说是进行协调活动的合适选择。通过国际组织这一形式，对相关信息进行交流，促使有关成员制定具有共同目标的行动框架，从而保障国际协调活动的顺利进行，以达到维护国际社会共同利益的目的。如联合国、世界银行、国际货币基金组织、世界贸易组织等机构所收集、整理、加工的信息就具有国际性、综合性、系统性、公开性、权威性等特征。这些组织将越来越多的分散的世界经济和社会发展信息汇集起来，经过整理，再扩散到世界各国，对各国制定相应的经济和社会发展政策，推动世界经济及其他领域的协调发展发挥着越来越重要的作用。在一些重大事件或国际性危机出现时，国际组织的信息枢纽和协调中心作用更是无法替代的。世界卫生组织在 2003 年的 SARS 危机中发挥作用就是一个有力的例证。

第三，在一定程度上充当国际社会管理者的角色。全球化的发展，国家间相互依赖的加深，全球性问题的凸显，使得国际合作的必要性进一步加强，这就从客观上要求国际制度体系的完善和国际社会向更加有序化的方向发展。作为国际立法的推动者、组织者和国际机制的重要载体，国际组织的地位相应地得到了很大提高。国际组织制定的关于处理问题的各种规则与程序，有助于降低谈判成本，规范管理成员国的行为，协调全球性和区域性经济、社会、文化的整体治理。如世界贸易组织，如果没有它，人们很难想象单个国家将如何在双边层面上处理彼此进行全球贸易时遇到的问题。国际社会可以借助于国际组织的机构制定有一定约束力的国际法律规则，指导和管理各类行为体在各领域的活动，并对蓄意破坏和违规行为采取某些集体制裁措施。

第四，发挥着国际和平与安全的维护者的作用。众多国际组织都把维护国际和平与安全作为自己的宗旨，在冲突和争端各方之间进行积极的斡旋活动，有效地缓解或平息了武装冲突和内部动乱，防止了战火的蔓延，为争端的解决、和平的恢复作出了贡献。尽管国际组织在这方面的活动并非十全十美，也存在着相当大的局限性，但它们在和平解决国际争端、维护国际社会安全方面所发挥的重要作用是显而易见的。

9.2.2 影响力日益扩大的国际非政府组织

近年来，国际组织的重要组成部分——国际非政府组织，在世界政治经济及国际关系领域中表现得极为活跃，它们的影响和能量之大超出人们的预料。国际非政府组织发源于西方国家，迄今已有100多年的历史。它具有性质与规模多样化，影响和作用多领域，以及各组织间差异多于共性，组织目标较为单纯，组织功能专业性较强等鲜明特征。国际非政府组织通过各种渠道，以咨询、游说、宣传、倡议等方式，影响国家政策的制定，敦促各国政府乃至国际社会重视一些具有紧迫性、全球性的问题，协助有关各方达成协议，制定解决问题的行动框架，参与并监督各类规划、项目的实施。20世纪80年代以前，非政府组织的活动主要集中于经济、社会、人权及人道主义事务等方面。之后，国际非政府组织的活动越来越多地涉及军控、环保等新领域。20世纪90年代，国际非政府组织在签订“国际禁雷公约”、设立国际刑事法庭等事项中，都发挥了重要作用。

国际非政府组织的地位提升和作用凸显有着深刻的国际背景。近年来全球性的改革浪潮和市场经济的发展、个人意识的上升、“公民社会”的兴起等，为国际非政府组织发展提供了条件。人类面临的各种新问题的增多，为国际非政府组织创造了“填补真空”的机会。西方国家及一些重要的政府间组织（如联合国）的大力支持，使国际非政府组织的壮大具备了更为有利的法律和财政资源。而世界科技进步使大多数政府已无法完全控制信息的越界传播，从而给国际非政府组织进行跨国活动提供了便利条件。虽然，对于国际非政府组织在以主权国家为核心的国际关系体系中的作用、发展前景等问题，还存在着很多的争议，但作为国际关系中的一支独特力量，它的地位已得到国际社会的广泛承认。

国际非政府组织性质迥异，宗旨和履行职能的手段差异极大，有些甚至是相互对立的。它们拥有巨大的、不可忽视的经济、政治和社会资源，若这些资源被合理运用，则有助于国际社会的良性和有序化发展，反之则可能引发国际局势的动荡和不稳定，产生极为消极的影响。

9.2.3　国际组织作用的局限性

当今世界的国际组织，尤其是政府间国际组织，地位和能力有了大幅提升，它们在国际事务中已拥有与国际社会最重要的行为体——主权国家并驾齐驱的主观要求和客观潜能，但这并不表明它们会取代主权国家的位置和作用，也不表明它们将能够与主权国家平起平坐，毕竟它们与主权国家存在着本质上的差别。

拥有定居的居民和边界明确的领土是主权国家的基本要素，也是主权国家在国际舞台上进行活动的物质基础，而国际组织不具备这类要素和物质基础。国际组织不是由定居的居民构成，它的成员是由于共同目标和特殊利益走到一起的，它的存在也不依赖于确定的地域，其活动范围依据各成员之间达成的协议或根据实际需要而设定。如果说世界上所有的主权国家都有一定的领土，没有无领土的国家的话，那么国际组织恰好相反，除极个别以外，绝大多数是没有领土的实体。

国际组织与主权国家最关键的区别在于是否拥有主权。主权是主权国家独有的根本属性，是主权国家区别于国际社会其他行为体的重要标志。主权国家享有国际法上的权利，承担国际法上的义务，是国际法的基本主体。主权国家可以独立地、直接地和全面地参加国际政治、经济、法律、文化、社会等各种关系并在其中发挥主导作用，而国际组织不拥有主权，自然不可能像主权国家那样具有完全的权力和行为能力。它们中有些政府间国际组织具备国际法主体资格，而大部分特别是国际非政府组织不具备国际法主体资格。即使是具备国际法主体资格的政府间国际组织，也不具备主权国家所有的政权组织形式以及主权国家所具备的强制力和内聚力。它们拥有的权力和行为能力来自其成员的授权和意愿，或来自其所拥有的经济、技术实力，其物质基础和法律基础都有一定的局限性，因此表现出鲜明的派生性和模糊性。它们与主权国家的关系，呈现为不对称状态中的互补关系。它们对国际事务的影响受到在国际社会中占据主导地位的主权国家的控制和制约。

同时，国际大环境和国际组织自身存在的大量问题也会对其在国际事务中的作用产生制约性影响。冷战时期，东西两大阵营的对立，就曾使得联合国多次陷入无所作为的境地。国际组织种类纷繁，成员自身状况和预定目标、组织机构的运行方式和决策机制以及内部关系五花八门，达成共识需要时间与外交智慧。多数国际组织宗旨单一，组织结构松散，没有统一的权力机关，对成员的约束力有限，协调行动也非易事，成员常常自由组合，各自为战，对国际事务的影响往往只能是间接的或局部的。因此，对国际组织在世界政治经济及国际关系中的作用应有客观的评价。

9.3 最具代表性的国际组织——联合国

目前，联合国是世界上最重要、最具权威性的政府间国际组织，是具有最完备、最复杂的组织机构和运行机制的国际组织，它的组织结构最具典型性，它在国际事务中发挥的作用最具代表性。

9.3.1 联合国的建立及其机构

联合国孕育于二战后期，美国与英国，特别是美国总统罗斯福，在联合国的建立过程中发挥了极其重要的作用，战争期间反法西斯同盟国之间的密切合作则推动了联合国的建立。

苏德战争爆发后，为应对战争新形势，美英两国首脑于 1941 年 8 月在大西洋纽芬兰海域的军舰上举行了会晤，就两国国策中某些共同原则签署了一份宣言，即《大西洋宪章》。两国领导人在宣言中表示，希望在战后世界里建立起一个永久的普遍安全制度。宣言中的这一提法以及其他有关国家平等、尊重领土完整、放弃使用武力、国际合作等条款，为后来制定《联合国宪章》提供了思想依据。《大西洋宪章》是最早体现战后将会出现一个新的国际组织的重要文件。

1941 年 12 月，日本发动了突袭珍珠港的行动，太平洋战争爆发，第二次世界大战进入一个新阶段，更多国家加入反法西斯阵营之中。1942 年 1 月 1 日，为协调作战行动，彻底打败法西斯，26 个反法西斯国家签署并发表了由罗斯福总统提议定名的《联合国家共同宣言》。在宣言中，各国承诺动员所有资源，在政治、经济和军事上进行合作，共同对敌，不单独媾和，并对《大西洋宪章》提出的宗旨与原则表示了赞同和支持。宣言第一次使用了“联合国家”一词，“联合国”的称谓由此而来，在这一宣言上签字的国家后来成为了联合国创始会员国。1943 年 10 月，美、英、苏、中四国发表了关于建立普遍安全的宣言，又称《莫斯科宣言》。宣言表示要在尽快的时间里，根据一切爱好和平的国家主权平等的原则，建立一个普遍性的国际组织，以维护国际和平与安全。这是首次向世界公开明确地宣布要在战后建立一个国际组织的重要文件。不久，美、英、苏、中分别在开罗会议和德黑兰会议上就未来的国际组织问题详尽地交换了意见，并达成了一致。

1944 年 8 月，敦巴顿橡树园会议召开，这是一次就新的国际组织进行具体设计的高级别专家会议。会议讨论了未来组织的机构、名称、职能等重大问题，就这些问题取得了基本一致，通过了《关于建立普遍性国际组织的建议案》。这次会议遗留了两个问题未能解决，一个是创始会员国的资格问题，另一个是安理会的工作程序问题，即否决权问题。这两个问题最终在美、英、苏三国领导人举行的雅尔塔会议上得到了解决。在前一个问题上，美、英对苏联做出一定的让步，同意增加白俄罗斯和乌克兰为联合国创始会员国；在后一个问题上，经过相互妥协，苏联接受了美国的解决方案，即除程序问题外，安理会涉及其他一切事项的决议均需全体常任理事国的同意方可通过，这就是后来人们常常提到的雅尔塔公式。根据雅尔塔会议决定，1945 年在美国旧金山召开了联合国组织的制宪会议，共有 50 个国家参加了会议，波兰未参加制宪会议，但随后作为创始会员国之一签署了《联合国宪章》。会议分为两个阶段：第一阶段（4 月 25 日至 5 月 2 日）主要进行了一般性辩论并讨论了有关会议组织的各项工作；第二阶段（5 月 3 日至 6 月 20 日）专门讨论和制定宪章。在对宪章各项条款进行综合及文字处理后，6 月 26 日，出席会议的各国代表签署了《联合国宪章》。10 月 24 日，宪章得到包括五个常任理事国在内的过半数国家的批准，正式生效，联合国宣告成立。这一天后来被定为“联合国日”。

从联合国建立的过程来看，有两点值得强调：第一，联合国的建立是基于以往的国际组织特别是国际联盟的历史经验的基础之上的。将联合国与国际联盟相比较，它们“有许多相同或相似的地方，也有许多不同，相同中有不同，不同中又有相同。联合国有对国际联盟的延续和继承，也有自身的创新与发展。联合国及其宪章是国际组织发展历史上的一个高峰，无论宗旨和原则的确立，还是组织建设方面，都比国际联盟更成熟更完整，也更体现出广泛性和普遍性”[①]。因此，在考察联合国时，不能将它的建立同国际组织的整个发展进程割裂开来，这是研究联合国这一重要国际组织的立足点。第二，联合国的建立是当时国际社会中理想与现实相互碰撞、相互渗透的产物。它的建

① 李东燕编：《列国志·联合国》，31 页，北京，社会科学文献出版社，2005。

立与宗旨反映了人类对和平的不懈追求，也是理想主义的国际关系理论的一次重大实践。宪章中规定的运行机制则反映了当时国际政治力量的对比状况，并承认了大国在国际关系中的关键作用，有着现实可行性。理想主义赋予联合国组织以前进的目标，并使其得到国际社会各主权国家的拥护；现实主义则为联合国能在二战后复杂的国际环境中生存下来提供了保证。这正是较之国际联盟，联合国具有更为强大的生命力的原因。但不容否认，这也使得《联合国宪章》及其组织架构存在着相当多的矛盾性。

联合国历任秘书长

特里格夫·赖伊［挪威］，1946年2月—1952年11月。

达格·哈马舍尔德［瑞典］，1953年4月—1961年9月。

吴丹［缅甸］，1961年11月，任执行秘书长，正式任职秘书长为1962年11月—1971年12月。

库尔特·瓦尔德海姆［奥地利］，1972年1月—1981年12月。

哈维尔·佩雷斯·德奎利亚尔［秘鲁］，1982年1月—1991年12月。

布特罗斯·布特罗斯—加利［埃及］，1992年1月—1996年12月。

科菲·安南［加纳］，1997年1月—2006年12月。

现任秘书长潘基文［韩国］，2007年1月1日起．开始担任联合国秘书长之职。

为履行《联合国宪章》所规定的职责，联合国设立了六大主要机构：大会、安理会、经社理事会、托管理事会、国际法院、秘书处。大会由全体会员国组成，实行一国一票表决制，充分体现了宪章所倡导的国家无论大小、贫富，具有平等权利的原则。大会是联合国的主要审议机构，可讨论宪章范围内的任何问题与事项并提出建议，但对安理会正在审议的争端，非经安理会请求大会不得提出建议。安理会最初由11个理事国组成，1965年扩大为15个理事国。美、苏（俄）、英、法、中为常任理事国，10个非常任理事国根据地区分配原则由大会选举产生。安理会在维护国际和平与安全方面拥有广泛的职权，可以通过具有强制性的决议。在表决时，除程序性问题外的其他问题均需包括5个常任理事国在内的9国同意方可形成决议，这意味着任何一个常任理事国的否决都能阻止一项涉及实质性问题的决议的通过，此即为“大国否决权”。经社理事会是联合国负责讨论、审议有关国际经济、社会、文化、教育、卫生等具体专业领域事项并就有关事宜提出建议的机构，职能涉及众多领域。1965年以前该机构由大会选举的11个理事国组成，经1965年、1973年两次扩大，现由54国组成。托管理事会是为履行宪章所制定的国际托管制度的职责，促进非殖民化进程而设立的。至1994年，所有托管领土都已实现自治或独立，该理事会的历史使命已经完成，现处于休会状态，需要时才举行会议。目前，该理事会由安理会 5 个常任理事国组成。国际法院是联合国的司法机构，由大会和安理会选出的来自不同国家的 15 名法官组成。国际法院只受理国家之间的争端且无权主动受理案件，它还可以对联合国机构提交的法律问题提供咨询意见。国际公约和习惯法、各国公认的一般法律原则、司法判例以及权威的公法学说均可成为国际法院适用的法律。秘书处由秘书长和秘书处的工作人员组成，负责处理联合国日常的行政管理事务，为联合国的各机构提供服务。秘书长和秘书处的行政人员属于国际公务员系列，依宪章规定，在执行职务时，不得请求或接受联合国以外的任何政府或其他当局的训令。各会员国也承诺尊重他们责任的国际性，不去影响其责任的履行。秘书长由大会经安理会推荐委派，系联合国的行政首脑。

联合国还根据需要设置了为数众多的辅助机构。联合国辅助机构的组织形式、职权范围、活动程序和作用差别甚大。由于大会和经社理事会职责涉及面十分广泛，因此这两个机构下设的辅助机构最多。安理会下属的主要有军事参谋团、常设委员会、特设机构等。另外，联合国通过有关的协定与一些特殊的专门性国际组织建立了合作关系。它们不是联合国本身的直接下属机构，但与联合国主要机构以及相关实体一起，构成了“联合国系统”这个国际大家庭。①

9.3.2　维护国际和平、促进世界发展

《联合国宪章》由序言和 19 章组成，共 111 款条文，赋予了联合国在国际社会中进行维护和平与促进发展之职责，是联合国开展活动和发挥作用的法律依据。联合国的宗旨是：维护国际和平与安全；发展各国之间以尊重人民平等权利和自决原则为基础的友好关系；促进国际合作以解决国际间属于经济、社会、文化或人道主义性质的问题，促进对于人权和基本自由的尊重；形成协调各国活动的中心。为实现上述宗旨，联合国进行了一系列艰苦卓绝的努力，取得了举世瞩目的成就，这主要体现在以下几个方面：

第一，推进世界范围的非殖民化运动，结束种族隔离制度。《联合国宪章》使民族自决原则成为公认的国际法原则，为履行宪章赋予的

① 参见《联合国系统示意图》，见 http://www.un.org/chinese/aboutun/chart.html。

有关职责，联合国建立了托管理事会，并一直关注着非殖民化这一重要的国际问题。1960年联合国大会通过了非殖民化宣言，宣布一切民族都拥有民族自决的权力，殖民地人民最终应享有完全的独立和自由。1961年联合国又成立了非殖民化委员会，以推进非殖民化目标的实施。联合国对承担托管职责的成员国进行监督，确保它们采取适当步骤，增进托管领土的政治、经济、社会、教育等各领域的发展，促进托管领土为独立或自治做好准备。联合国推进非殖民化活动中的亮点在于将强制措施引入非殖民化运动。“这不仅在非殖民化运动中是第一次，在联合国历史上也是很少见的。”① 在处理南部非洲问题时，联合国将非殖民化与反对种族隔离、种族歧视紧密相连，对南非当局不仅在舆论上予以强烈谴责，而且采取了一系列经济及其他的制裁行动，迫使南非当局不得不改变做法，实行改革，最终促使有关的托管领土获得了独立。

1994年10月，最后一个托管领土帕劳实现了独立，建立了共和国，并成为联合国第185个成员国。这标志着宪章规定的国际托管制度已完成了历史使命。殖民主义体系已成为历史陈迹。促进非殖民化运动是联合国取得的最辉煌的成就。

第二，编纂和完善国际法及各类国际行为规范。二战后，国际法的制定、发展和编纂工作基本上都是在联合国主持下进行的。联合国主要通过下述活动来履行相关职责：（1）促进国际法原则与内容的丰富和发展，主要表现为主持国际公约的制定。联合国自成立以来，倡导推行了数以百计、内容广泛的国际公约，如《南极条约》、《生物多样性公约》、《维也纳外交关系公约》、《制止恐怖主义爆炸事件国际公约》、《公民权利和政治权利国际公约》、《经济、社会、文化权利国际公约》等。此外，《联合国宪章》以及联合国制定的其他重要文献，如《世界人权宣言》、《人类环境宣言》、《建立新的国际经济秩序宣言》等，都为现代国际法增添了重要内容。国际法院的判例和咨询意见也对国际法的发展产生了有益的影响。（2）推动国际法律秩序的实践。1989年联合国大会通过决议，将1990—1999年定为“联合国国际法十年”。联合国启动该十年的目的在于，促进人们尊重和遵守国际法原则；促进和平解决国家间争端的手段和方法，包括充分尊重国际法院；鼓励国际法的逐步发展与编纂；鼓励关于国际法的教学、研究、传播

① 王文：《论联合国在推动非殖民化进程中的历史作用》，见陈鲁直、李铁城主编：《联合国与世界秩序》，349页，北京，北京语言学院出版社，1993。

和更广泛地被了解。联合国成员国和各国际组织对此十分重视，积极采取措施落实联合国国际法十年目标。联合国还在建立国际司法机构方面发挥了重要作用。1993 年和 1994 年联合国安理会分别通过决议，设立了前南斯拉夫问题国际法庭和卢旺达问题国际法庭；1996 年《联合国海洋法公约》下的国际海洋法法庭正式成立；1998 年联合国主持完成并通过了《国际刑事法院规约》。联合国前秘书长德奎利亚尔在 1985 年第 40 届联大报告中曾对联合国在国际法领域中的活动做出评价，他说，联合国在国际法的编纂方面作出了空前的贡献。

第三，维护国际和平与安全。联合国成立于二战末期，人们对它最殷切的希望就是这一组织能够完成国际联盟没有完成的任务，使人类免遭战祸。《联合国宪章》将维护国际和平与安全作为本组织最主要的职责，宪章及有关宣言和决议几乎囊括了与当代世界和平与安全有关的所有问题，表达了联合国全体成员国对世界和平前景的构想，以及维护世界和平与安全的决心、基本立场和主要手段，为联合国履行自己的职责提供了有力的法律依据。多年来联合国为维护国际和平与安全进行了不懈的努力。总的来看，联合国涉及这方面的活动主要有这样几类。（1）倡导和平解决争端，确立集体安全体系。根据宪章第六章，联合国及其成员国应依“正义及国际法之原则”，通过政治与外交等手段，以和平方式谋求争端与冲突的解决。宪章只赋予成员国以武力进行单独或集体自卫的权利。联合国推动国际裁军和军备控制；制定众多的国际公约，动员国际舆论，伸张国际正义，在道义上形成对侵略行为的威慑力；在存在争端的地区进行调解、斡旋活动，其立足点都在于阻遏侵略行为的发生和促进国际争端的和平解决。（2）在和平手段不能奏效的情况下，宪章第七章规定，安理会可采取“必要之空海陆行动”，实施强制性集体安全措施，以维护或恢复国际和平与安全。1990 年，伊拉克入侵邻国科威特。在伊拉克拒不履行安理会多次通过的要求其无条件地从科威特撤军的决议的情况下，安理会授权以美国为首的多国部队采取军事行动，迫使伊拉克就范，最终恢复了科威特的主权独立与领土完整。联合国集体安全措施得到了一次成功的实践。但由于诸多因素的限制，联合国通常是很难做到这一点的。（3）联合国履行维护国际和平与安全职责的第三类途径是进行联合国维持和平行动。这类行动在宪章中没有明确的规定，是联合国在应对国际危机的实践中的创新措施，是介于以和平手段解决争端和以强制手段解决争端之间的行动。1948 年第一次中东战争期间，为监督以色列与阿拉伯国家间的停战，联合国建立了巴勒斯坦停战监督组织，联合国维和行动由此诞生。1956年第二次中东战争期间，联合国为监督停火、撤军和隔离双方，建立起第一支维和部队。至今联合国已进行了60多次维和行动，目前正在进行的有16项。[①] 维和行动有成功之举，也不乏受挫与失败，其形式与功能都有了极大的发展。但不可否认，维和行动已成为联合国集体安全机制的重要组成部分。

第四，加强国际合作，促进全球经济与社会发展，改善人类所处的环境。联合国创建者们认为，经济与社会问题是引发战争的重要原因，因此赋予了联合国组织以促进国际社会经济与社会发展的重要职责。自成立以来，联合国在这方面做了大量的工作，“实际上，联合国组织将80%的财力和人力投入各种经济和社会方案”[②]。比较而言，联合国在这一方面的活动是最为复杂、最具多样性的，所涉及领域众多。为此，联合国在20世纪60—90年代制定并执行了4个国际发展战略。1994年联合国提出了《发展纲领》，首次全面阐述了联合国关于发展问题的理念、目标及工作框架。2000年的联合国千年首脑会议发表了《千年宣言》，宣言公布了千年发展目标并设定了实现目标的具体时间表。在完成上述发展战略与计划的过程中，联合国促进国际经济和社会发展活动显现出鲜明的特征，即目标具体，针对性不断加强；在促进发展活动中关注各机构行动的协调性，发展机制日益完善；随着非政府组织影响力的增大，联合国在进行发展活动时，对非国家行为体的参与越来越重视。联合国在促进国际经济与社会发展方面发挥着不可替代的作用，主要体现于：其一，联合国成员的普遍性及其任务的全面性使得它成为一个不可或缺的国际发展大论坛。这是联合国发挥作用的最重要也是最主要的方面。联合国现有会员国193个，几乎囊括了地球上所有国家，其代表的广泛性是任何其他国际组织所无法比拟的，其发展活动的涉及面之宽，几乎可以说是包罗万象。在这样一个大论坛里，能够听到世界各地所发出的声音。所有国家，不论大小，均可畅所欲言，阐述自己对全球发展问题的看法，各类有关发展问题的观念在这里相互交流、碰撞、融合，形成共识，引起国际社会的普遍重视，为国际社会在有关领域里采取协调行动奠定了舆论基础。联合国是提出新办法和促成共识的重要源泉。许多源自联合国、当时被

① 其中包括15个维持和平行动特派团和1个阿富汗政治特派团（联阿援助团），它们均受联合国维持和平行动部（维和部）领导。参见 http://www.un.org/zh/peacekeeping/operations/current.shtml。

② 联合国新闻部编：《联合国手册（第十版）》，217页，北京，中国对外翻译出版公司，1988。

认为过于激进的看法，最后都被国际社会采纳，成为可行的政策选择。其二，在国际经济与社会发展领域里，联合国制定的一些指导性原则、政策框架及行动纲领等，对国际社会特别是联合国成员国及其机构具有一定约束力。虽然存在着决而不行的现象，但毕竟有助于规范国际社会各成员的行动方向，使分散的能量聚集成合力，推动某些发展问题逐步地得到解决。其三，联合国可以协调国际社会各成员的行动，促进国际发展合作。联合国宪章第 57 条和第 63 条规定，联合国应当与其他在经济、社会、文化、教育、卫生和有关领域负有国际责任的政府间组织建立联系，以从组织机构上确保联合国成为协调各国行动的中心。联合国“能进行领导，具有动员能力，可以协调其他参与者的贡献，制定使之采取目标一致的行动的框架”①。其四，联合国有针对性地发展业务活动，将发展的利益直接给予发展中国家的人民。联合国系统地发展业务活动既为发展中国家提供了发展所急需的资金和技术，也向有关国家提供了合理建议、咨询服务、信息资料等，以帮助它们制定正确的发展战略和政策。而且，联合国的各类发展项目越来越针对发展中国家的一些弱势群体，使他们能够直接受益，进而摆脱在社会发展中被抛弃的危险。当然，由于国际环境的制约、联合国自身体制的缺陷、发展问题本身的复杂性等原因，联合国促进国际社会与经济发展活动存在着许多不尽如人意之处，且非短时期能解决，如何解决这些障碍是联合国面临的重大挑战。

9.3.3　联合国的改革

冷战结束，世界格局转换，联合国面临新形势、新任务、新挑战。冷战后，世界大战的危险性进一步降低，但局部冲突此起彼伏，形成了大和平、小战争的局面。全球化进程加快，世界经济的不平衡状况加剧，南北差距扩大，恐怖活动、跨国犯罪、生态环境恶化、传染病流行等大量的全球性问题突出。这一切给联合国带来了更大的活动空间。联合国内部力量结构的变化、多极化趋势的发展等，为联合国对国际事务影响力的增大创造了条件。因此冷战后的一段时间里，联合国各机构呈现出前所未有的活力，大会以协商一致方式通过了众多的决议，安理会空前活跃，秘书长和秘书处的任务不断扩大，世界各国

① Maurice Strong，The UN at 50：Issues and Opportunities，http://www.unac.org/unreform/strong.html.

将联合国视为就全球各种问题进行全面对话的中心场所，并把维护国际和平与安全、解决全球和地区问题的责任交给了联合国，促使联合国的功能不断扩大和加强。

同时，联合国现有机制已无法适应冷战后国际形势需要的问题也越来越突出。首先，大国合作机制固然有利于提高安理会的权威性，但冷战后西方国家在联合国地位的上升，引起了越来越多的中小国家的忧虑，联合国的公正性受到质疑，并且大国对抗导致联合国无所作为的可能性依然存在。其次，对联合国期望过高，联合国任务不断增多也使联合国日益不堪重负。特别是联合国面临着严重的财政危机，经费入不敷出，常常陷入“巧妇难为无米之炊”的尴尬境地。再次，冷战后联合国在维护国际和平与安全活动中越来越多地介入一国内部的冲突，而且还需应对大量非传统安全威胁，如环境问题、贫困问题、移民问题等，如何在这种情况下，维护国家主权原则，反对和防止霸权主义、强权政治的抬头，如何处理联合国干预机制与国家主权之间的矛盾，如何处理维护和平与促进发展之间的关系，如何面对崛起的非政府组织，这些都是联合国需要认真对待的重大问题。怎样应对这一系列重大的挑战，直接影响到联合国的未来发展。

为了应对新的机遇和挑战，冷战后联合国开始了新一轮的改革进程。此轮改革主要涉及以下几个方面：其一，精简机构，提高效率，加强联合国的协调和管理能力；其二，完善联合国集体安全机制，特别是冷战后随着联合国维和行动的增多、职能扩大，大国的插手等，联合国集体安全机制存在偏离宪章的危险，联合国有必要采取措施防止这种情况的发生；其三，安理会改革，这是联合国改革的关键；其四，财政改革，以免联合国陷入资源枯竭的困境。在历任秘书长领导下，联合国实施了一系列机构改革措施。2005年联合国将原先隶属于经社理事会的人权委员会，改为附属大会的有47个席位的人权理事会，以加强联合国的人权机制。2006年联合国建设和平委员会成立，以帮助有关国家从战争状态过渡到和平状态，就冲突后的重建工作提出咨询意见。潘基文接任秘书长一职后，对联合国维和行动部进行了改革和重组，2010年又成立了联合国妇女署，取代妇女发展基金和妇女权益促进司等4家机构，以优化资源，提高效率。在联合国成立60周年之际，联合国改革曾出现过一个高潮期。时任秘书长安南向大会正式提交了题为《更大自由：实现人人共享的发展、安全和人权》的改革报告，就发展、安全、人权和联合国机构改革等问题提出建议。围绕报告，各国就改革的重点、联合国动用武力的前提与条件、安理会扩大的范围及常任理事国资格等重大问题展开了激烈的辩论。由于分歧巨大，当时联合国各成员国未能就安理会改革等问题达成共识，改革再次进入低潮。迄今为止，联合国改革未能取得突破性进展，但改革的动力依然存在。国际形势在不断发展变化之中，联合国改革也将在各成员国的期盼中继续开展下去。

联合国改革是一个系统工程，需要凝聚全体会员国的共识和努力，改革的措施必须以《联合国宪章》的宗旨和原则为根本，体现会员国的共同利益，改革的成果必须有利于加强联合国的作用，提高其国际声望和工作效率。特别要兼顾公平合理性，考虑和照顾到发展中国家的利益和要求，简言之需要讲求实效、注重质量、循序渐进。只有这样，联合国在国际事务中的主导作用才能得到发挥和加强，联合国权威才能得到维护，其应对新威胁和新挑战的能力才能得到提高。联合国改革涉及各成员国的根本利益，涉及它们在联合国中权利和义务的再分配，涉及联合国未来发展方向以及建立什么样的国际新秩序等重大问题，因此不可避免地充满矛盾和斗争，要想获得成功，必须进行长期和艰苦的努力。联合国改革步履维艰，任重道远。

半个多世纪以来，联合国走过了坎坷艰难却又不平凡的历程，发挥了不可替代的重要作用。虽然对联合国的评价众说纷纭，莫衷一是，但正如人们所相信的那样，如果没有联合国，国际社会一定会建立一个联合国。当然，从本质上来说，联合国是一个主权国家的集合体，不是世界政府，它的行动能力源于成员国的授权，因此对联合国在世界政治经济中的活动能力和影响力，也要以科学的态度加以评析和判断。

阅读书目

1. 饶戈平. 国际组织法. 北京：北京大学出版社，1996

2. 叶宗奎，王杏芳主编. 国际组织概论. 北京：中国人民大学出版社，2001

3. ［美］勒克. 美国政治与国际组织. 北京：新华出版社，2001

4. 蒲傅. 当代世界中的国际组织. 北京：当代世界出版社，2002

5. 李铁城主编. 跨世纪的联合国. 北京：人民出版社，2002

6. 王杰主编. 全球化时代的国际非政府组织. 北京：北京大学出版社，2003

7. 于永达编著. 国际组织学. 北京：清华大学出版社，2006

分析与思考

1. 如何界定国际组织及其类别？国际组织有着怎样的发展历史？

2. 第二次世界大战后国际组织发展的特点及原因是什么？

3. 结合当代国际关系现实，分析国际组织在世界政治与经济中的地位和作用。

4. 为什么说当今世界上如果没有联合国，国际社会也会创建一个联合国？

5. 试评述联合国改革的成果及存在的问题。

第 10 章

时代主题与全球性问题

要论提示

● 和平与发展仍然是当今时代的主题，是具有全球性、全局性的战略问题。

● 非传统安全问题是21世纪关乎人类社会发展的重大全球性问题。非传统安全问题对国际关系产生了重要影响。

● 全球性问题的治理是当今世界发展的迫切要求，需要国际社会的共同努力。

关键词

时代主题　和平与发展　全球性问题　非传统安全

和平与发展是当今时代的主题，也是世界发展的必然趋势。然而，维护世界和平、促进人类发展还需要国际社会的长期努力。全球性问题仍严重影响着世界的安全与稳定，影响着人类现代文明的建设进程。对世界各国而言，有效治理全球性问题、实现可持续发展，任重道远。

10.1　和平与发展是当今时代主题

20世纪80年代，邓小平提出了和平与发展问题。党的十四大报告明确指出："和平与发展仍然是当今世界两大主题"。党的十五大报告进一步指出："和平与发展已成为当今时代的主题"，至此，"和平与发展”被正式确认为时代主题。

10.1.1 从“战争与革命”到“和平与发展”

时代问题是马克思主义理论的重要组成部分，也是国际政治领域的一个极其重要的研究课题。在一定历史时期内，时代主题能够反映时代的基本特征，揭示世界基本矛盾，并预示时代发展的总趋势，是各国政府制定发展方针和政策的重要依据，具有全局性战略意义。时代主题不是一成不变的，随着世界基本矛盾的运动和发展，时代主题也会发生变化。20世纪以来，伴随着世界经济政治的发展，时代主题已经发生重大转换，由19世纪末20世纪初的“战争与革命”逐渐转变为“和平与发展”。

在马克思主义经典作家中，第一个提出时代理论的是列宁。“战争与革命”的时代理论就是由列宁创立的。20世纪初，列宁根据资本主义从自由竞争发展到垄断阶段的现实，冷静地分析世界形势和帝国主义的基本特征，指出帝国主义阶段必然存在着三大矛盾，即垄断资产阶级和无产阶级之间的矛盾、帝国主义国家之间的矛盾、帝国主义国家和殖民地半殖民地人民之间的矛盾。各种矛盾日益激化，终将导致战争与革命的发生。列宁曾经深刻论述了帝国主义的特征及其本质，分析了帝国主义战争的不可避免性。列宁认为，帝国主义时期，资本主义政治经济发展不平衡规律将导致后起的帝国主义国家发动重新瓜分世界的战争，以便从老牌帝国主义国家手中争夺市场、原料产地、投资场所。而帝国主义战争一旦发生，必然加剧社会矛盾，引起空前严重的社会危机，从而导致无产阶级革命的爆发。这一切说明，世界已进入了一个新的时代，即“帝国主义和无产阶级革命的时代”。这个时代的主题是“战争与革命”，它反映了时代的本质特征。

列宁关于时代的论断反映了他所处时代的特征和社会基本矛盾，这在人类历史发展的进程中得到了验证。20世纪上半叶爆发了两次世界大战，随之而来的是俄国十月革命取得胜利、中国和欧亚一系列国家建立了社会主义制度、民族解放运动蓬勃发展、帝国主义殖民体系分崩离析。这种战争与革命的因果效应表明了列宁关于时代论断的客观性和正确性，“战争与革命”的主题也因此在相当长一个时期里成为包括中国在内的一些国家和政党对世界的基本认识。

新中国成立后，毛泽东曾经对世界大战有过科学的分析，他认为世界大战的危险依然存在，不过推迟或制止世界大战的可能性也存在。

但是20世纪60年代以后，随着中苏关系的恶化和美国侵越战争的升级，毛泽东认为美苏争霸使世界大战的危险性大大上升，各国人民必须有所准备。他认为世界大战迟早要打，为此我们要立足于早打、大打、打核大战，天下大乱可以达到天下大治。一时间，“第三次世界大战随时可能爆发”成为我党领导人对国际局势的主要判断。这一判断导致许多战备措施的出台。如大搞一、二、三线建设布局，之后又提出“山、散、洞”的方针，要求国防尖端项目搬迁到三线地区，按照“靠山、分散、进洞”的原则进行建设。此后又实行全国总动员，“深挖洞、广积粮”、“备战、备荒”，大规模疏散人口。基于对世界总体形势正朝着“帝国主义走向全面崩溃，社会主义走向全面胜利”的认定，国内的中心任务不是经济建设，而是把政治和军事工作摆在突出的地位：进行无产阶级专政下的继续革命。中国的外交方针是既反帝又反修，主要任务是支持世界各国人民的革命斗争，迎接社会主义新世界的到来。中国领导人对时代的判断和认定，强化了战争与革命的时代主题，也导致中国发展战略的失误，国家经济建设受到严重干扰。

分析二战后的世界，战争与革命的时代特征在逐渐消逝。尽管战争阴云时时笼罩在地球上空，但是第三次世界大战始终没有发生，人类赢得了世界的总体和平。列宁所说的帝国主义时代的基本矛盾发生重大变化，社会主义在全世界取得胜利的革命形势没有到来。世界形势的发展和基本矛盾的变化使时代主题具备了转换的客观条件。

首先，在资本主义国家里，随着资本主义经济的较大发展，企业职工的劳动条件和福利待遇明显改善，资本主义社会的阶级矛盾呈缓和状态，资本主义世界没有出现无产阶级夺取政权的革命形势。

其次，帝国主义国家之间的矛盾由大战前的以军事争夺为主，转向全方位的竞争与合作，并且相互协调与合作日益成为发达资本主义国家间关系的主要方面，从而使资本主义世界长期呈现相对稳定状态。

最后，殖民地国家同帝国主义国家之间的矛盾随着殖民地和半殖民地民族国家的独立和解放而成为历史，这两种力量之间的矛盾主要转化为发展中国家同发达国家之间的经济和政治矛盾。革命不再是解决问题的基本手段。

以上各种基本矛盾和关系的变化，使得时代特征发生变化，“和平与发展”取代“战争与革命”成为反映国际政治经济关系和世界发展趋势的时代主题。邓小平根据战后国际形势的发展，以及世界基本矛盾的变化，重新认识我国社会主义建设的外部环境，不失时机地提出和平与发展是当代世界的两大问题，从而为新时期我党实现工作重心的转移提供了重要的理论依据。

邓小平对世界形势做出正确判断也有一个过程。20 世纪 70 年代末邓小平说，从较长远的观点来看，一场新的世界大战是不可避免的，但是中国希望至少能够在 2000 年之前保持和平。这一时期，邓小平尚未对“世界战争不可避免”的观点作出根本调整，但是认为推迟世界大战的爆发是我们的一项重要任务。进入 20 世纪 80 年代，邓小平关于战争与和平的认识有了重大的调整，得出了“可以争取较长时期的和平”的结论。在 1980 年 1 月中央召开的干部会议上邓小平讲，“如果反霸权主义斗争搞得好，可以延缓战争的爆发，争取更长一点时间的和平。”① 之后，邓小平对世界大战的认识越来越明确，认为大战至少十年内打不起来。20 世纪 80 年代中期以后，他继续密切关注世界形势的走势。1985 年 6 月，他在谈到战争问题时说：“过去我们的观点一直是战争不可避免，而且迫在眉睫。”现在通过对美苏以及世界和平力量的分析，得出的结论是，“在较长时间内不发生大规模的世界战争是有可能的，维护世界和平是有希望的”②。1988 年他在会见埃塞俄比亚总统时又指出：“现在国际形势看来会有个比较长时间的和平环境，即不爆发第三次世界大战的环境。”③ 邓小平从战略的高度观察问题，在纷繁复杂的国际问题中抓住世界主要矛盾，认为“现在世界上真正大的问题，带全球性的战略问题，一个是和平问题，一个是经济问题或者说发展问题。和平问题是东西问题，发展问题是南北问题。概括起来，就是东西南北四个字。南北问题是核心问题”④。邓小平关于“和平与发展是当代世界的两大问题”的科学论断，发展了“战争与革命”的时代观，成为新时期我党把握时代主题的理论依据。“和平与发展”很快以党的正式文件的形式被确认为当今时代的主题。我国领导人时代观的转变对中国外交战略的调整产生了决定性的影响，中国历史的发展进入了重大转折时期。

10.1.2 时代主题转换的科学依据和意义

和平与发展成为时代主题，是世界政治经济发展的必然结果。邓

① 《邓小平文选》，2 版，第 2 卷，241 页，北京，人民出版社，1994。

② 《邓小平文选》，1 版，第 3 卷，126～127 页。

③ 同上书，270 页。

④ 同上书，105 页。

小平对时代主题的判断是建立在对世界总体形势科学分析的基础上的，他分析战后世界政治经济的发展变化，把握时代发展大趋势，在讲话中多次从政治、军事、经济的角度谈到了制约世界战争的因素，彻底扭转了“战争与革命”的传统思维定式。时代主题的转换是客观存在的，其主要依据有以下几方面：

在军事上，美苏军事对抗形成的“恐怖均势”使世界大战的可能性降低。邓小平认为，军备竞赛下的美苏军事力量对峙是制约战争的一个重要原因。冷战时期，美苏为争夺世界霸权竞相发展军事力量，发展核武器和常规武器。经过激烈的角逐，双方在各类核武器的性能、总当量以及运载工具等方面各有优势。从总体上看，双方势均力敌，并且都具有毁灭对方数十次的超杀伤能力，从而出现“恐怖均势”状态，致使美苏不敢轻易动武。于是，现代武器的发展便带来了一种与其研制和生产的直接目的相反的结果——制约战争。因为当美苏任何一家决心以核武器摧毁对方的同时，也会把自己置于被对方毁灭的危险境地。正所谓，核战争中没有胜利者。邓小平对此看得十分清楚，“就打世界大战来说，只有两个超级大国有资格，一个苏联，一个美国，而这两家都还不敢打”①。原因在于“苏美两家原子弹多，常规武器也多，都有毁灭对手的力量，毁灭人类恐怕还办不到，但有本事把世界打得乱七八糟就是了，因此谁也不敢先动手”②。“美苏两家打不起来，就没有世界大战。”③ 他言简意赅地指出美苏战略均势的相互牵制作用。从一定意义上讲，在阻止美苏走向全面战争方面，世界上很少有哪一种力量能够比美苏相互间的制约作用更加有效。

在政治上，世界和平力量的增长超过了战争因素的增长。两次世界大战给各国人民留下了极其惨痛而沉重的教训，无论战胜国还是战败国，都在战争中付出了巨大代价。因此，反对战争，维护世界和平乃人心所向，大势所趋。尽管战后世界仍然存在着战争因素，但和平力量的增长超过了战争力量的增长。邓小平在毛泽东关于三个世界划分理论的基础上，对世界和平力量作了分析。这个和平力量，首先是第三世界，第三世界的人口占世界人口的 3/4，他们是不希望战争的。其次，这个和平力量还应该包括美苏以外的发达国家，日本人民不希望有战争，欧洲人民也不希望有战争。换句话说，第三世界国家是维护世界和平的主要力量，西方发达国家也可以成为和平力量。再次，

①② 《邓小平文选》，1 版，第 3 卷，127 页。

③ 同上书，319 页。

“美国人民、苏联人民也是不支持战争的。世界很大，复杂得很，但一分析，真正支持战争的没有多少，人民是要求和平、反对战争的”[①]。邓小平对世界和平力量的分析，没有沿用以往以阶级阵营或社会制度为标准划分力量的方法，从而对世界形势做出了正确的判断。

在经济上，经济全球化进程凸显“和平与发展”的时代主题。其一，世界经济的纽带把各国利益越来越紧密地联系在一起。经济全球化和区域一体化的发展深化了世界范围内各国间的经济联系，推动了国际协调与合作机制的发展，越来越多的国家的经济活动被纳入国际组织和区域组织运行规则的框架之中，各国经济相互渗透和相互制约的程度进一步加深。这使得世界经济出现了多层面的相互依赖关系，其中包括发达资本主义国家间的关系、发达国家和发展中国家的关系以及不同社会制度国家间的关系。各国在经济竞争与合作中，形成一荣俱荣、一损俱损的利害关系。这种情况下，国家之间一旦发生矛盾和争端，当事国如果诉诸武力贸然发动一场给它国带来灾难的战争，往往意味着自身也将为此付出巨大代价。因此，寻求政治和外交途径而非军事手段解决问题，便成为绝大多数国家处理国家间矛盾和纠纷的首要选择。其二，国际竞争的重点逐渐从军事领域向经济和科技领域偏移。“世界新科技革命蓬勃发展，经济、科技在世界竞争中的地位日益突出，这种形势，无论美国、苏联、其他发达国家和发展中国家都不能不认真对待。”[②] 20 世纪 80 年代中期以后，东西方关系走向缓和，世界各国特别是大国竞争的重心进一步转向综合国力的较量，而经济和高科技领域的竞争成为这场较量的关键。冷战时期一直起主导作用的军事因素虽然仍起着重要作用，但在国际关系中已不是具有决定性、支配性影响的因素。因此，世界大战爆发的可能性越来越小，取而代之的是全球范围内激烈的经济和高科技领域的追赶与较量。依靠科技经济手段实现强国、富国，增强国际地位，成为众多国家发展战略的核心内容。其三，经济全球化条件下南北差距的扩大凸显发展问题的严重性。当经济全球化对世界经济的发展产生强大推动作用时，发达国家和发展中国家的贫富不均现象更加严重；当经济全球化使各国经济相互依存、相互渗透关系加深时，发达国家和发展中国家相互依赖关系的不平衡也在加剧，二者在国际生产、贸易和金融体系中的不平等地位更加突出；当经济全球化像一把双刃剑对各国都意味着机遇和挑战并存时，发展中国家则面临着远比发达国家更多更严峻的挑

①② 《邓小平文选》，1 版，第 3 卷，127 页。

战。冷战时期由于东西矛盾是国际关系的焦点，南北问题没有受到应有的关注，但南北经济差距拉大的势头却有增无减。全球的一边是北方发达国家财富的不断积累，另一边是南方发展中国家贫困的不断加剧，发展失衡问题严峻地摆在世界各国面前。

在经济全球化条件下，发展问题不仅是涉及发展中国家经济的问题，更是一个具有全球性、全局性的问题。发展问题关系到南方国家和北方国家的共同利益。南北经济有很强的互补作用和相互依存关系，发达国家雄厚的资金和先进的技术是发展中国家实现发展的迫切需要，而发展中国家丰富的资源、广阔的市场和廉价的劳动力，也是发达国家实现再发展的需要。当前"资本主义发达国家遇到的最大问题是发展速度问题，再发展问题"[①]。而这一问题的解决是以发展中国家的发展为前提的。南方国家需要改变经济落后状态，北方国家也需要以南方国家的发展作为自身再发展的条件。因此，发展问题关系到世界经济的整体发展和繁荣，是世界各国共同关注的问题。

在中国社会发展的转折时期，党对和平与发展两大主题的科学揭示具有重大的理论和实践意义。

第一，在理论上发展了马克思主义时代观。列宁的时代观是以列宁生活的时代为背景的，是马克思主义与俄国实际相结合的产物，它为俄国革命实践提供了科学的理论依据。而马克思主义永葆生命力就在于它是不断发展的，是与时俱进的。"真正的马克思列宁主义者必须根据现在的情况，认识、继承和发展马克思列宁主义。"[②] 邓小平不断结合变化着的实际，在世界纷繁复杂的矛盾中，敢于并善于抓住主要矛盾，深刻揭示世界基本矛盾的本质内容，探索解决新问题的答案，从而发展了马克思主义的时代观。他清楚地看到战后世界和平力量的增长超过了战争因素的增长，认识到在较长时期内社会主义和资本主义竞争共存的关系，看到经济与科技因素在国际关系中地位的上升，并深感南北发展不平衡的严重性，从而改变"不是战争引起革命，就是革命制止战争"的传统观念，把"和平与发展"上升到前所未有的高度来认识，从而确立了符合时代特点的新的时代观。

第二，在方法上为我们正确认识世界提供了科学的分析方法。以辩证的思维方式观察世界的发展，分析国际局势，是邓小平对中国所处的国际环境作出准确判断的重要哲学方法，也是邓小平时代观的一

---

① 《邓小平文选》，1 版，第 3 卷，96 页。

② 同上书，291 页。

大特色。一方面，他分析了在较长时间内不发生大规模的世界战争是有可能的，维护世界和平是有希望的，从而改变了过去认为战争危险迫近的看法；另一方面，他又多次明确讲，世界和平问题并没有得到解决，战争的危险因素依然存在。我们处在充满动荡危机的年代，基本环境不容乐观。他既没有因为国际局势的动荡多变而看不到争取和平时间的可能性，也没有因为世界总体形势趋向缓和而忽视战争因素的存在。20 世纪 90 年代以来国际社会的风云变幻证明了邓小平对世界判断的准确性。他以辩证的两点论对世界做出分析，避免了认识上的片面性，为正确判断中国发展所面临的国际环境提供了科学的方法。

第三，在实践上为新时期中国内政外交方针的调整提供了重要的理论依据。理论，是用来指导实践的。邓小平是一位理论家，更是一位伟大的社会主义实干家。把中国的经济建设搞上去，改善人民的生活水平，增强中国的国际地位，是邓小平生前最关心的问题。发展经济建设需要相对和平的国际环境，邓小平冷静观察和分析世界的发展变化，得出结论，争取和平的环境是有可能的。“一九七八年我们制定一心一意搞建设的方针，就是建立在这样一个判断上的。”[①] 胡锦涛同志在庆祝中国共产党成立 85 周年大会上也提到：“面对和平与发展成为时代主题的国际环境……我们党在拨乱反正的基础上及时实现了工作重点的战略转移，果断作出改革开放的战略选择。”我国对内充分利用有利的国际环境发展自己，不失时机地实现全国工作重心的转移。对外实行独立自主的和平外交政策，并赋予独立自主原则以新的内容，即实行真正的不结盟；处理国家间关系不以意识形态划线，一切以国家利益为最高准则；全方位对外开放，以和平共处五项原则为基础发展同各国的友好关系，并把对外开放确立为我国的一项长期国策。外交政策的调整是为中国现代化建设服务的，这种调整不带任何主观盲目性，其重要依据就是建立在对世界总体形势科学判断基础上的邓小平的时代理论。

10.1.3 和平与发展仍然是时代主题

和平与发展既是“时代主题”又是“两大课题”。和平与发展是当今时代的主题，但是这并不意味着世界已实现持久和平，发展问题已

① 《邓小平文选》，1 版，第 3 卷，233 页。

得到解决。国际社会的现实告诉我们，和平与发展这两大课题至今一个都没有解决，这是因为：其一，霸权主义和强权政治仍然是威胁和平与稳定的主要根源。冷战思维并没有随着冷战的结束而消除，霸权主义还在以新的方式阻碍世界和平进程。西方军事集团的扩大、军事同盟的加强、利用所谓人权问题干涉他国主权、借反恐之机扩展超级大国的海外军事存在、实施重返亚洲战略抑制新兴大国的崛起等，都是具体体现。其二，世界政治、军事力量结构的改变，使历史遗留问题一下暴露出来，形成新的热点。冷战后，许多地区和国家由于民族、宗教、领土、资源等因素引发的冲突不断发生，局部战争有增无减，天下仍很不太平。其三，世界经济发展中的不平衡更加严重，信息化社会加速扩大的"数字鸿沟"，导致南北贫富差距越来越大，并由此引发许多新的问题。其四，非传统安全问题日益突出，使各国安全共同面临新的威胁因素，世界的和平与发展受到严重挑战。

党的十七大再次重申"和平与发展仍然是时代主题"的观点，同时也强调全球和平与发展问题的严峻性，指出"世界仍然很不安宁"，"世界和平与发展面临诸多难题和挑战"。这是对世界形势的客观认识，同时也向我们提出一个问题，即如何理解时代主题的问题。时代主题能够反映时代的基本特征并预示时代发展的总趋势。和平与发展是时代主题，必然具有两方面的含义，一方面和平与发展是指世界发展的前景，反映世界政治经济的发展趋向，与各国前途和命运息息相关；另一方面又是亟待解决的两大课题，需要世界各国的共同努力。可以认为，时代主题既反映世界发展趋势，又反映客观现实。

第一，和平与发展的时代主题反映了世界发展的趋势和前景。从主观上看，各国人民热爱和平，渴求发展，反对战争，因此维护世界和平、促进共同发展是世界人民的共同愿望。这是促进和平与发展的重要主观因素。从客观上看，世界多极化和经济全球化构成和平与发展主题的政治和经济基础。世界多极化的迅速发展，有利于多种力量间的相互制衡，有利于世界各种力量在平等互利的基础上，加强协调和对话，共同维护世界和平与发展。多极化的发展也带动了大国关系的新变化，大国间越来越重视体现国家现实利益的相互协调与合作，在激烈竞争中寻找新的利益平衡点。与此同时，在经济全球化进程中各国经济依存度不断加深所带来的相互牵制效应，在一定程度上，对超级大国以实力和强权推进单极进程、扩张霸权意识也起到了掣肘作用。此外，全球化时代世界面临的许多全球性问题也是任何一个大国所无法单独处理的，必须通过各国间的共识与合作妥善解决，这在客观上推动了多种力量作用的发挥和展现。

第二，和平与发展反映了世界的客观现实。鉴于和平与发展两大课题一个都没有解决，有人认为，和平与发展是两大问题，而不是主题。应当看到，这些问题是世界各国共同面临的严峻问题，也是党中央在确认和平与发展是时代主题的同时所强调的当前阻碍和平与发展的因素，但是这些问题的存在并不构成对和平与发展时代主题的否定。道理在于：（1）所谓和平是指世界范围内的总体和平，所谓发展是指世界范围内的繁荣与发展。从这个意义上讲，世界发展的总体态势是和平，而不是战争。尽管地区冲突和局部战争从没有消失过，但是只要不发生世界大战，特别是核大战的可能性趋向于零，世界就处于相对和平状态。国际社会呈现在我们眼前的画面是，“总体和平，局部战争，总体缓和，局部紧张，总体稳定，局部动荡”的发展态势。从发展来看，南北差距进一步拉大是客观现实，但是从另一侧面讲，中国、印度、南非、巴西等许多新兴国家的崛起，以及发展中地区诸多区域经济合作组织的建立，则反映了各国谋求发展的客观潮流，反映了在世界经济发展不平衡规律的作用下，发展中国家并非整体走向贫困的事实。（2）确认和平与发展是时代主题并不意味着世界已实现持久和平，发展已不成问题，而是强调“国际社会的基本矛盾开始发生变化，世界各国面临的主要任务正在进行调整”①。每一个历史时期都有该时期的社会主要矛盾，都会表现出这样或那样的复杂问题。认为和平与发展既然已确定为主题，世界上就不应该再有问题了的想法是不现实的。事实上，在今后相当长一个时期里，尚不存在实现“永久和平”与无差别的“共同繁荣”的可能。虽然我们不能简单地在“问题”与“主题”之间画等号，因为问题并不等于主题，但是正是因为问题的存在才使和平与发展成为各国关注的焦点，解决这些问题也就成为我们的主要任务和目标。全局性问题是需要各国共同解决的重大课题，其不可替代的重要性及其反映当今世界基本矛盾的特性，就确立了其主题的地位。比较“战争与革命”为主题的时代，和平与发展不仅成为几十年来国际社会的突出问题，而且成为国际社会的中心任务，成为亟待解决的两大课题，从而构成揭示世界政治经济基本矛盾的时代主题。

世界并不太平，仍存在诸多阻碍和平与发展的因素，但是和平与发展作为当今时代主题并没有改变。这是党中央在科学分析当代世界矛盾、全面审视和平力量和战争因素消长的基础上做出的重要判断。

① 梁守德：《国际格局多极化中的美国新霸权》，载《国际政治研究》，1999（4）。

从历史发展规律看，霸权主义、强权政治等阻碍因素的存在，会给世界和平与发展带来严重干扰，但是却阻挡不住和平与发展的潮流，也不会改变当前世界的基本矛盾，更不会改变和平与发展的时代主题。

维护世界和平是促进共同发展的正确途径。和平与发展是世界范围内的政治与经济问题，二者具有密切的相关性。和平是发展的基本前提，没有和平就没有发展，而世界和平的维护又有赖于世界经济的发展，特别是第三世界国家经济状况的改善。否则，便不可能有真正的世界和平。和平，关系到人类的生存与命运；发展，关系到世界的兴盛与发达。在和平中求发展，以发展促和平，既反映了两大全球性战略问题的相互关系，也是解决两大问题的关键所在。

维护世界和平，促进共同发展将是今后相当长历史时期内各国共同面临的任务。它需要人们站在历史的高度，用战略的眼光和全新的视角，寻求一种与冷战时期完全不同的思路与途径。在此方面，中国政府在承认世界发展的复杂性和曲折性的同时，明确提出推进世界和平与发展、解决两大课题的新思路，反映出中国外交的新视野和新理念。

第一，在经济全球化条件下注重解决南北问题。和平与发展的核心问题是南北问题。南北问题不仅反映了发达国家和发展中国家经济发展水平存在巨大差距，更反映了二者间不平等的经济关系。因此，研究和平与发展问题，就要研究改变这种不平等关系的有效途径，这是缩小贫富差距、实现共同发展的关键性问题，也是维护世界和平与国家安全的需要。经济全球化为世界经济的发展带来空前的机遇，但是其双刃剑效应在世界贫富分化问题上带来的负面影响已是不容忽视的事实。发展中国家应该抓住机遇，承担起发展民族经济的主要责任，但是许多国家条件差、底子薄，往往难以充分利用经济全球化带来的机遇。国际社会应该关注它们的困难，提供必要的支持，增强它们自我发展的能力，帮助它们从经济全球化中受益。发达国家要承担应有的义务和责任，取消贸易壁垒，进一步开放市场，切实履行在增加资金和技术援助、减免债务等方面的承诺。中国主张推动国际秩序向着更加公正合理的方向发展。建立有利于南方国家发展的国际经济运行机制，并针对经济全球化中的不均等现象，提出实现南北国家“共赢和共存”的主张，以促使全球化朝着有利于世界各国共同繁荣的方向发展。

第二，致力于建立一个多极世界。世界多极化是对单极世界的否定，世界上存在多个对全球性事务和地区性事务具有重要影响的力量中心，有利于对大国霸权图谋的遏制，在国际事务中更能够体现不同社会制度和发展模式的国家的利益，体现民主原则，因而有利于世界的发展与稳定，这正是越来越多的国家明确倡导建立多极化的重要原因。多极化是世界格局演变的客观进程，是必然趋势，但是在推进多极格局的有效机制尚未成熟的情况下，对霸权主义的制约力量有时还显得比较脆弱，多极化进程有时也会受阻。单极与多极的矛盾，称霸与反霸的斗争，将成为 21 世纪相当一个时期内国际斗争的重要内容。推进世界多极化也是今后中国政府外交政策的取向之一。

第三，提倡国际关系民主化，构建和谐世界。国际关系民主化是以统治和服从为特征的强权型国际关系，向以独立自主、平等参与和互利合作为特征的民主型国际关系转化的过程。[①] 实现国际关系的民主化是中国外交的一贯立场和主张。中国坚持在和平共处五项原则基础上发展同各国的友好关系，主张在国际事务中贯彻民主原则，按照《联合国宪章》的宗旨和原则以及公认的国际关系准则处理国际事务。国际关系民主化与体现和平、平等精神的《联合国宪章》的宗旨及原则是一致的。国际关系向民主化的迈进，有利于改变个别大国主导国际事务的局面，促进联合国作用的加强和地位的改善；而联合国作用的加强则有利于维护各主权国家的权益，使广大中小国家的意愿和利益在国际事务中得到更多的体现。由于国际关系民主化否定霸权主义和强权政治，否定国际政治中以实力确定权利的不平等关系，因而有利于促进世界的平衡发展，有利于各国在和睦相处的基础上，构建共同繁荣的和谐世界。

第四，维护世界文明多样性，倡导发展模式多样化。世界各民族国家及其历史发展道路存在很大的差异性，在漫长的历史进程中共同创造了丰富多彩的世界文明。多样性既是世界文明的基本特征，也是世界进步不竭的动力和源泉。因此在这个世界上，要求各国遵循一种发展模式和一种价值观、融入统一的社会制度和文明之中是根本不可能的。各种文明各有所长和特色，无优劣等级之分，应当在彼此尊重的基础上，积极促进世界不同文明和不同发展模式的相互交流和借鉴，在竞争比较中取长补短，在求同存异中共同发展，为世界经济发展注入活力。承认并尊重世界的多样性，正确处理各种不同文明间的关系，对于解决和平与发展问题是十分重要的。

第五，倡导各国共同安全，摈弃零和博弈的冷战思维。超级大国仍在追求领导世界的战略目标，在一些地区强化其所谓安全体系，在零和博弈的冷战思维下谋求本国政治经济安全利益的保证。全球性问

---

① 参见俞正梁等：《全球化时代的国际关系》，250 页。

题的突显，使得传统思维模式下的安全理论和安全途径已不适于维护国家安全，更有悖于促进各国的共同安全。中国政府以新的视角审视安全问题，提出促进世界和平与合作的安全理论，倡导在相互信任的基础上互利、共赢，通过合作安全实现各国的普遍安全。合作安全是冷战后出现的新的安全模式，它以追求共同安全利益为目标，寻求确立一种有利于世界和平与稳定、有利于各国共同发展的安全机制。

10.2　全球性问题及其治理

冷战结束后，全球性问题日益突出，严重影响着国际社会的安全与稳定，影响着人类现代文明建设的发展进程。国际恐怖主义危害上升、生态环境持续恶化、世界贫富不均严重、不发达国家人口膨胀、国际走私贩毒猖獗等诸多复杂的非传统安全问题严峻地摆在各国面前。这些“新的安全威胁”有别于传统安全问题，反映了人类社会发展中的深层次矛盾。如何有效治理全球性问题成为世界各国共同面对的严肃课题。

10.2.1　日益严重的非传统安全问题

所谓安全是“和平与发展的生活环境，它同战争、动乱、贫穷相对，同和平与发展相连，表现为有秩序的稳定的和平环境”①。在不同历史时期，安全的内涵和性质会随着人类生存和发展环境的变化而发生变化。

非传统安全是相对于以军事、政治为主要内容的传统安全而言的，传统安全主要指领土完整，主权不受侵犯，国家不受外来军事威胁。非传统安全主要指经济、社会、文化、信息、环境等领域的安全状态。国内有学者指出：“‘非传统安全’，又称‘新的安全威胁’，指的是人类社会过去没有遇到或很少见过的安全威胁，具体地说，是指近些年逐渐突出的、发生在战场之外的安全威胁。”②

冷战时期，军事安全和政治安全摆在国家安全之首位，军备竞赛是大国间较量的主题，领土完整和主权独立是弱小民族国家的不懈追

① 梁守德：《国际政治学理论》，173 页，北京，北京大学出版社，2000。

② 王逸舟：《重视非传统安全研究》，载《人民日报》，2003-05-21。

求。然而，20世纪70年代对全球经济造成严重冲击的石油危机，开始使世界特别是西方大国对经济安全、能源安全的重要性有了认识，非传统安全进入人们的视野。苏联的解体，又让世界在感到震惊之余，对国家安全问题进行深刻的反思。苏联是世界军事强国，拥有可以与美国相抗衡的常规力量和核力量，但是国家政权却在社会深陷经济危机之后彻底解体了。这说明，国家军事力量的强大并不是国家安全的根本保障，国家安全应当是全方位的安全。

东西方冷战结束后，人们越来越关注到全球化条件下国家安全内涵的变化。在世界经济发展不平衡更加严重和迅猛的经济全球化浪潮的推动下，南北问题更加突出，发展中国家人口爆炸，人类居住的生态环境恶化，地震、海啸、飓风肆虐，“非典”、禽流感、疯牛病、口蹄疫大面积爆发。由于许多国家缺乏对灾害的早期预警能力，防范安全威胁的难度明显增大。此外，经济发展的严重失衡又极大地刺激了地区民族主义情绪的增长，给世界和平与发展带来一系列深层次的矛盾，一些地区的恐怖主义、极端主义、分裂主义势力有增无减。非传统安全威胁引发的灾难、带来的问题严重影响着世界的发展，反恐问题、经济安全问题受到国际社会的重视，社会、生态、信息安全问题也越来越为各国所关注。

国际恐怖主义 恐怖主义可以简洁地定义为强制性恐吓。恐怖主义是指“对各国政府、公众和个人使用令人莫测的暴力讹诈或威胁，以达到某种特定目的的政治手段。各种政治组织、民族团体、宗教狂热者和革命者、追求正义者，以及军队和警察都可以利用恐怖主义。……空中劫机、绑架、爆炸建筑物、向人群投掷手榴弹、用机枪扫射航空终点站的旅客、扣押人质以及袭击大使馆等都是恐怖主义者使用的伎俩”①。国际恐怖主义是指跨越国界的恐怖主义，或者指针对在恐怖主义分子本国以外的目标而运用的恐怖主义。恐怖主义从来都不是纯国内的。②

“9·11”事件发生十年来，对国际恐怖主义的关注和研究成为全球的一大热点。关于国际恐怖主义问题国内外已做了大量研究工作，但是由于政治倾向和研究的目标、方法不同，至今国际社会在国际恐怖主义概念的界定上没有一个统一的标准和认识。一般认为，国际恐怖主义是指国际社会中个人、集团组织或政府通过极端暴力或非暴力

---

① 《简明不列颠百科全书》，第4卷，817页，北京，中国大百科全书出版社，1985。
② 参见《布莱克维尔政治学百科全书》，757页，北京，中国政法大学出版社，1992。

手段实现某种特定政治目的或社会目的的行为，是复杂的国际政治斗争和激化的世界经济矛盾的一种反映。

早在18世纪法国大革命时期“恐怖主义”概念便已出现。执政的雅格宾派为巩固革命政权，决定以强硬手段镇压反革命势力，对敌对分子采取恐怖主义行动，从肉体上消灭他们，以暴制暴。历史上的俄国沙皇亚历山大二世遇刺和奥国皇储斐迪南遇刺都是以暴力手段达到某种政治目的的典型案例。恐怖主义作为世界性的一大危害发展起来是在第二次世界大战之后。20世纪60年代，国际恐怖主义逐步形成规模。70—80年代国际恐怖主义在世界各地区滋生蔓延。20世纪80年代中后期恐怖主义活动愈演愈烈。冷战结束后，虽然人类走出了美苏核战争的恐怖阴影，但是全球的恐怖犯罪活动愈演愈烈。恐怖组织在世界各地区作案，尤其活跃于欧洲、中东、中亚、拉美等地区。国际恐怖主义行为常导致爆炸性新闻效应，以及社会局势的动荡和人们心理上的巨大恐慌。

就国际恐怖主义的特征而言，20世纪90年代以来具有以下明显特征：一是行为主体的组织严密性。恐怖主义活动的行为主体往往是非国家集团或秘密组织，其组织纪律严格，行动策划严密，活动隐蔽，行踪不定，跨越国界“作案”，形成较大的政治影响。二是手段的多样性。除了使用传统的绑架、暗杀、劫机、爆炸、劫持人质等暴力手段以外，还利用全球化条件下的现代科学技术采取非暴力手段作案，如网络恐怖主义、金融恐怖主义等。三是目标的广泛性。恐怖分子袭击目标广泛，且滥杀无辜，为了制造轰动效应，常选择人群聚集地和公共设施采取行动，致使大量平民百姓成为恐怖活动的受害者。四是目的的政治性，如具有强烈的反美色彩的恐怖主义活动。20世纪90年代以来，美国一直是恐怖分子的重点打击目标。1990—1997年，全球发生反美国际恐怖主义活动1 182起，占同期全球恐怖主义活动的37%。2001年，针对美国的恐怖攻击事件直线上升，达到219起，占全球恐怖活动的61.7%。在一系列恐怖主义事件中，美国的曼哈顿摩天大楼、纽约世贸中心大楼、沙特阿拉伯东部的宰赫兰、美国驻肯尼亚和坦桑尼亚大使馆都相继发生了爆炸案，“9·11”事件则是国际恐怖分子针对美国政府频繁制造的恐怖活动中规模和影响最大的一起事件。究其原因，美国一意孤行的外交政策，四处插手地区事务及他国内政的霸权主义行为，处理国际事务中美国利益至上的外交准则，以及美国不公正的中东政策，都是导致反美情绪增长、激化民族宗教矛盾的重要因素。

国际恐怖主义犹如恶性膨胀的毒瘤得以滋生和蔓延的主要原因是：

第一，经济全球化进程中贫富分化的加剧是国际恐怖主义赖以滋生的经济根源。经济全球化的双刃剑效应使国际经济关系的不平等性质更加突出，经济落后的弱势群体面临被边缘化的危险。世界经济发展的严重不平衡和贫富悬殊的扩大极大地刺激了民族主义情绪的增长，为国际恐怖主义泛滥提供了某种社会基础。以非理性、破坏性行为追求民族心态的平衡，以极端手段实现弱者对强者的打击和报复，成为许多学者和政治家对国际恐怖主义行为的一种阐释。

第二，霸权主义、强权政治是国际恐怖主义蔓延的政治诱因。霸权主义者干涉他国内政、对别国进行经济制裁或军事打击的行为所招致的广泛不满，客观上为极端民族主义者进行恐怖活动提供了便利。恐怖分子可利用本民族对外来干涉的反抗情绪，辅之宗教手段进行宣传，使国际恐怖犯罪活动具有了某种反西方强权的色彩。

第三，极端民族主义、宗教极端主义是国际恐怖主义泛滥的重要根源。两极格局解体后，许多地区的民族、宗教矛盾迅速得到释放。在尖锐的民族矛盾和宗教意识形态领域的冲突得不到有效缓解的情况下，极端民族主义者和宗教极端势力便活跃起来，并且以实现民族独立或高度自治为目标，以复兴宗教原初教义为旗号，以恐怖主义的暴力手段开展活动。据统计，20世纪90年代，世界上有近30%的国际恐怖主义组织是由极端民族主义者组成的；有大约25%的恐怖主义活动起源于宗教目的。[①] 可见，虽然民族和宗教问题与恐怖主义没有直接关系，不能在二者间画等号，但是极端民族主义和宗教极端主义极易结合在一起，并且发展为暴力恐怖主义。

生态安全问题 生态安全又称“环境安全”或“绿色安全”，是指人类赖以生息的生态环境及自然资源基础处于良好状态，没有遭受不可恢复的破坏。环境安全是涉及自然科学与社会科学交叉领域的新的安全概念，它赋予传统安全观以新的内涵，对于人类实现可持续发展、维护世界和平与稳定意义重大。

生态环境与世界经济有着密切的内在联系。保持生态平衡，有利于世界经济的快速发展；反之，对人类生存与发展将构成严重威胁。恩格斯曾经告诫人们不要过分陶醉于人类对自然界的胜利，因为对于每一次这样的胜利，自然界都对人们进行报复。人类对大自然的盲目

① 参见王世雄：《冷战后国际恐怖主义的新特征及其原因》，载《世界经济与政治论坛》，2000（3）。

开采和过度索取给生态环境带来巨大灾难，主要表现为森林锐减、水土流失、海洋污染、物种减少、酸雨肆虐、臭氧层日益稀薄、全球气候变暖等。这一切直接导致洪水泛滥、高温干旱、飓风和海啸突袭等自然灾害的急剧增加，以及一些疾病的大面积蔓延。生态环境的恶化和自然灾害的增加使社会生产的经济效益和人们的生活质量大打折扣。

> 所谓“绿色 GDP”，是从现行 GDP 中扣除环境成本和对环境的保护费用的国内生产总值。现有的经济核算和统计方法没有把关于环境的投入计算在内，因此得出的经济数据远远高于实际。据统计，1985 年至 2000 年，中国 GDP 年均增长率为 8.7%，但是如果扣除资源损失成本和生态赤字，这期间中国 GDP 的实际年均增长率只有 6.5%。世界银行在 1997 年推出“绿色 GDP 国民经济核算体系”，即将国民经济发展中的能源耗竭、二氧化碳的排量等折合成美元，再对 GDP 进行核减，用以衡量各国真实的国民财富。绿色 GDP 占 GDP 的比重越高，表明国民经济增长的正面效应越高，负面效应越低，反之亦然。

在人们看到 GDP 迅速增长的同时，过度的能耗量和生态的破坏实际上已抵消了 GDP 的部分增长，并且正在制约经济的增长。于是，“绿色 GDP”理论应运而生，随着可持续发展观的深入人心，许多国家的政府已着手研究这一理论在国民经济中的应用。有学者指出：在安全的所有要素中，也许只有生态威胁是最具全球性的问题。作为一种威胁，它是对全球的威胁，而消除这种威胁也只有靠全世界国家的共同努力。再者，生态恶化不单是对当代人安全的威胁，更是对人类子孙后代安全的威胁。能否解决生态安全的问题，是关系到人类社会能不能持续存在和持续发展的大问题。现在很多国家已把生态安全摆在一个非常重要的位置，使之成为综合安全的基本要素之一。①

人类赖以生存的自然资源基础中，石油资源和水资源在国计民生中占有极其重要的位置，是社会发展不可缺少的资源。石油、天然气等是重要的能源资源，在现代文明社会，如果没有了能源，一切现代物质文明也将随之消失。21 世纪，全球面临着经济发展与能源紧缺的双重压力。随着工业的迅速发展、人口的增长和人们生活水平的提高，能源短缺已成为全球性问题。

世界石油资源的地区分布是极不平衡的。从石油资源来看，到 2003 年底全球各地区已探明的石油储量分布为，中东地区探明储量

① 参见王逸舟主编：《全球化时代的国际安全》，48 页，上海，上海人民出版社，1999。

995.8亿吨，占全球总探明储量的57.4%，主要集中在沙特阿拉伯、伊朗、科威特、伊拉克、阿曼、卡塔尔和叙利亚等国，这些国家的储量达849.3亿吨。该地区石油产量占世界总产量的30.4%。北美地区累计探明石油储量为297.6亿吨，占世界总探明储量的17.2%。在原苏联地区，独联体国家累计探明石油储量为106亿吨，占世界总探明储量的6.11%，其中俄罗斯石油产量已位居世界第二，仅次于沙特阿拉伯。此外，亚太地区探明石油储量52.4亿吨，占世界总量的3.02%；欧洲地区探明石油储量26.2亿吨，占世界总量的1.5%；非洲地区为119亿吨，占世界总储量的6.6%；南美地区探明石油储量134亿吨，占世界总探明储量的7.7%。① 世界石油的地区消费量与地区资源拥有量存在严重失衡现象，如北美、西欧、亚太三个地区的石油探明储量不超过世界总量的22%，而其石油消费却占世界石油消费总量的近80%，于是世界最大的石油消费国美国约2/3的石油消费依赖进口；欧盟70%的石油消费依赖进口；日本的对外依赖度几乎为100%。这一现象加剧了西方国家对世界石油资源和市场的控制和争夺，甚至为此不惜动用武力。为增强能源危机处理能力，经历过石油危机的西方国家先后立法，以确保石油的战略储备。如美国制定了《能源政策与保护法》，日本有《石油储备法》，德国有《石油及石油制品储备法》，法国制定了《关于工业石油储备库存结构的第58—1106号法》，这些都明确规定了储备目标和规模。美国对能源储备的重视程度"9·11"以后大幅提升，在加大储备量的同时，还把封存能源储量丰富的土地作为战略石油储备的一种手段，如在阿拉斯加北坡对可以开采原油30亿桶、天然气10万亿立方米的10万平方公里土地予以封存。② 日本政府推出国家能源战略，明确日本能源来源要进一步多元化，以保证能源供应安全，减少对某一个地区石油的依赖程度。中国是世界石油消费大国中相对缺乏战略石油储备能力的国家，为保障石油安全，建立国家战略石油储备体系是在石油需求量不断攀升情况下的当务之急。目前国际能源形势紧张，石油产量增长低于消费量增长。2010年，全球石油产量为8 209.5万桶/日，同比增长了2.2%，但产量的增长仍低于全球消费量的增长。于是一些国家把目光投向北极，准备加大力度开发北极资源，以保证国家能源安全。

① 参见丁锋：《七大地区产油国各显神通　2003世界石油市场大势》，见中国经济网，2004-03-31。

② 参见中国现代国际关系研究所经济安全研究中心：《全球能源大棋局》，125页，北京，时事出版社，2005。

水啊水（张耀宁绘）

从水资源来看，全球水资源紧缺问题也很严重。地球上的水资源总量约为 13.8 亿立方公里，其中 97.5%是海水，淡水只占 2.5%，而适宜人类享用的仅为 0.01%。随着全球人口的急剧增长和工业的迅速发展，世界上许多国家已面临严重的水资源危机。预计到 2025 年，水危机将蔓延到 48 个国家，涉及 35 亿人口。水资源危机还将带来生态系统的恶化和生物多样性的破坏，从而对全球可持续发展构成威胁。

10.2.2　恐怖主义的国际治理

国际恐怖主义活动对当今世界的和平与安宁构成极其严重的威胁，受到国际社会的一致谴责。反对国际恐怖主义将成为国际政治与国际安全问题的重要内容。从目前来看，打击和防范国际恐怖主义应从以下几方面入手：

第一，鉴于国际恐怖主义是一种跨国犯罪行为，有必要在联合国的主导下加强国际反恐合作，集合世界的反恐力量，对国际恐怖主义实行有效打击。联合国安理会通过的《消除国际恐怖主义措施宣言》，强调在联合国的主持下，根据《联合国宪章》的原则和国际法准则，加强反恐的双边与多边有效合作，遏制一切形式的恐怖主义。“9·11”之后，联合国安理会于当月 28 日通过决议，要求所有国家采取必要措施严厉打击那些为恐怖主义组织提供资金、出谋划策或提供庇护的组织或个人。此项决议为国际社会进一步加强合作，形成广泛的反恐怖主义联盟创造了良好条件。

第二，反对一切形式的恐怖主义，在界定和反对恐怖主义的问题上不搞双重标准，由此加强对世界各地恐怖主义组织的打击力度。目前国际社会中，在对待恐怖主义问题上存在采取双重标准的行为，这是基于政治目的的，不仅是对某些恐怖主义组织及活动的一种纵容和包庇，而且是为大国霸权支持下的干涉他国内政行为寻找借口，将给主权国家和国际社会带来极大危害。

第三，努力消除恐怖主义滋生的根源是彻底铲除国际恐怖主义的重要途径。为此，必须建立公正合理的国际经济政治秩序，努力缩小南北差距，改变许多发展中国家的经济贫困状态；反对任何国家或国家集团推行新的霸权和强权，扭转国际政治生活中以强凌弱、以大欺小的不公正现象，尊重各民族国家的主权和世界文明的多样性，推进国际关系的民主化进程。

胡锦涛同志强调："反恐要取得成功，必须坚持正确的方向和采取有效的手段。必须反对一切形式的恐怖主义，不能搞双重标准；必须加强国际合作，团结各国共同开展反恐斗争，不能将恐怖主义与特定的民族和宗教联系等同起来；必须综合治理，努力解决地区冲突、贫困等问题，努力消除产生恐怖主义的根源。"①

在反恐斗争开展的进程中，美国借助"9・11"事件，在全球展开反恐外交攻势，组建以它为主导的国际反恐联盟。一些国家与美国的外交步调保持高度一致，采取密切合作的态度；一些国家则对美国主导下的"反恐"行动，特别是绕开联合国发动伊拉克战争持明确的反对态度，这些国家根据自主判断做出选择，在动武问题上与美国保持距离。这一现象的背后反映出单极与多极的较量，霸权主义和反对霸权主义的斗争在反恐形势下仍在继续。小布什政府通过大规模军事行动插足中亚地区、扩大美国在亚洲的军事存在，并以反恐为名武装进入伊拉克，控制中东石油要地。小布什政府借助国际反恐斗争形势，为其公开推行单边主义外交开道。美国以维护国家安全为由，同时利用其他国家也存在治理恐怖主义的棘手问题、并且需要美国支持的机会，于"9・11"后单方面宣布退出 1972 年与苏联签订的《反弹道导弹条约》，加快研制和部署国家导弹防御系统，以求彻底打破国际军事战略力量相互制衡状态，强化美国军事力量的绝对优势。与此同时，把反恐与打击美国的宿敌结合起来，加大对所谓"邪恶轴心"、"流氓国家"的打击力度，为推进美国全球战略清除障碍。可见，开展国际

---

① 胡锦涛：《加强务实合作 共谋和平发展》，见人民网，2004-06-18。

联合反恐的同时不能放弃反霸，反对霸权主义、维护世界和平是我国对外政策的基本目标。恐怖主义和霸权主义同是世界不稳定的祸源，不能因为国际社会面临着反恐的任务就只提反恐而放弃反霸。我们应当把握以下几方面：

第一，反对霸权主义不等于反对哪一个国家，也不等于反对哪个国家的全部外交政策。要把反对霸权主义行为与在和平共处五项原则基础上和大国发展双边关系这两方面的工作同时做好，既坚持反对霸权主义的原则和立场，又不以此取代国家间正常关系的开展。

第二，从某种角度讲，国际恐怖活动的频繁与践踏他国主权的霸权主义行为的增多是有相关性的，美国试图领导世界的强硬行为及其战争政策，招致了一些地区反美情绪的高涨和恐怖性报复行动的不断增加，因此，反对霸权主义也有利于更有效地达到遏制恐怖主义的目的。

第三，不能因为反对霸权主义而缩减反恐力度，反对恐怖主义是国际社会当前面临的重要任务之一，反恐与反霸二者并不矛盾，将国际反恐斗争引向以联合国为主导的正常轨道，也将是对大国霸权主义的一种制约。

第四，恐怖主义和霸权主义的性质和表现不同，因而打击恐怖主义和反对霸权主义也要采取不同的方法和策略。

中国一贯坚持反对国际恐怖主义的立场，在推动建立国际反恐合作方面发挥了重要作用。从 1996 年“上海五国”的建立到 2001 年 6 月 15 日上海合作组织的成立，中、俄、哈、吉、塔、乌等国领导人始终强调要联合打击对地区安全与稳定构成主要威胁的国际恐怖主义、民族分裂主义和宗教极端主义，并把打击恐怖主义、分裂主义和极端主义作为上海合作组织的主要宗旨之一。上海合作组织作为政府间国际组织，内部合作涉及安全、经济、交通、文化、救灾、执法等各领域，但安全合作是其合作的重点。上海合作组织是最早明确提出打击“三股势力”的国际组织，在成立之日即签署了《打击恐怖主义、分裂主义和极端主义上海公约》，对“三股势力”明确定义，并提出合作打击的方向、方式及原则。2002 年 6 月圣彼得堡峰会上各国签署了《上海合作组织成员国关于地区反恐怖机构的协定》，该机构于 2004 年 6 月在乌兹别克斯坦首都塔什干正式启动，其职能是协调成员国打击“三股势力”的活动。近年来，上海合作组织成员国成功地举行了双边、多边联合反恐军事演习。2010 年 9 月，上合组织成员国举行了“和平使命—2010”联合反恐军事演习，此次演习是该组织举行的第七次联合反恐军事演习，再次显示了上海合作组织打击“三股势力”、维护地区安宁与世界和平的决心。2013年8月，中俄两国军队在俄罗斯中部举行“和平使命—2013”联合反恐军事演习。双方投入各种军事装备，如坦克、步战车、自行火炮等近百台，歼击轰炸机和武装直升机20多架。通过军演，进一步增强了两国间的政治、军事互信，加强了反恐合作关系。

10.2.3 可持续发展与国际合作

生态资源环境问题是关系21世纪世界和平与发展的全球性问题。在严峻的形势下，人类不得不重新审视自己的社会经济行为和走过的历程。人们逐步认识到，只有走可持续发展道路，即经济、社会、人口、资源、生态环境等相互协调，形成良性循环状态的道路，才能实现人类社会的持续发展与安宁。可持续发展是一种全新的发展理念和发展模式，追求经济效益、社会效益、生态效益的统一和优化。1987年，联合国世界环境与发展委员会发表长篇报告《我们共同的未来》，将可持续发展概念明确为“既满足当代人的需求，又不对后代人满足其需要的能力构成危害的发展”。可持续发展观强调发展和可持续性，二者是互为条件的：可持续发展的核心是发展，只有以发展为前提，保持较快的经济增长，才可能有条件解决面临的各类全球性问题。没有发展做保障，可持续发展将是一句空话。而发展的可持续性是发展的目标，如果单纯以眼前的经济增长为目标，不把合理使用资源、保护生态环境纳入经济发展总体规划，经济增长将丧失必要条件而难以继续。可持续发展作为人类社会文明进步的产物，其目标就是保证全社会具有长期持续发展的能力。

全球性问题危及世界各国的利益和安全，全球性问题的缓解和解绝不是个别国家或地区的治理可以奏效的，需要国际社会的共同努力，因此加强可持续发展的国际合作十分必要。迄今为止，在联合国框架下全球可持续发展的国际合作大致经历了三个阶段：

1972年至20世纪90年代初为第一阶段。1972年联合国在斯德哥尔摩召开了人类环境大会，提出改善人类环境的目标，向全世界发出了保护人类生存环境的呼吁。这一时期，工业污染和环境破坏问题主要集中在发达国家，发展中国家由于工业化程度低，这些问题并不突出。因此，斯德哥尔摩会议上，发达国家关注环境保护，发展中国家强调经济发展，产生了南北分歧。然而这次会议的意义在于，它向各国发出世界资源和环境已出现危机的警告，提出“在无破坏的情况下求发展”的思想，由此拉开了可持续发展国际合作的序幕。第 27 届联合国大会特别将这次会议的开幕日——6 月 5 日，定为世界环境日。这个阶段主要是可持续发展理念逐步形成阶段。

1992 年里约热内卢联合国环发大会至 1997 年为第二阶段。里约会议又称地球首脑会议，有 100 多个国家的元首和政府首脑出席了会议。此次会议上发展中国家关注的焦点是，发达国家在工业化过程中大量消耗和破坏了环境资源，应当承担保护环境、援助发展的责任；发展中国家由于贫困和资金、技术的缺乏，优先需要发展经济和提高人们的生活水平。大会经过讨论，就保护人类共同的未来取得共识，通过了以可持续发展为主题的《21 世纪议程》等 5 个纲领性文件，把可持续发展确定为人类生存与发展战略。1995 年联合国召开气候变化框架公约首届缔约方大会，由此开启了全球治理气候变化的行动。这一阶段明确了发达国家在全球可持续发展中的责任和义务，加强了南北国家间的协调，也为下一阶段应对世界气候变化的全球行动做了准备。

1997 年在日本京都通过《京都议定书》至今为第三阶段。这一阶段是全球进一步确立和强化环境合作机制的阶段，发展中国家在经济全球化条件下参与国际合作的主动性和积极性大大提高。为应对气候变化，每年召开一次地球峰会，目的是加强国际合作，应对气候变化带来的严峻挑战。2001 年美国宣布退出《京都议定书》。在这一背景下，联合国大会于 2002 年在南非约翰内斯堡召开世界可持续发展首脑会议。此次会议是全面审查和评价《21 世纪议

全球生态环境的治理成为国际合作与斗争的重要内容。1997 年 12 月，149 个国家和地区的代表在日本京都召开《联合国气候变化框架公约》缔约方第三次会议，会议通过了旨在限制发达国家温室气体排放量以抑制全球变暖的《京都议定书》。该议定书规定，到 2010 年所有发达国家排放的二氧化碳等 6 种温室气体量，要比 1990 年减少 5.2%，发展中国家没有减排义务。发达国家从 2008 年到 2012 年必须完成的削减目标是：欧盟要比 1990 年削减 8%、美国削减 7%、日本 6%、加拿大 6%。《京都议定书》需要在占全球温室气体排放量 55%的至少 55 个国家批准之后才具有国际法效力。中国于 1998 年 5 月签署了议定书。2002 年 3 月，欧盟环境部长会议批准了《京都议定书》，日本政府也于 6 月批准了该议定书，但是，二氧化碳排放量占全球排放量 25%以上的美国，却于 2001 年 3 月以“减少温室气体排放将会影响美国经济发展”和“发展中国家也应该承担减排和限制温室气体的义务”为借口，宣布拒绝履行《京都议定书》。美国不负责任的做法受到国际社会普遍的谴责。由于温室气体排放量占世界总量 17%（1990 年）的俄罗斯于 2004 年 10 月批准了《京都议定书》，最终使这一事关全球生态保护的重要举措能够在没有美国的参与下实施。

程》执行情况、推进全球可持续发展进程的重要会议，会议发表的宣言重申实施可持续发展的意愿和决心。2009年9月，在纽约联合国总部举行的联合国气候变化峰会上，胡锦涛主席发表题为《携手应对气候变化挑战》的重要讲话，指出：应对气候变化，实现可持续发展，是摆在我们面前一项紧迫而又长期的任务，事关人类生存环境和各国发展前途，需要各国进行不懈努力。讲话代表了世界的普遍心声，“可持续发展”已成为越来越多的国家乃至企业的自觉意识和行动。

然而，可持续发展虽然已成为普遍接受的发展理念，现实中存在的矛盾和问题仍很突出，因为全球性生态环境问题的治理直接关系到各国眼前的经济投入和经济利益。为此，加强协调和深化认识仍是一项重要的工作。十七大报告中强调，我们应当在“环保上相互帮助、协力推进，共同呵护人类赖以生存的地球家园”。资源紧缺、环境污染等问题的解决，需要各国在寻求共同利益的基础上携手合作，中国作为经济快速发展的国家，愿意在解决全球性问题方面做负责任的大国。从长远看，由于中国人口众多，经济发展和人口资源环境的矛盾会越来越突出，可持续发展的压力也会越来越大。实施全面、协调、可持续发展战略，避免重蹈发达国家工业发展的覆辙，是中国经济发展的需要，也是中国对全球可持续发展负责任的重要体现。我国政府已把控制人口、节约资源、保护环境提到战略的高度来认识。《中国21世纪议程》这份关于中国21世纪人口、环境与发展的白皮书，将我国可持续发展的战略目标确定为：建立可持续发展的经济体系、社会体系和保持与之相适应的可持续利用的资源和环境基础。根据中国国情，文件强调可持续发展的前提是发展，同时指出，要重视可持续发展的法制建设，要用法律规范人、社会与自然的关系；重视可持续发展的国际合作，强调国际合作应体现公平原则，要分清责任和义务。党中央倡导的科学发展观，就是要使经济发展和人口、资源、环境相协调，不断保护和增强发展的可持续性。2007年，建设“生态文明”这一新概念已被写入党代会的报告当中，体现了我党执政兴国理念的新发展。中国已经认识到，实现自然生态系统和社会经济系统的良性循环，为子孙后代留下充足的发展条件和发展空间，是当代人必须履行的责任。我国的经济建设，既要充分运用我国的体制资源、人力资源、自然资源、资本资源、技术资源以及国外资源等有利条件和有利因素，推动经济发展不断迈上新台阶，又要使发展成为可持续的，在推进发展中充分考虑资源和环境的承受力，统筹考虑当前发展和未来发展的需要，为未来的发展创造有利条件。

10.2.4　经济、文化安全及其维护

所谓经济安全，是指主权国家在经济领域不存在威胁和危险的状态，或者国家最根本的经济利益不受伤害。安全具有相对性、利益性，经济安全是与国家利益密切相关的，但不等于国家所有的经济利益都可以上升为经济安全问题，在经济利益中，只有关乎民族生存和发展的重大经济利益，才能最终上升为国家经济安全问题。在经济全球化条件下，发展中国家的经济安全问题相对较为突出，随着越来越多的发展中国家自觉不自觉地融入到经济全球化的大潮之中，民族经济受到冲击和挑战，国家经济安全问题由此显现。

对许多发展中国家而言，经济安全的威胁主要来自：第一，市场经济不完善，表现为统一的国内市场尚未形成，市场建设步伐缓慢，产品和生产要素流通不畅，各种生产要素进入市场的程度、市场放开的程度滞后于社会经济发展的需要。发展中国家市场经济的不完善直接影响国家发展自己的优势产业和培育自己的品牌产品，不利于发展中国家的经济安全。第二，金融体系相对脆弱，面临的金融风险压力增大。发展中国家金融体系的脆弱主要表现为外债负担较重、国有银行不良资产比例过高、金融市场开放步伐过快等。第三，社会保障机制不完善，无法适应经济的改革与调整，不能满足维护国家经济安全的需要。发展中国家参与经济全球化必须具备一个完善的社会保障体系。但是目前大多数发展中国家的社会保障体系处在建设的初期阶段，许多问题还有待解决，由此对发展中国家社会稳定和经济可持续发展构成隐患。第四，国际分工的不合理使发展中国家在竞争中处于被动地位。经济的全球化是一场以发达国家为主导，跨国公司为主要动力的世界范围内的产业结构调整，发达国家凭借其拥有的经济技术优势和制定国际规则的有利条件，将发展中国家和发达国家置于不合理的国际分工之中，以此形成国际分工利益更多地向发达国家倾斜的国际分工格局。

对于中国而言，在改革开放进程中还面临着以下经济安全威胁。其一，中国加入一系列国际组织后，对生产要素跨国界流动的控制能力相对减弱，保护国内市场能力受限，这成为影响经济安全的重要因素之一。其二，经济霸权主义是中国经济安全的又一威胁因素。美国不断用经济手段对中国施加压力，以贸易逆差与“操纵汇率”等为借口，不断制造两国间的摩擦，力压中国超越入世承诺，加快金融业开

放等。其三，经济问题政治化导致中国面临更多的压力。在包括人民币汇率、贸易增长、海外投资、战略资源采购等一系列中国经济问题上，西方国家越来越频繁地将其政治化，并加大干预力度。其四，中国经济威胁论与中国经济增长相伴。中国经济的快速增长已使中国的经济总量位居世界第二，而据美国官方网站公布的数据，早在 2003 年中国经济总量就被列为世界第二位。于是中国成为某些国家不负责任地制造麻烦的对象，多版本的“中国威胁论”先后出台，成为对我国经济发展的干扰性因素。其五，欧美国家的金融危机直接影响我国的经济安全，导致我国出口增长放缓，经济增速放慢，金融风险加大等，可谓“城门失火，殃及池鱼”。世界银行在欧债危机恶化的情况下，已于 2012 年初提醒中国和其他发展中国家，要做好准备迎接全球经济衰落。

发展中国家维护经济安全，主要的途径在于：第一，加快市场经济体制改革的步伐，发挥自身潜在优势，提高民族企业的国际竞争力。发展中国家从经济全球化中的受益程度在很大程度上取决于其市场经济体制的完善程度，取决于其抗御经济风险的能力。所以，加快市场经济体制改革应是发展中国家维护经济安全的重要途径。第二，加快建立和完善社会保障体系的步伐，为经济结构的调整和改革减少阻力，提高社会抗风险的能力，为社会的稳定和经济可持续发展创造良好条件。第三，反对经济霸权主义，积极推动对不合理的国际经济秩序的改造。发展中国家在经济全球化中面临着挑战，也面临着改变落后状态和不平等地位的新机遇，要在参与国际机制的过程中发挥作用，支持完善国际贸易和金融体制，促进国际经济运行规则向着有利于发展中国家的方向调整。

对我国而言，保障国家经济安全还需要做到：第一，在继续开展中美经贸合作的同时，抵制美国的经济霸权，认清美国遏制中国经济崛起的意图，在其推行人民币汇率升值、消除对华贸易逆差的政策压力面前，保持高度清醒和坚定立场。第二，我国经济对外贸的依存度过高，既不利于增强企业的抗风险能力，也不利于解决国际贸易摩擦问题。因此，要保持经济的持续发展，必须扩大内需，引导社会合理化消费，使过度依赖出口的增长模式转向拉动内需的增长模式。第三，有效应对美国重返亚洲战略对我国经济发展的严重干扰，努力化解周边矛盾，处理好周边关系，这对于维护我国经济发展的良好环境至关重要。发挥中国对外经济关系上的优势，扩大中国传统文化软实力的影响，争取越来越多的国家能够坦然面对中国的崛起。

在经济全球化时代，任何国家都不存在绝对的经济安全。正视经济风险的客观存在，努力消除经济安全的威胁因素，不断增强自身抗御经济风险的能力，应成为发展中国家维护经济安全的重要内容。

文化安全是指民族传统、价值观念、意识形态等国家文化主权领域免受外来文化威胁和危害的状态。在全球化背景下，文化安全是国家安全的重要组成部分，是深层次的国家安全，是民族文化得以传承、国家得以维系的重要基础。民族文化是社会进步的综合标志，对人类社会的影响和作用巨大。文化表现为不同的形态，包括物质形态与精神形态。文化的物质形态是人类改造自然、改造社会的成果与体现，其本质是人类精神的物化。对一个国家和民族影响最大的是文化的精神形态。文化的精神形态一般包括经验知识、价值观念、道德标准、民族传统、宗教信仰等，它们对一个国家和民族有着不可估量的巨大影响，是民族凝聚力和创造力的重要源泉，越来越成为综合国力竞争的重要因素。

在现代社会中，现代通讯技术及发达的国际互联网，使得国际文化交流的能力和速度都大大提高了。文化产业跨国公司在世界各国的经营活动，也推动了各国之间文化的传播与交流。但由于各国科学技术发展水平的差异性，信息的占有和传播是不平等的。以科学技术的发展为传播载体的文化的互动呈现出比较典型的单向性，西方发达国家的文化信息在传播中占据了主导地位，而发展中国家则处于相对被动和守势的地位。世界各国在全球化进程中所处地位的不对等会造成各国面临文化安全问题的严重性的不同。

各国不同文化的互动会一定程度地影响甚至改变民族国家的文化认同，如西方国家大力传播自己的价值观念、传统文化、生活方式，这对发展中国家民族文化基础无疑会产生冲击。对此，发展中国家一方面应有保护民族文化的意识，自觉抵制民族文化在“西化”的潮流中被弱化的倾向；另一方面，也要正确地分析和对待外来文化，不能片面地对外来文化一概加以排斥，应当力求在维护民族文化的基础上吸取外来文化之精华。一个真正强大的民族，一定是有强大民族文化底蕴的国家。面对世界各种思想文化，中国既要牢牢掌握意识形态工作的主导权，大力传承和弘扬中华文化，加强社会主义文化建设，防范和抵御腐朽落后的文化观念，又要加强对外文化交流，吸收各国优秀文明成果，积极借鉴人类文明发展的有益经验，不断增强中华文化的国际影响力和对非健康文化的免疫力，确保国家文化安全。

10.3 全球性问题与国际关系

经济、社会、文化、环境等一系列全球性问题的日益突出，不可避免地对国际关系产生直接影响。综合安全观在新的形势下应运而生。

10.3.1 非传统安全问题对国际关系的影响

冷战时期传统安全观是安全观念的主流，它主要从政治、军事的角度去判断安全环境，审视安全威胁，认识安全利益，从而确定安全战略和安全目标。冷战时期东西方两大集团对抗的格局决定了军事安全被摆在优先位置。大国重视发展军事力量，不断增加军事投入，力求确保本国安全。在国际关系中，传统安全理论的一个基本出发点就是：自身越强大，安全就越有保证。这种安全观是以制约和压倒对方为目的的。于是，世界出现一种恶性循环的局面，陷入一种安全困境，即各国为了本国的安全都在努力增强自己的相对实力，其结果是军备竞赛、核竞赛不断升级，国家对安全的追求换来的却是安全威胁的不断升级，国际和平变得越来越没有保障。

随着经济全球化的迅速发展，区域经济一体化步伐的加快，两大军事集团对抗的结束，世界大战威胁的逐渐消失，生态保护、控制人口、难民救助、打击贩毒走私、反对恐怖主义等一系列全球性问题的凸显，安全的内涵和视点迅速向多层面变化。传统安全观狭隘的一面表现出来，只谋求本国军事安全和政治安全已不适应新时期国家安全的需要，不能应对非传统安全威胁带来的挑战，需要进行转换和扩展才能适应全球经济、社会的全面发展，才能应对新问题、新矛盾的出现。因此，在军事安全、政治安全仍然具有重要意义的同时，经济安全、社会安全、生态安全、信息安全在国家安全保障中的意义上升，非传统安全威胁成为各国共同面临的主要课题。

非传统安全问题对国际关系产生了重要的影响。20世纪90年代以来国际关系的进程表现出新的形式和内容。非传统安全问题的凸显增大了国际安全合作的紧迫性，要求改变传统安全问题占绝对主导地位时期的国家安全模式，在国家安全问题上需要通过合作的方式应对安全威胁因素带来的挑战，加强国家间的联合治理。各国前所未有地大力开展环境外交、能源外交，加大治理跨国犯罪及国际反恐合作的力度。国际关系的现实说明，在生态环境的治理、保障国家能源安全，以及反对国际恐怖主义等问题上，均反映出非传统安全问题对国际关系的深刻影响。

在环境外交领域，我国积极开展环境保护的双边合作，先后与美国、日本、加拿大、俄罗斯等 42 个国家签署了双边环境保护合作协议或谅解备忘录，在环境政策法规、污染防治、生物多样性保护、气候变化、可持续生产与消费等方面广泛进行交流与合作。我国重视加强与非洲国家的合作，2005 年中国与联合国环境规划署共同举办了中非环保合作会议，我国政府还举办“非洲国家水污染和水资源管理研修班”，积极帮助非洲国家开展环境培训。在中美关系中，环境保护问题也逐渐进入两国高层对话议题。2008 年 6 月，中美举行第 4 次战略经济对话，其间双方签署了《中美能源和环境十年合作框架》；在 2008 年 12 月第 5 次战略经济对话中，中美两国表示在应对环境气候变化、能源安全挑战方面，要继续进行密切沟通与合作。

目前，对全球能源的争夺成为影响国际关系的一大热点。由于全球石油分布和石油消费呈严重不均状态，因此围绕石油展开的地缘经济与地缘政治的较量，在大国之间日显激烈。能源争夺成为一些重大国际政治事件和局部战争背后潜藏的因素，成为影响国家经济、政治、安全的战略性问题。如海湾战争、伊拉克战争、阿富汗战争、非洲一些国家的内战，以及围绕中国享有主权的南沙群岛引发的争端，其背后都存在着深刻的资源因素。随着石油和水资源的日益紧缺，能源对经济发展的制约作用将更加突出，以各种形式出现的全球能源争夺战将愈演愈烈。

开发北极资源成为国际争夺的焦点之一。北冰洋沿岸各国纷纷将目光投向了这里，展开了一场能源争夺战。俄罗斯、美国、挪威、丹麦和加拿大都强调本国对周边北极区域享有主权。梅德韦杰夫明确表示，必须巩固俄罗斯在北极地区的边界以确保国家能源安全。2007 年俄罗斯从战略的角度高调展开行动，国家科考队在北冰洋中部的海底插上了俄罗斯国旗，使得北极领土争端升温。一些国家随即回应，宣布开发计划。加拿大认为要有足够的能力并采取实际行动保卫“领土”，作出了加强北极地区军事力量的计划，决定建造破冰船、建设北部军事基地和冬季战斗训练中心等。美国地质勘探局经过为期 4 年的调查，证明北极海底石油储量极其丰富。小布什总统在位时签署了关于北极地区国家安全政策指令，强调美国在北极地区拥有广泛的国家根本利益。北极的权益纷争打破了这一人烟稀少地区的沉静。

大国“治理”非传统安全威胁的手段和目标给国际关系带来了更多的不稳定因素。美国可以说是不惜一切手段排除非传统安全威胁的典型，自20世纪90年代以来，它在中东、中亚地区连续采取重大军事行动，表面上是美国兴正义之师，打击邪恶势力，实际上是美国要最大限度地维护其国家利益。美国进行多场战争的结果是，一方面使美国得以在中东、中亚地区保持军事存在，把美国的军事势力从西向东步步推进，另一方面使美国能够有效地扩展和巩固其在产油区域的控制能力，在世界能源争夺战中得以抢先占领制高点。美国的做法对国际关系产生了深刻影响。美国通过有效控制战略资源，可以进一步钳制和主导地缘政治格局的变动，建立和巩固其在世界的强势地位。加强对世界主要产油地区的控制，也是美国实现国家能源安全的主要途径。近年来，美国所采取的军事外交行动，是其政治、军事战略与经济安全、能源安全战略相结合的产物。

10.3.2 综合安全观应运而生

对于一系列多元、复杂而又不为人们所熟悉的安全议题——从人口激增到艾滋病的蔓延，从全球贫困到地球生态系统的破坏，传统的国家安全观是无法提供答案的，客观上需要各国用战略的眼光和全新的视角去审视和反思传统的安全观并提出新的安全理念。

综合安全观在新的形势下应运而生。综合安全观以新的视角审视安全问题，把传统的以民族国家为主体、以军事安全和政治安全为主要内容的安全概念，扩展和深化为以个体、国家、地区、世界和非政府组织为主体的，包括经济、政治、军事、信息、生态、文化等多类型安全在内的安全理论。由于综合安全观的安全视角与以往不同，有着与传统安全观很不一样的哲学思想基础，因而向世人揭示的是一幅复杂得多、充满变数、动态发展的“立体画面”。[①] 在综合安全视野下，安全内涵综合化，安全主体多元化，安全要素多样化，安全途径复合化。经济安全在经济全球化趋势中地位上升，全球安全利益越来越受到重视，这是世界经济政治发展变化的必然结果。

第一，综合安全突出安全因素的综合作用。军事、政治、经济、

① 参见王逸舟主编：《全球化时代的国际安全》，9页。

信息、生态环境等安全因素在一定条件下相互作用，相互制约，构成复杂的国家安全问题。国际关系的发展历程表明，主权国家传统安全利益的维护是实现国家安全乃至国际安全的基石，传统的军事安全和政治安全至今依然是国家安全的重要内容。但是，经济全球化的发展一方面使经济安全、信息安全、生态安全的重要性迅速上升，成为国家安全不可缺少的重要内容；另一方面非传统安全威胁传播加快，毒品交易、恐怖主义、网络犯罪、非法移民等跨国作案遍布全球，主权国家安全防范能力相对下降，国家边界在一定情况下有被“虚化”的危险，这使得国家安全更有赖于全球性问题的综合治理，有赖于国际安全的实现。

第二，综合安全更加重视经济安全。两极格局解体后，经济全球化进程加快，在全球政治与军事形势相对缓和的同时，经济安全问题突出。在美国传统的国家安全战略中，经济安全从属于政治和军事安全。冷战结束后，美国政府强调确保美国经济安全，把经济安全作为美国对外政策的首要目标，提出外交为经济服务，大力促进美国在世界经济中的竞争力，并且在国家安全战略报告中一再重申经济安全的核心作用。俄罗斯在谋求国家振兴的道路上，也把经济安全视为重中之重。在欧洲联盟一体化的进程中，经济安全更是摆在了欧盟发展的首要位置。随着全球化进程中风险的增多，人们更加认识到经济安全的重要性。2008 年全面爆发的全球金融危机对世界经济造成了重大影响，被称为“金融海啸”，这使各国清楚地认识到，在经济全球化进程中必须增强风险防范意识，确保国家经济利益。经济安全已成为国家综合安全的重中之重。

第三，综合安全强调环境安全这一非传统安全。环境安全或生态安全是一全新概念，赋予安全观以新的内涵。环境问题，诸如海洋污染、物种减少、臭氧层破坏、酸雨增多、温室效应增强等，带来的破坏性影响是跨越国家和地区的，这不仅意味着一国造成的环境污染与生态破坏将危害周边国家甚至更广的区域范围，而且意味着任何一个国家都不可能具备根本治理生态环境问题的能力，因此环境安全最能体现全人类的共同利益，也唯有全球环境合作才能实现环境安全。20 世纪 90 年代以来，许多国家在发展经济的同时，注重开展环境外交，以便在互利互惠的基础上实现长期的共同发展。

在经济安全、环境安全的重要性上升的同时，不能否认政治安全仍是国家安全之根本，军事安全是国家安全之保障。尤其值得关注的一个现象是，进入 21 世纪后，美国的国家安全目标追求及其一系列战争行动，直接导致地区军备竞赛一定程度的抬头，军事因素在国际关系中的作用有所回升。因此，以综合安全观认识问题，应当是全面的、完整的，“安全是统一而不可分割的综合工作，其中军事安全是保证，经济安全是基础，环境安全是支柱，政治安全是核心，缺一不可，必须同步建设”①。只有这样，才能创造良好的安全环境。

面对国际安全环境的变化，中国站在新的历史高度，以战略眼光准确判断当今时代主题，把握世界经济政治发展趋势，以新的视角审视安全问题，于20世纪90年代后期提出以互信、互利、平等、协作为核心的新安全观。新安全观以互信为安全之本，互信是指不同社会制度和意识形态、不同民族和文明的国家之间，要增进信任，以诚相待，尊重各国所选择的发展道路和发展模式。国家之间如果充分信任，扩大共识，安全因素会大大增长；反之，相互猜疑，抱有成见，甚至视对方或他国为敌手，将无益于国际安全以及自身安全。新安全观以互利、共赢为安全之追求，全球化的发展使各国安全具有相互依存性、渗透性、交融性，只有走共同发展繁荣之路，在经济全球化中达到共赢共存，才能真正实现国际社会的共同安全。新安全观以平等为安全之保障，世界上所有主权国家，都是国际社会的平等一员，无论发达国家还是发展中国家都拥有平等参与国际事务的权利。新安全观以协作为安全之纽带，主张促进各国在政治、经贸、科技、文化、环保等多领域的有效合作，以缓解全球性问题，共同维护和保障地区与世界的和平与安全。我国倡导的新安全观以全方位的综合安全为安全视角。综合安全强调的是包含传统安全和非传统安全在内的安全体系。鉴于影响安全的因素日益多样化、复杂化，新安全观摆脱只注重军事安全的旧观念，把安全的视野扩大到各个领域，从而具有了综合安全的丰富内涵。如在继续重视国家主权和领土完整、防范外来干涉等政治安全和军事安全的同时，强调经济安全对保障国家安全的重要性，强调经济安全是实现国家政治安全和军事安全的基础。

总之，在传统安全和非传统安全威胁因素同时存在的今天，要处理好传统安全与非传统安全的关系，就要在继续重视传统安全的基础上，加强对非传统安全的重视和投入，形成更加科学合理的国家安全战略，从而应对多元化威胁因素，适应国家安全的现实需要。

---

① 梁守德：《国际政治学理论》，174页。

阅读书目

1. 邓小平文选. 1 版. 第 3 卷. 北京：人民出版社，1993

2. 王逸舟主编. 全球化时代的国际安全. 1 版. 上海：上海人民出版社，1999

3. 王之佳. 中国环境外交. 北京：中国环境科学出版社，1999

4. 卫灵，孙洁琬. 邓小平外交思想探究. 北京：中央文献出版社，2000

5. 陆忠伟. 非传统安全论. 北京：时事出版社，2003

6. 杨建英主编. 2010 年中国国家安全概览. 北京：时事出版社，2011

7. 刘跃进主编. 2009 年中国国家安全概览. 北京：时事出版社，2010

8. 赵晓春主编. 2008 年中国国家安全概览. 北京：时事出版社，2009

分析与思考

1. 分析时代主题从“战争与革命”转换为“和平与发展”的主要依据。

2. 为什么说和平与发展既是“时代主题”又是“两大课题”?

3. 分析冷战后非传统安全问题凸显的国际背景。

4. 如何认识可持续发展对促进世界和平与发展的重大意义?

5. 从“传统安全威胁和非传统安全威胁相互交织”的客观现实，分析全球化条件下安全内涵的扩展和深化。

后 记

这本《当代世界经济与政治》是2008年出版的高等院校本科生教材的修订本。鉴于这些年来国内很多高等院校对我们所编写的教材的肯定和使用需求，我们在原有教材撰写的基础上，根据近年来世界政治经济形势的发展变化、世界各主要力量的发展现状及对外战略的调整，对《当代世界经济与政治》这本教材做了必要的修订。本教材加强了对世界经济与政治重大理论问题的分析，注重把握中国崛起背景下国际关系的变动和影响。书中继续采用文字与图表、资料、数据相结合的方式，以增强教材的可读性和直观性。

本教材是集体劳动的成果。第1章、第2章，王志民教授（对外经贸大学）；第3章，李淑珍教授（北京大学）；第4章，贾文华教授（中国政法大学）；第5章，刘小林教授（北京师范大学）；第6章，林海虹副教授（中国政法大学）；第7章，俞国斌教授（西南财经大学）；第8章、第9章，孙洁琬教授（中国政法大学）；第10章，卫灵教授（中国政法大学）。全书整体框架集体讨论确定，卫灵作为本教材主编，负责全书的统修和定稿。

我们全体撰写人员衷心感谢多年来全国各高校师生对本教材的热情关注和支持，同时感谢中国人民大学出版社的大力支持，感谢郭晓明同志及其他编辑人员为本书的辛勤付出。书中不足之处敬请读者指正。

卫　灵

2014年4月